Geschichte Gesellschaft konkret

GGk Berufsfachschule Baden-Württemberg

Herausgegeben von
Manuela Droll

Erarbeitet von
Heike Bömicke, Julia Brugger, Martin Clausnitzer, Michael Fischer, Livia Gööck, Gerd Graf, Thomas Ißler, Lukas Ludäscher, Ute Wiedenhoff, Annette Wollenweber

In Zusammenarbeit mit
der Verlagsredaktion

Cornelsen

Geschichte — Gesellschaft — konkret

Berufsfachschule
Baden-Württemberg

Projektleitung: Julia Baum
Redaktion: Dr. Barbara Hammerschmitt (textdienst, Stuttgart);
Uschi Pein-Schmidt (Lektorat Schmidt + Pein-Schmidt, Sickte)
Bildredaktion: Katharina Hoppe-Brill
Karten: Peter Kast (Ing.-Büro für Kartographie, Wismar)
Umschlaggestaltung: Ungermeyer, grafische Angelegenheiten, Berlin
Umschlagbild: mauritius images/EyeEm
Layoutkonzept: LemmeDESIGN, Berlin
Layout und technische Umsetzung: graphitecture book & edition

www.cornelsen.de

Die Webseiten Dritter, deren Internetadressen in diesem Lehrwerk angegeben sind, wurden vor Drucklegung sorgfältig geprüft. Der Verlag übernimmt keine Gewähr für die Aktualität und den Inhalt dieser Seiten oder solcher, die mit ihnen verlinkt sind.

1. Auflage, 1. Druck 2024

Alle Drucke dieser Auflage sind inhaltlich unverändert und können im Unterricht nebeneinander verwendet werden.

© 2024 Cornelsen Verlag GmbH, Mecklenburgische Str. 53, 14197 Berlin, E-Mail: service@cornelsen.de

Dieses Werk berücksichtigt die Regeln der reformierten Rechtschreibung und Zeichensetzung. Ausnahmen bilden Originaltexte, bei denen lizenzrechtliche Gründe einer Änderung entgegenstehen.

Das Lehrwerk enthält Fremdtexte, die aus didaktischen Gründen gekürzt wurden; sie sind in den Literaturangaben mit * gekennzeichnet.

Das Werk und seine Teile sind urheberrechtlich geschützt. Jede Nutzung in anderen als den gesetzlich zugelassenen Fällen bedarf der vorherigen schriftlichen Einwilligung des Verlages. Hinweis zu §§ 60 a, 60 b UrhG: Weder das Werk noch seine Teile dürfen ohne eine solche Einwilligung an Schulen oder in Unterrichts- und Lehrmedien (§ 60 b Abs. 3 UrhG) vervielfältigt, insbesondere kopiert oder eingescannt, verbreitet oder in ein Netzwerk eingestellt oder sonst öffentlich zugänglich gemacht oder wiedergegeben werden. Dies gilt auch für Intranets von Schulen und anderen Bildungseinrichtungen.

Der Anbieter behält sich eine Nutzung der Inhalte für Text- und Data-Mining im Sinne § 44 b UrhG ausdrücklich vor.

Druck: Mohn Media Mohndruck, Gütersloh

ISBN: 978-3-06-452515-3

Inhaltsverzeichnis

Wie du mit diesem Buch arbeitest 6

Schuljahr 1

1 Was hat Geschichte mit mir zu tun? 8
- 1.1 Begegnungen mit Geschichte 10
  - Methode: Karten analysieren 14
- 1.2 Die Wurzeln Europas – von der Antike bis in die Gegenwart 20
- 1.3 Europa – Weg in die Moderne? 26
  - Zusammenfassung 32
  - Projekt: Einen Zeitstrahl erstellen 33

2 Was ist Politik? 34
- 2.1 Wie leben wir heute zusammen? 36
- 2.2 Wie können wir die Gesellschaft mitgestalten? 44
  - Methode: Karikaturen analysieren 52
- 2.3 Wahlen in Deutschland – wie kann ich mitbestimmen? 54
- 2.4 Medien – die vierte Gewalt? 58
  - Zusammenfassung 60
  - Projekt: Eine Gemeinderatssitzung besuchen 61

3 Ist Gewalt legitim? Revolutionäre und demokratische Aufbrüche .. 62
- 3.1 Die Französische Revolution 1789 64
- 3.2 Die Märzrevolution 1848/49 68
  - Methode: Historische Lieder analysieren 70
- 3.3 Die Revolution 1918/19 74
- 3.4 Die friedliche Revolution 1989/90 78
- 3.5 Der revolutionäre Aufstand im Iran 2022 82
  - Zusammenfassung 86
  - Projekt: Ein Lapbook gestalten 87

Schuljahr 2

4	Das Ende der Weimarer Republik und die nationalsozialistische Diktatur	88
4.1	Von der Weimarer Republik zur NS-Diktatur	90
	Methode: Wahlplakate untersuchen	94
4.2	Leben in der NS-Diktatur	100
4.3	Verfolgung und Vernichtung in der NS-Diktatur	106
4.4	Welchen Widerstand gegen die NS-Diktatur gab es?	114
	Zusammenfassung	116
	Projekt: Arbeiten mit Archiven	117

5	Gefahren für die Demokratie – und wie wir sie schützen	118
5.1	Antidemokratische Entwicklungen in Deutschland	120
	Methode: Künstliche Intelligenz im Klassenzimmer	122
5.2	Wie wird die Demokratie geschützt?	130
5.3	Diskriminierung im Alltag – und was wir dagegen tun können	132
5.4	Demokratie in Europa in Gefahr: Wie können wir sie schützen?	138
	Zusammenfassung	140
	Projekt: Expertinnen und Experten befragen	141

6	Woher kommen wir? Geschichte(n) außerhalb Deutschlands	142
6.1	Das Osmanische Reich und die Türkei	144
	Methode: Fotos analysieren	150
6.2	Der Nahostkonflikt	152
6.3	Russland und die Sowjetunion	156
6.4	Afrikanische Geschichte am Beispiel des Kongo	164
6.5	Wir in Deutschland – eine vielfältige Gesellschaft	174
	Zusammenfassung	178
	Projekt: Sich im World Café austauschen	181

7	Wie wollen wir im 21. Jahrhundert leben? Globale Herausforderungen	182
7.1	Wie beeinflussen aktuelle globale Herausforderungen unser Leben? 184	
	Methode: Infografiken analysieren	186
7.2	Die Klimakrise – die größte Herausforderung des 21. Jahrhunderts? 188	
7.3	UNO und NATO – Akteure der Weltpolitik	194

Zusammenfassung 198
Projekt: Einen Flyer gestalten 199

Anhang 200

Lexikon 200

Gedenktage 208

Operatoren 209

Register 211

Verzeichnis der zitierten Literatur 217

Bildquellenverzeichnis 221

Unterrichtsmethoden 223

Wie du mit diesem Buch arbeitest

Geschichte, Gesellschaft, konkret ist ein Lern- und Arbeitsbuch für das Fach Geschichte mit Gemeinschaftskunde an der zweijährigen Berufsfachschule in Baden-Württemberg. In jedem Kapitel erarbeitest du kompetenzorientiert Fachwissen und übst den Umgang mit unterschiedlichen Quellengattungen.
In diesem Buch wird auf gendergerechte Sprache geachtet. Wenn nur eine grammatikalische Form verwendet wird, dient dies der besseren Lesbarkeit.
Die folgenden Hinweise helfen dir dabei, dich im Buch zu orientieren.

Kapitelauftakt

Die Auftaktdoppelseite stimmt dich mit einem großen Bild auf das Kapitel ein. Hier findest du auch erste Informationen zum Projekt, das dich am Ende des Kapitels erwartet.

Doppelseiten

Jede Doppelseite beginnt mit einem einleitenden Text. Es folgen die Aufgaben und Materialien. Die Materialien sind grau hinterlegt. Unter roten Perlenketten stehen wichtige Begriffe zum Lernen.
In der Randspalte auf der linken Seite findest du eine Impulsaufgabe, die dich an das Thema der Seite heranführt. Außerdem stehen dort Erklärungen zu schwierigen Wörtern im einleitenden Text.

Methodenseiten

Die Methodenseiten sind orangefarben hinterlegt. Mit ihrer Hilfe lernst du, wie man verschiedene Quellen analysiert und wie man verschiedene Arbeitstechniken anwendet. Hier findest du auch Formulierungen, die du beim Schreiben von Aufsätzen verwenden kannst.

Zusammenfassung und Projekt

Jedes Kapitel hat eine Zusammenfassung mit den wichtigsten Jahreszahlen, Fachbegriffen und den Kompetenzen, die du angewendet hast. Auf der Projektseite findest du eine kurze Anleitung zum jeweiligen Projekt.

So benutzt du die Cornelsen Lernen App

Mit der Cornelsen Lernen App kannst du zu Hause, unterwegs oder in der Schule mit dem Smartphone oder dem Tablet auf zusätzliche Übungen zugreifen. Diese Übungen helfen dir, Fachbegriffe zu lernen und sprachliche Formulierungen zu trainieren.

So kommst du zu den Materialien:

1. Lade dir die kostenlose Cornelsen Lernen App herunter. Du kannst die Inhalte zu *Geschichte, Gesellschaft, konkret* auf deinem Smartphone oder Tablet abspeichern und jederzeit aufrufen.
2. Rufe über das Menü der Lernen App die entsprechende Seite aus dem Schulbuch auf, die dieses Symbol zeigt: .

1 Was hat Geschichte mit mir zu tun?

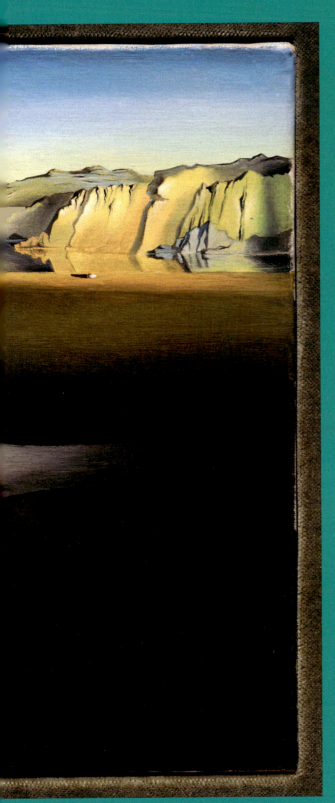

Menschen sind neugierig. Viele von uns fragen sich irgendwann im Leben: Wer sind wir? Warum ist die Welt so, wie sie ist? Was ist passiert, bevor wir geboren wurden?

In diesem Kapitel dreht sich alles um Fragen der Geschichte. Was bedeutet Geschichte eigentlich? Wie finden wir uns in der Vergangenheit zurecht?

Geschichte hinterlässt Spuren. In Europa findet ihr bis heute Spuren aus der Antike oder dem Mittelalter. In diesem Kapitel lernt ihr aber nicht nur etwas über die europäische Geschichte. Denn es gibt verschiedene Arten, die Welt zu betrachten. Deswegen beschäftigen wir uns auch mit anderen Kulturen.

Projekt: Einen Zeitstrahl für das Klassenzimmer anfertigen

— Ein Zeitstrahl ist eine Möglichkeit, Epochen und Ereignisse darzustellen. Sie werden in eine zeitliche Reihenfolge gebracht. Ein Zeitstrahl hilft, euch in der Vergangenheit zurechtzufinden.

— Im Projekt gestaltet ihr einen Zeitstrahl für euer Klassenzimmer. Auf dem Zeitstrahl tragt ihr die Ereignisse und Epochen ein, die ihr in diesem Kapitel kennenlernt.

— Am Ende des Kapitels gibt es die Projektseite. Dort findet ihr eine Anleitung, um euren Zeitstrahl zu gestalten.

1 Was hat Geschichte mit mir zu tun?

1.1 Begegnungen mit Geschichte

Wo begegnet mir Geschichte?

Impuls
Fotografiere ein Gebäude, ein Straßenschild oder ein Denkmal auf deinem Schulweg. Recherchiere im Internet, wie die Straße oder das Gebäude früher aussah oder welche Bedeutung das Denkmal hat.

Geschichte begegnet uns überall: Wenn wir auf dem Dachboden in einer Kiste stöbern. Wenn wir in ein Museum gehen. Oder wenn wir uns alte Gebäude ansehen. Papiere, Fotos, Münzen, Urkunden oder Inschriften, sogar ganze Gebäude sind ein Teil von Geschichte. Wir möchten wissen, welche Bedeutung diese Dinge haben. Deswegen stellen wir Fragen: Aus welcher Zeit stammen die Dinge? Wo befinden sie sich? Welche Funktion haben sie?

Was hat Geschichte mit mir zu tun?

Geschichte kann auch die Geschichte der eigenen Familie sein. Familiengeschichte halten wir auf Fotos, in Tagebüchern oder durch Erbstücke fest. Mit diesen Dingen können wir herausfinden, wie unsere Vorfahren gelebt haben. Wir rekonstruieren die Vergangenheit mit Gegenständen.

Worterklärungen
der historische Kontext: geschichtlicher Zusammenhang
rekonstruieren: wiederherstellen, nachvollziehen

Diese Gegenstände nennt man Quellen. Sie können zufällig aus der Vergangenheit übrig geblieben sein. Solche Quellen nennen wir Überreste. Andere Quellen wurden hergestellt, damit die Menschen in der Gegenwart und in der Zukunft von bestimmten Ereignissen erfahren. Diese Quellen nennen wir Tradition.

Gibt es die „eine Geschichte"?

Quellen zeigen immer nur einen Teil von Geschichte. Es ist nicht möglich, Geschichte vollständig darzustellen. Die „Geschichte" besteht aus vielen vergangenen Ereignissen. Wir wissen von diesen Ereignissen, weil wir Quellen haben. Die Quellen stellen wir durch Fragen in einen Kontext, das bedeutet: in einen Zusammenhang. Je nach den Fragen, die wir stellen, entsteht eine andere Geschichte. Wir können nicht wissen, „wie es wirklich gewesen ist". Deshalb ist Geschichte auch nie zu Ende erzählt. Stattdessen stellen wir immer wieder neue Fragen an die Quellen.

Zielangabe: Wir setzen uns mit dem Begriff „Geschichte" auseinander. Wir beschreiben Arten und Merkmale von geschichtlichen Quellen. Wir erläutern, was Geschichte mit uns zu tun hat.

Aufgaben

1 Beschreibe die Fotografien **M1** bis **M4**. Achte besonders auf die Körperhaltung der Paare und auf ihre Kleidung.
2 Untersuche, ob es sich bei diesen Quellen um Überreste oder Traditionen handelt.
3 Vergleiche die Fotos und ordne sie in eine zeitliche Reihenfolge. Begründe deine Anordnung.
4 Ordne die Fotos in ihren historischen Kontext ein. Was erfährst du durch die Fotos über das Leben der abgebildeten Personen?

---

die Quelle: ein Text oder Gegenstand, durch den wir etwas über die Vergangenheit erfahren können

die Tradition: Die Tradition ist eine Quelle, die bewusst weitergegeben wird, um etwas über die Vergangenheit zu erzählen, z. B. ein Schriftstück.

der Überrest: eine Quelle, die zufällig übrig geblieben ist, z. B. die Scherbe einer Vase

Begegnungen mit Geschichte

M1–M4 Fotografien von Paaren

M1

M2

M3

M4

1 Was hat Geschichte mit mir zu tun?

Wie orientieren wir uns in der Welt?

Impuls
Suche deine Schule und deinen Wohnort auf einer virtuellen Karte im Internet. Fertige einen Screenshot an und zeichne deinen Weg zur Schule und den Weg in die Hauptstadt des Landes Baden-Württemberg ein.

Wir leben heute in einer fast „unbegrenzten" Welt. Wir können mit Menschen kommunizieren, die sich auf der anderen Seite der Erde befinden. Wir wissen, was in weit entfernten Ländern geschieht. Die modernen Weltkarten sind sehr genau. Sie helfen uns, uns zu orientieren. Navigationssysteme rechnen blitzschnell aus, auf welchem Weg wir am besten von A nach B kommen. Wir wissen immer genau, wo wir uns befinden, dank digitaler Navigation über GPS (= Global Positioning System).

Wie orientierten sich die Menschen früher?

Für die Menschen in der Vergangenheit war es schwieriger, sich in der Welt zurechtzufinden. Besonders für die Seefahrt und den Handel war eine gute Orientierung wichtig. Doch viele Regionen der Welt waren noch unbekannt. Es gab also auch noch keine Karten von dort.

Seefahrer besaßen verschiedene Hilfsmittel, um sich zu orientieren. Sie nutzten zum Beispiel die Sterne oder einen Kompass. Auf ihren Reisen gelangten sie in unbekannte Gebiete. Das Wissen über diese Gebiete hielten Kartografen fest. Dadurch wurde das Bild von der Welt immer genauer.

Was sagen Karten aus?

Eine Karte zeigt immer eine bestimmte Perspektive auf die Welt, nämlich die des Kartografen. Die Perspektive wird davon bestimmt, wo der Kartograf lebt und wie viel er über die Welt weiß. Auch der Glaube und die Religion spielen eine wichtige Rolle. Deswegen können Karten, die dieselbe Region darstellen, unterschiedlich aussehen.

Auf vielen Karten von heute steht Europa in der Mitte. Das Vorbild dafür ist eine Karte von Gerhard Mercator aus dem 16. Jahrhundert.

Zielangabe: Wir analysieren historische Weltkarten. Wir vergleichen Vorstellungen und Weltbilder, die verschiedenen Karten zugrunde liegen.

Worterklärungen
die Kartografie: Lehre von der Technik und Herstellung von Karten
der Kartograf: der Zeichner von Karten
die Perspektive: Sicht auf eine Sache, ein historisches Ereignis, auf die Welt aus einem bestimmten Blickwinkel. Diese kann z. B. bestimmt sein durch Herkunft, Beruf, Religion.

Aufgaben

1. Beschreibe die Weltkarte von Herodot (**M1**). Erstelle eine Legende für diese Karte.
2. Beschreibe die Weltkarte von Al Idrisi (**M2**) und vergleiche sie mit der Karte **M1**. Erläutere die Perspektiven der Kartografen.
3. Vergleiche die Karten **M1** und **M2** mit einer aktuellen Weltkarte (Umschlag). Halte deine Ergebnisse in einer Tabelle fest. Erkläre die Unterschiede.
4. Recherchiere zur Bedeutung des Behaim-Globus (**M3**) heute und im 15. Jahrhundert.

Herodot: Herodot war ein griechischer Geschichtsschreiber, der im 5. Jahrhundert vor Christus lebte. Er schrieb das Werk „Historien". In diesen neun Büchern beschreibt er die Welt und Menschen aus den Regionen, die er vermutlich selbst bereist hat.

Al Idrisi: Der arabische Geograf Al Idrisi lebte im 12. Jahrhundert. Er wurde vermutlich auf Sizilien geboren. Seine Familie kam aus Malaga (Spanien) und war dort sehr einflussreich. Al Idrisis Familie lebte wahrscheinlich auf Sizilien, weil sie vor der unsicheren Situation in Spanien geflohen war. Al Idrisi war Biologe und Geograf. Es ist nicht bekannt, ob er selbst viel gereist ist. Er könnte seine Karten auch mithilfe des Wissens anderer Menschen gezeichnet haben.

M1 Moderne Darstellung von Herodots Welt

Die Karte zeigt die Welt, wie Herodot sie in seinem Werk „Historien" beschrieben hat.

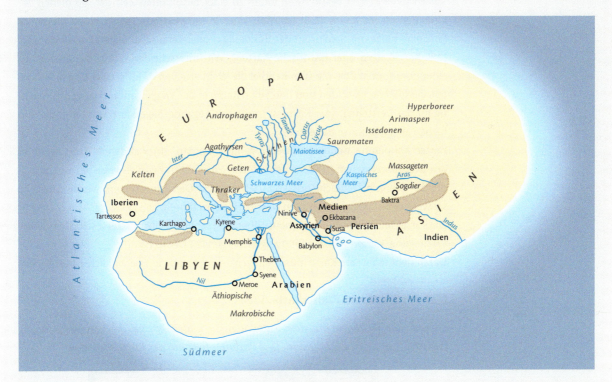

M2 Al Idrisi: Die gesüdete[1] Weltkarte

1 die gesüdete Karte: Hier ist der Süden oben und der Norden unten, die Karte steht also auf dem Kopf.

M3 Globus von Martin Behaim, ca. 1490–1492

Der Behaim-Globus ist seit 2023 im Weltdokumentenerbe der UNESCO. Er wurde von Martin Behaim im Auftrag des Nürnberger Rats geschaffen.

Karten analysieren

Karten stellen einen bestimmten Raum zu einer bestimmten Zeit dar. Sie dienen der Orientierung im Raum (z. B. Fahrrad- oder Wanderkarten), geben einen Überblick (z. B. eine Karte mit Spielorten der Bundesliga) oder veranschaulichen Entwicklungen. (z. B. Klimakarten oder historische Karten). Wir unterscheiden *historische Karten* aus einer bestimmten Zeit wie zum Beispiel die Weltkarte von Al Idrisi oder *Geschichtskarten*, die später entstanden sind und einen Raum in der Vergangenheit darstellen. Wichtig für das Verstehen einer Karte ist immer die Legende. Sie erklärt, was Symbole und Farben auf einer Karte bedeuten.

Karten können für politische Zwecke genutzt werden, unter anderem dann, wenn es um Grenzen zwischen Ländern geht. Rechtsextremisten beispielsweise wünschen sich oft die Grenzen Deutschlands von 1937 zurück. Dies umzusetzen, würde heute zu schweren Konflikten mit unseren Nachbarländern führen.

Die Karte Deutschlands, wie sie heute überall zu sehen ist, gibt es so erst seit der Wiedervereinigung. Karten von vor 1990 zeigen das geteilte Deutschland.

Daran sieht man: Eine Karte muss man genau anschauen, um sie wirklich zu verstehen.

M1 Die Londoner Psalterkarte, 1256

Dies ist eine Weltkarte aus dem Mittelalter. Sie bildet Orte ab, die besonders für die christliche Religion wichtig sind. Das Paradies liegt auf der Karte im Osten.

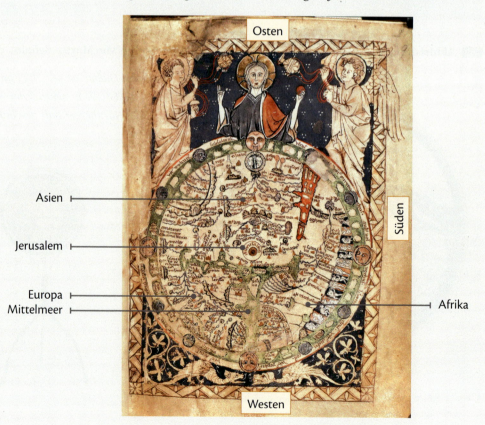

Methode: Karten analysieren

Aufgaben

1. Analysiere die Karte (**M1**) nach den angegebenen Schritten. Tipp: Du kannst weitere Informationen zur Karte im Internet recherchieren.
2. Vergleiche das Weltbild dieser Karte mit dem Weltbild der Karte von Herodot. (▶ S. 13)

Arbeitsschritt	Formulierungshilfe
Eine Karte beschreiben	
• Welches Thema / Welche Überschrift hat die Karte? • Welcher Teil der Welt wird dargestellt? • Auf welche Zeit bezieht sich die Karte? • Ist die Karte ein historisches Dokument (Quelle) oder eine Geschichtskarte? • Welche Informationen enthält die Legende?	Die Karte mit dem Titel … zeigt, Das Thema der Karte ist … Der Ausschnitt der Karte zeigt … Im Norden (Süden/Westen/Osten) befindet sich … Die Karte zeigt die Region … / den Kontinent … / die Stadt … im Jahr… / zur Zeit … Die Karte ist eine historische Karte aus der Zeit … Die Karte wurde als Geschichtskarte im Jahr … veröffentlicht. Die Legende der Karte enthält Informationen zu … Die Farbe … in der Legende stellt … dar. Die Punkte/Dreiecke/Kreuze/… auf der Karte zeigen …
Eine Karte untersuchen	
• Welche Informationen kann man der Karte entnehmen?	Die in … (Farbe) gefärbten Teile bezeichnen … Die schraffierte Fläche … Die gestrichelte Linie(n) … zeigt/zeigen … Die kleinen/großen Kreise sind … (z. B. Orte/Hauptstädte)
Eine Karte deuten	
• Was ist die zentrale Aussage der Karte?	Die Karte beinhaltet folgende zentrale Aussage … Die Karte macht deutlich, dass …
Beurteilung der Karte	
• Welche Fragen beantwortet die Karte nicht? • Ist die Darstellung einseitig? • Soll der Betrachter beeinflusst werden?	Die Karte enthält Informationen zu … aber nicht zu … Man braucht weitere Informationen zum Thema … Der Blick des Betrachters soll sich gezielt auf … richten. Die Karte soll den Betrachter beeinflussen. Bei der Karte handelt es sich um eine zeitgebundene Sichtweise, weil …
Vergleich von Karten	
• Welche Gemeinsamkeiten / Welche Unterschiede haben die Karten?	Die erste Karte hat mit der zweiten Karte gemeinsam, dass … Bei der ersten Karte zeigt sich … Auf der zweiten Karte ist zu entdecken, dass …
Fazit	
• Welcher Schluss lässt sich aus dem Vergleich ziehen?	Zusammenfassend kann man sagen, dass …

1 Was hat Geschichte mit mir zu tun?

Impuls
Hast du einen eigenen Kalender? Wie ist er aufgeteilt? Wo befindet sich dieser, z. B. an deiner Zimmerwand, in deinem Handy oder deinem Heft?

Worterklärungen
v. Chr.: vor Christus
n. Chr.: nach Christus
datiert: auf einen Zeitpunkt festgelegt werden

Wie messen wir Zeit?

Damit sich die Menschen in der Zeit orientieren können, haben sie Kalender erfunden. Im Judentum, im Christentum und im Islam gibt es verschiedene Ereignisse, mit denen die Zeitrechnung beginnt. Im Judentum, der ältesten dieser Religionen, fängt die Zeitrechnung mit der Erschaffung der Welt an. Im Christentum beginnt die Zeitrechnung mit dem Jahr der Geburt Jesu. Im Islam beginnt die Zeitrechnung mit der Auswanderung des Propheten von Mekka nach Medina.

In Europa überwiegt die Zeitrechnung nach christlichem Vorbild. Ereignisse vor der Geburt Jesu werden mit der Anmerkung „vor Christus" versehen, Ereignisse nach der Geburt mit „nach Christus". Demnach kann die Auswanderung des Propheten nach Medina auf das Jahr 622 n. Chr. und die Erschaffung der Welt nach jüdischem Glauben auf das Jahr 3 761 v. Chr. datiert werden.

Wie wird unser Kalender berechnet?
Unser heutiger Kalender ist ein Sonnenkalender. In einem Sonnenkalender hat ein Jahr so viele Tage, wie die Erde braucht, um einmal um die Sonne zu kreisen. Das sind etwas mehr als 365 Tage. Es ist schwierig, die genaue Dauer einer Umkreisung zu berechnen. Ein Unterschied von wenigen Minuten bedeutet, dass sich über viele hundert Jahre wichtige Daten verschieben. Um diese Unterschiede auszugleichen, gibt es Schaltjahre. Jedes vierte Jahr ist ein Schaltjahr. Es hat einen zusätzlichen Tag, nämlich den 29. Februar.

Welcher Kalender gilt?
Der römische Herrscher Julius Cäsar führte schon im Jahr 45 v. Chr. einen Sonnenkalender ein. Wir bezeichnen diesen Kalender als julianischen Kalender. Über 1600 Jahre später wurde dieser Kalender von Papst Gregor XIII., dem Oberhaupt der katholischen Kirche, überarbeitet. Damit wurde er genauer. Der gregorianische Kalender ist heute der weltweit am meisten verbreitete Kalender.

Der julianische und der gregorianische Kalender haben einen Unterschied von 13 Tagen. Der 7. Januar im gregorianischen Kalender entspricht dem 25. Dezember im julianischen Kalender. Das ist zum Beispiel für orthodoxe Christen wichtig. Sie benutzen den julianischen Kalender und feiern deshalb Weihnachten später.

Zielangabe: Wir beschreiben verschiedene Kalender. Wir analysieren, mit welcher Absicht sie entwickelt wurden. Wir arbeiten die Merkmale des heute in Deutschland gültigen Kalenders heraus.

Aufgaben
1 Beschreibe **M1** und erkläre, wie die Zeit gemessen wurde.
2 Erkläre die Symbole von **M2**. Vergleiche sie mit deinem heutigen Kalender.
3 Begründe, inwiefern Kalender als Machtinstrumente genutzt werden (**M3**).
4 Vergleiche die verschiedenen Kalender, die du kennengelernt hast.

----

der julianische Kalender: Von Julius Cäsar eingeführter Sonnenkalender mit Schaltjahren. Er hat eine Jahreslänge von 365,25 Tagen.
der gregorianische Kalender: Im 16. Jahrhundert von Papst Gregor XIII. entwickelter Kalender. Ein Jahr hat 365,2422 Tage. Damit ist dieser Kalender genauer als der julianische. Auch der gregorianische Kalender hat Schaltjahre.

Begegnungen mit Geschichte

M1 Die Himmelsscheibe von Nebra (Bronzezeit)

Die Himmelsscheibe stammt aus der Bronzezeit. Sie ist ca. 4.000 Jahre alt. Am Rand hat sie eingestanzte Löcher. Mit diesen Löchern und den dargestellten Gestirnen (Sonne, Mond und Sterne) konnte die Zeit genau gemessen werden. Die Himmelsscheibe diente somit als Kalender.

M2 Der römische Kalender, 4. Jahrhundert n. Chr.

Auf diesem römischen Steckkalender sind die Wochentage abgebildet, welche nach Göttern benannt wurden. Die Woche beginnt mit dem Samstag. Die Götter sind Saturn, Sol, Luna, Mars, Merkur, Jupiter und Venus. Auch die Monate benannten die Römer nach Göttern. Tage sind in lateinischen Ziffern angegeben.

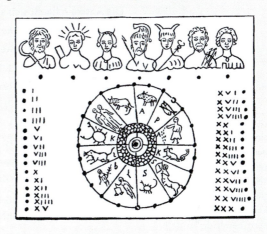

M3 Einführung eines Kalenders als Instrument politischer Macht?

1929 wurde in der Sowjetunion unter dem Diktator[1] Josef Stalin der Sowjetische Revolutionskalender eingeführt. Er galt bis 1940. Der Kalender behielt zwar die Zählung des gregorianischen Kalenders bei, teilte das Jahr aber neu ein. Kernpunkt war eine Fünf-Tage-Arbeitswoche. Damit wurden die Sonntage und alle religiösen Feiertage abgeschafft. Die Industrieproduktion sollte gesteigert werden, deswegen gab es mehr Arbeitstage. Einzelne Ruhetage und insgesamt fünf neue Feiertage dienten der Erholung der Bevölkerung. Zwei dieser Feiertage erinnerten an die „internationalen Arbeiter".

1 der Diktator: der Machthaber

1 Was hat Geschichte mit mir zu tun?

Wie teilen wir Geschichte ein?

Wir betrachten geschichtliche Ereignisse meist in einer chronologischen, also zeitlichen Reihenfolge. Die Geschichte wird in Epochen eingeteilt. Eine klare Einteilung in die Epochen ist aber nicht einfach. Denn in der Geschichte passiert nie alles streng nacheinander. Die Übergänge von einer Epoche in die andere sind fließend.

Im Folgenden werden drei Epochen der europäischen Geschichte beschrieben.

Die Antike

Die Antike schließt sich an die Ur- und Frühgeschichte an. Sie dauerte ungefähr von 800 v. Chr. bis 500 n. Chr. Die Menschen in der Antike nutzten ihr mathematisches Wissen, um zum Beispiel die Sterne zu beobachten oder Gebäude zu errichten. In manchen Häusern gab es bereits Bäder mit Bodenheizung und Wasserleitungen. In manchen Städten lebten die Menschen in den ersten Demokratien zusammen. Die Demokratie, in der wir heute leben, basiert auf den Ideen der Gelehrten des antiken Athens.

Das Mittelalter

Das Mittelalter folgt auf die Antike. Es dauerte von ungefähr 500 bis 1500 n. Chr. Im mittelalterlichen Europa war das Christentum die wichtigste Religion. Im Namen des Glaubens wurden viele Kriege geführt, zum Beispiel die Kreuzzüge. Das Leben der Menschen hing davon ab, in welchen Stand sie hineingeboren wurden. Die meisten waren von einem Herrscher abhängig. Immer mehr Menschen zogen vom Land in die Städte. Das Wissen aus der Antike ist im Mittelalter zu großen Teilen verloren gegangen. Die Gelehrten des Mittelalters kamen in den ersten Universitäten zusammen. Diese befanden sich zum Beispiel in Bologna (Italien) oder Oxford (England). Auch in Klöstern wurde Wissen gesammelt und vermittelt.

Die frühe Neuzeit und die Neuzeit

Im späten Mittelalter wurde das Wissen der Antike wiederentdeckt. Entdeckungen und Fortschritte markieren den Übergang in die frühe Neuzeit. In sehr kurzer Zeit wurden viele wichtige Erfindungen gemacht, zum Beispiel der Buchdruck mit beweglichen Lettern durch Johannes Gutenberg. Christopher Kolumbus kam 1492 zum ersten Mal nach Amerika. Das Bild, das man in Europa von der Welt hatte, wandelte sich. Auch in der Religion gab es Veränderungen. Martin Luther kritisierte die katholische Kirche. Diese Reformation führte zur Teilung der Kirche in katholisch und evangelisch.

Der Übergang zur Neuzeit wird durch die Französische Revolution und die Anfänge der Industrialisierung geprägt. In der Französischen Revolution haben die Menschen die Rechte erkämpft, die wir als Menschenrechte heute noch kennen. In der Industrialisierung gab es bedeutende technische Fortschritte, die das Leben der Menschen nachhaltig veränderten.

Zielangabe: Wir benennen die drei großen Epochen der Geschichte. Wir beschreiben ihre wesentlichen Merkmale.

Worterklärungen
chronologisch: zeitlich nacheinander
der Stand: soziale Zugehörigkeit im Mittelalter
basieren: beruhen
die Reformation: kirchliche Erneuerungsbewegung im 16. Jh.

Aufgaben

1 Nenne alle in den **Texten** genannten Epochen und die zugehörigen Zeitangaben und ordne diese chronologisch in einem Zeitstrahl (▶ S. 33) an.
2 Ordne die Bilder (**M1–M4**) den Epochen zu. Begründe deine Zuordnung.

Begegnungen mit Geschichte

M1 Tonscherben

Diese Scherben wurden zur Abstimmung in Wahlen benutzt.

M2 „Der Buchdrucker", Holzschnitt von Jost Amman

M3 Burg Lichtenberg in Baden-Württemberg

M4 M4 Ankunft der ersten Eisenbahn in Aalen

die Epoche: ein griechisches Wort, das einen längeren Zeitabschnitt in der Weltgeschichte meint

1.2 Die Wurzeln Europas – von der Antike bis in die Gegenwart

Die erste Demokratie in Athen

Impuls
Was bedeutet Demokratie für dich? Sammle verschiedene Meinungen auf Metaplankarten.

Wir leben heute in Deutschland mit gesellschaftlichen Regeln und Werten, die sich in knapp 3.000 Jahren entwickelt haben. Viele gehen zurück auf die Kultur der alten Griechen. Sie entwickelten Ideen für das Zusammenleben, die zum Vorbild für unsere heutige Demokratie wurden. Demokratie bedeutet wörtlich übersetzt „Volksherrschaft".

Wer hat Rechte?
Griechische Stadtstaaten wie Athen beschlossen um 500 v. Chr. erste Regeln für das gesellschaftliche und politische Zusammenleben. Stadtstaat heißt auf Griechisch Polis; daher stammt unser Wort „Politik". Alle Bürger durften an Volks- und Gerichtsversammlungen teilnehmen. Als Bürger galten alle freien männlichen Griechen, egal, ob sie reich oder arm, gebildet oder ungebildet waren. Frauen, Nicht-Griechen und Sklaven waren ausgeschlossen. Von den rund 300.000 Menschen, die damals in Athen lebten, durften etwa 40.000 Bürger ihre politischen Rechte wahrnehmen.

Worterklärungen
der Stratege: oberster Militärbefehlshaber in Athen
der Stadtstaat: ein kleiner Staat, der nur aus einer Stadt besteht

Wie funktionierte die Demokratie in Athen?
Die Volksversammlungen fanden alle neun Tage statt. Jeder Bürger konnte ein Amt übernehmen. Nur das Amt des militärischen Strategen bildete eine Ausnahme, weil für diese Tätigkeit eine gute Ausbildung notwendig war. Die Bürger stimmten über wichtige Entscheidungen gemeinsam ab. Vorher durfte jeder seine Meinung sagen.
In der Praxis war es für viele jedoch schwer, die Volksversammlungen zu besuchen. Bauern auf dem Land konnten ihre Felder nicht verlassen. Auch Händler konnten ihre Läden nicht einfach schließen. Für die Bürger in der Stadt war es einfacher, denn sie mussten nicht lang reisen. Außerdem waren nicht immer alle Bürger von einem Problem betroffen. So kamen oft nur diejenigen zur Versammlung, die sich für eine bestimmte Entscheidung interessierten.
Es kam auch vor, dass Bürger ihre politischen Rechte missbrauchten. Dafür gab es das Scherbengericht. Einmal jährlich wurden die Namen von Verdächtigen auf Scherben geritzt und gesammelt. Wer die meisten Stimmen bekam, durfte zehn Jahre lang nicht am politischen Leben der Stadt teilnehmen.

Zielangabe: Wir beschreiben die antike Demokratie in Grundzügen. Wir erschließen Vor- und Nachteile der Demokratie in Athen. Wir erläutern, welche Elemente der Demokratie noch heute gültig sind.

Aufgaben
1 Beschreibe **M1** und erkläre die Funktionsweise der Demokratie in Athen.
2 Analysiere das Streitgespräch (**M2**). Welche Probleme nennen beide Seiten?
3 Fasse die Aussage von **M3** zusammen. Nimm Stellung dazu, wie du Wahlverweigerung bewertest.
4 Vergleiche die Demokratie in Athen mit der heutigen Demokratie in Deutschland. Beachte folgende Gesichtspunkte: Beteiligung, Gleichberechtigung und Kontrollmöglichkeiten.

Die Wurzeln Europas – von der Antike bis in die Gegenwart

M1 Die Demokratie – eine Praxis der alten Griechen in Athen

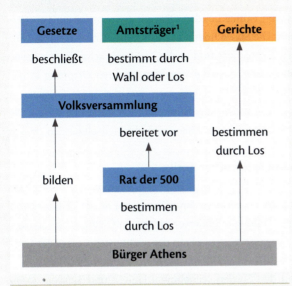

1 der Amtsträger: Staatsbediensteter, Verantwortungsträger

M2 Streitgespräch über den Nutzen der Demokratie, um 430 v. Chr.

Der Streit fand zwischen dem Heerführer und Politiker Kleon (gestorben 422 v. Chr.) und dem Redenschreiber Lysias (ca. 445 v. Chr. – 380 v. Chr.) statt. Beide Männer kamen aus Athen.

Kleon: Es ist unvernünftig, jedem einfachen Mann zu erlauben, in der Volksgemeinschaft zu sprechen und Vorschläge zu machen. Dieses Recht gebührt nur den Vornehmen und Fähigen. Denn die Zuchtlosigkeit[1] [...], die beim Volk am häufigsten anzutreffen ist, gibt es bei den Vornehmen weniger. Dagegen ist hier der Sinn für das [...] Gute am besten ausgebildet. [...]
Lysias: Nein, gerade die Menschen aus dem niederen Volk sollen sprechen, damit auch ihre Interessen vertreten werden.
Kleon: Aber ein Mann aus dem niederen Volk ist doch nicht einmal fähig, im eigenen Interesse vernünftige Vorschläge zu machen, wie soll er da Vorschläge zum Wohl der Allgemeinheit machen?
Lysias: Es ist immer noch besser, wenn ein Ungebildeter sich ungeschickt für die Interessen des Volkes einsetzt, als wenn ein einsichtiger Adliger, der ein Gegner des Volkes ist, in den Angelegenheiten des Volkes spricht.
Kleon: Wenn das unfähige und zuchtlose Volk spricht, bekommen wir eine schlechte Staatsordnung.
Lysias: Gewiss schafft die Mitbestimmung des Volkes noch keine idealen Verhältnisse; aber das Volk will lieber in einer schlechten Staatsordnung frei sein, als in einer guten in Knechtschaft leben. Gerade aus der Volksherrschaft, mag sie noch größere Mängel haben als die Adelsherrschaft, erwacht dem Volk das Gefühl der Kraft und Freiheit.

In Anlehnung an Pseudo-Xenophon. Vom Staat der Athener I, 1-10, S.a.S. 76 NQ 4

1 die Zuchtlosigkeit: Verkommenheit, Schlechtheit

M3 Niemand darf sich enthalten

Der Politiker und Dichter Solon (ca. 640 v. Chr. – 560 v. Chr.) stellt ein neues Gesetz in Athen auf.

Da Solon beobachtet hatte, wie manche Bürger der Politik gegenüber teilnahmslos blieben, machte er gegen sie ein besonderes Gesetz: Wer im Streit der Parteien sich für keine Partei entschied, sollte seine politischen Rechte verlieren.

Aristoteles: Staat der Athener 8. Zit. nach: Fragen an die Geschichte, Bd. 1, Heinz Dieter Schmid (Hrsg.), Frankfurt/Main (Hirschgraben) 1987, S. 77

---

die Demokratie: Diese Staatsform beruht auf der Mitbestimmung aller Menschen, indem sie z. B. die Regierung wählen können. Jeder Mensch hat gleiche Rechte. Die Mächtigen werden kontrolliert. Es gibt keinen alleinigen Herrscher, der sich über die Gesetze stellen kann. Stattdessen ist die Macht aufgeteilt und die Gesetze gelten für alle gleich.

die Volksversammlung: Hier trafen sich alle Bürger Athens. Es wurden Gesetze beschlossen, über Krieg und Frieden entschieden und Staatsbedienstete gewählt.

1 Was hat Geschichte mit mir zu tun?

Die Olympischen Spiele in Griechenland – eine Möglichkeit für Frieden und Völkerverständigung auch heute?

Impuls
Wann waren die letzten Olympischen Spiele, an die du dich erinnern kannst? Notiere auf Metaplankarten Dinge, die dir dazu einfallen.

Jeder von uns hat bestimmt schon einmal bei den Olympischen Spielen für Sportlerinnen und Sportler mitgefiebert. Die Spiele finden alle vier Jahre statt. Jedes Mal wird die olympische Fackel in Athen angezündet und in das Land gebracht, das die Spiele veranstaltet. Das ist ein Symbol dafür, dass die Wettkämpfe ihren Ursprung in der griechischen Antike hatten. Sie erhielten ihren Namen von der Stadt Olympia in Griechenland, wo die Spiele seit 776 v. Chr. abgehalten wurden. Am Ende der Antike gerieten sie in Vergessenheit. Die ersten Olympischen Spiele der Neuzeit fanden 1896 in Athen statt.

Die Bedeutung der Olympischen Spiele in der Antike

Die alten Griechen trafen sich zu sportlichen Wettkämpfen in Olympia, vermutlich, um an den Tod von mutigen Kämpfern zu erinnern. Eine Olympiade ist der Zeitraum von vier Jahren. Die griechische Zeitrechnung orientierte sich an den Olympischen Spielen. Die Spiele waren auch eine Art Gottesdienst zu Ehren des wichtigsten Gottes der Griechen, Zeus.

Worterklärungen
das Symbol: das Erkennungszeichen
der Konkurrent: der Gegner

Nur freie Griechen durften an den Spielen teilnehmen. Frauen und Sklaven• waren ausgeschlossen. Die Sportler und Zuschauer kamen aus allen griechischen Städten zusammen. Unter ihnen waren berühmte Künstler, die Gedichte, Reden oder Lieder vortrugen. Auch Staatsmänner trafen sich während der Spiele, um politische Gespräche zu führen.

Die Wettkämpfe in der Antike

Jeder Sportler musste vor den Olympischen Spielen schwören, nicht zu betrügen, sich an die Regeln zu halten und keinen Konkurrenten zu bestechen. Die Sportarten waren teilweise die gleichen wie heute, zum Beispiel Ringkampf, Laufen, Speer- oder Diskuswurf. Auch den Fünfkampf kannten die Griechen bereits. Andere Sportarten gibt es heute nicht mehr, beispielsweise den Waffenlauf oder das Rennen mit Pferdewagen.

Die Sieger wurden geehrt, reich belohnt und festlich bewirtet. In ihrer Heimatstadt wurden sie auf Lebenszeit kostenlos verpflegt und erhielten Geldgeschenke. Manche erhielten sogar ein Denkmal.

Zielangabe: Wir untersuchen, welche Bedeutung die Olympischen Spiele in der Antike hatten. Wir skizzieren die Olympischen Spiele der Neuzeit als Erbe der Antike.

> **Aufgaben**
> 1 Nenne die Ziele der Olympischen Spiele im antiken Griechenland (**M1**).
> 2 Beschreibe die olympischen Sportstätten (**M2**). Analysiere ihre Funktionen.
> 3 Vergleiche die symbolische Bedeutung der olympischen Ringe heute (**M3**) mit den Zielen der Spiele in der Antike (**M1, M2**).
> 4 Beurteile, inwiefern die Spiele heute ihren Zielen gerecht werden.

die Olympiade: ein Zeitmaß von vier Jahren. Alle vier Jahre fanden im antiken Griechenland **die Olympischen Spiele** (das sind sportliche Wettkämpfe) statt.

Die Wurzeln Europas – von der Antike bis in die Gegenwart

M1 Der griechische Redner Isokrates (436 v. Chr. – 338 v. Chr.) sagt über den olympischen Frieden:

Mit Recht werden unsere Vorfahren gelobt, weil sie unsere Festversammlungen stifteten und uns dadurch eine Sitte überlieferten, die uns so viel Gutes bringt. Seither kommen wir zu den verschiedenen
5 Spielen zusammen, sobald der Gottesfriede[1] verkündet ist und alle Feindschaften begraben sind. Wir bringen hier gemeinschaftlich unsere Opfer dar[2], verrichten gemeinsam Gebete, werden uns unserer Verwandtschaft bewusst, erneuern Gastfreundschaften
10 und schließen für die Zukunft neue Freundschaften.

Isokrates, 380 v. Chr., nach Drees, Olympia, Stuttgart 1967, S. 68

1 der Gottesfriede: Während der Olympischen Spiele mussten alle Kriege und Kampfhandlungen ruhen. Sportler und Besucher durften auf ihrem Weg nach Olympia nicht angegriffen werden. Wer dagegen verstieß, wurde hart bestraft.
2 Opfer darbringen, opfern: Menschen schenken einer Gottheit etwas, damit die Gottheit sie unterstützt oder beschützt. Opfer sind meist Lebensmittel oder auch Tiere.

M3 Die olympischen Ringe

Die olympischen Ringe wurden 1920 zum ersten Mal bei den Spielen gezeigt. Die fünf Ringe stehen für fünf Kontinente. Ihre Farben zuzüglich der Hintergrundfarbe Weiß entsprechen denen aller Länderflaggen der Welt. Die Verschlungenheit symbolisiert das Zusammenkommen von Sportlern aus aller Welt. Außerdem sind sie ein Symbol für den Austausch und die Verständigung.

M2 Lageplan der Sportstätten in der antiken Stadt Olympia

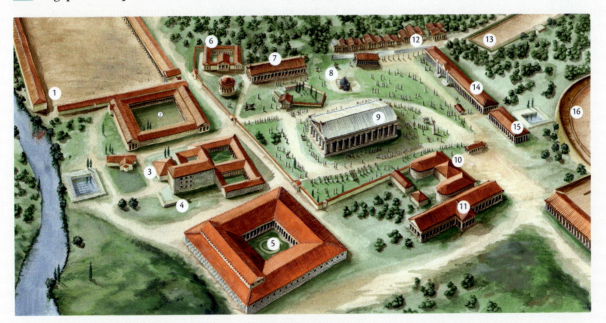

1 das Gymnasion; 2 die Ringerschule; 3 der Amtssitz der olymp. Priester; 4 die Bildhauerwerkstatt; 5 das Gästehaus; 6 der Amtssitz von Verwaltungsbeamten; 7 der Heratempel; 8 der Zeusaltar; 9 der Zeustempel; 10 das Haus des Stadtrates; 11 die Südhalle; 12 die Schatzhäuser; 13 das Stadion; 14 die Echohalle; 15 die Ostbäder; 16 die Pferderennbahn

1 Was hat Geschichte mit mir zu tun?

Das Erbe der Römer: Was blieb?

Impuls
Führe eine Spurensuche in deinem Alltag durch. Welche Dinge gibt es seit der Römerzeit?

Neben der griechischen Antike hat auch die römische Antike ihre Spuren in Europa hinterlassen. Das Römische Reich geht auf die Stadt Rom in Italien zurück, die der Legende nach 753 v. Chr. gegründet wurde. Das Römische Reich breitete sich im Mittelmeerraum aus. Es löste schließlich die Griechen als stärkste Macht ab. In der ersten Phase war das Römische Reich ein Königreich. Dann wurde es zur Republik und später zu einem Kaiserreich.

Warum war das Römische Reich so mächtig?
Dank seiner Organisation und seines Militärs konnte das Römische Reich fast ganz Europa sowie Teile Asiens und Afrikas erobern und jahrhundertelang beherrschen. Die römische Armee verfügte über eine überlegene Technik, bessere Waffen, gut ausgebildete Soldaten, Disziplin und hervorragende Taktik. Soldaten bekamen nach 20 Jahren Dienst im Heer Land geschenkt. Das war für viele ein Anreiz für eine militärische Karriere. Denn durch das Land waren sie im Alter gut versorgt. Außerdem siedelten sie mit ihren Familien überall im Reich. So wurde die römische Kultur verbreitet.

Worterklärungen
das Heer: das Militär
das Rechtssystem: die Festlegung der Gesetze

Was brachte das Römische Reich mit sich?
Die Römer besaßen ein recht großes Wissen über Technik. Das nutzten sie, um ihr Leben angenehmer zu gestalten. Sie bauten zum Beispiel mehrstöckige Steinhäuser und Schwimmbäder mit Heizungen. Auch Wasserleitungen gab es schon. Wenn die Römer Gebiete eroberten und dort Städte bauten, brachten sie diese Erfindungen mit.

Des Weiteren bauten die römischen Handwerker sehr gute Straßen. Die militärischen Truppen konnten sich auf ihnen schnell fortbewegen. Auch der Handel blühte. So wuchs das Römische Reich zu einem einheitlichen Wirtschaftsraum zusammen.

Die christliche Religion entstand auf dem Gebiet des Römischen Reiches, im heutigen Israel. Von dort verbreitete sie sich bis nach Rom, wo erste christliche Gemeinden entstanden. Diese wurden zuerst grausam verfolgt. Dennoch wuchsen sie beständig weiter. Schließlich bekehrte sich Kaiser Konstantin (306–337) zum Christentum und erlaubte 313 allen Bürgern des Römischen Reiches, ihre Religion frei zu wählen. Das Christentum wurde von da an gefördert und 381 zur Staatsreligion erhoben.

Zielangabe: Wir nennen Überbleibsel der Kultur des antiken Roms, die bis heute in unserem Leben zu finden sind. Wir erklären, wie Mitteleuropa durch die Antike geprägt wurde.

Aufgaben

1 Beschreibe **M1** und nenne Überbleibsel römischer Kultur. Nutze auch **M2**.
2 Schreibe deinen Geburtstag in römischen Zahlen (**M2**).
3 Nenne weitere Dinge der Römer, die in Mitteleuropa bis heute zu finden sind (**M1**).
4 Diskutiert: Ist unser Leben heute stärker durch die Römer oder durch die US-Amerikaner geprägt?

....

die Republik: bedeutet „öffentliche Sache". Die Republik ist eine Staatsform, in der das Volk die Herrschaft ausübt. Es gibt keinen König oder Kaiser an der Spitze. Das Staatsoberhaupt wird gewählt und ist eine Person aus dem Volk.

M1 Von den Römern gebracht – eine Spurensuche aus der Antike!

Hamearis lucina

M2 Überbleibsel der römischen Antike in unserem Alltag

Viele Dinge, die in unserem Alltag selbstverständlich sind, gehen auf das Römische Reich zurück. Die Sprache der Römer war Latein. Latein wird heute nicht mehr gesprochen. Wir nutzen aber in unserem Alphabet die lateinischen Buchstaben.
Wissenschaftliche Bezeichnungen von Tieren, Pflanzen oder Körperteilen sind Lateinisch. Lange Zeit war Latein die internationale Sprache der Wissenschaftler.
Lehnworte nennen wir Wörter, die aus einer Sprache in eine andere übernommen wurden. Oft waren die Gründe dafür, dass es bei den Germanen[1] diese Dinge nicht gab. Viele deutsche Wörter habe ihren Ursprung in der lateinischen Sprache. Dazu gehören beispielsweise Ziegel, Mauer, Straße oder Wein. Zahlen schreiben wir anders als die Römer. Aber manchmal können wir römische Zahlen auf Uhren oder an Hauswänden finden. Es gibt die römischen Grundzahlen I (1), V (5), X (10), L (50), C (100), D (500) und M (1.000). Aus ihnen werden alle Zahlen gebildet. Dazu werden die Grundzahlen entweder zusammengerechnet oder voneinander abgezogen.

Zum Beispiel: III = 1 + 1 + 1 = 3
IV = 5 – 1 = 4
VI = 5 + 1 = 6

Viele Gemüse- und Obstsorten, die heute in Mitteleuropa wachsen, haben die Römer mitgebracht. Dazu gehören auch Pfirsiche, Pflaumen, Wein und Dill.
In vielen europäischen Städten gibt es Überreste römischer Bauten zu sehen, zum Beispiel den römischen Tempel in der Stadt Nîmes in Frankreich. Später nahmen sich europäische Architekten die römischen Bauten zum Vorbild, wie zum Beispiel der Erbauer der Neuen Wache in Berlin im 18./19. Jahrhundert oder die Architekten vieler Parlaments- und Regierungsgebäude in den USA. Vorbilder der römischen Bauten waren die Bauten der Griechen.
Auch die Religion der römischen Antike hat ihre Spuren hinterlassen. Die Göttin Justitia steht für die Gerechtigkeit. Ihr Standbild steht heute vor vielen Gerichtsgebäuden. Zahlreiche Grundsätze der heutigen Rechtsprechung wurden aus der römischen Zeit übernommen. Dazu gehört unter anderem, dass ein Angeklagter bis zum Beweis seiner Schuld als unschuldig gilt.

Verfassertext

---

[1] die Germanen: eine Gruppe von Stämmen, die in der Antike vorwiegend in Mitteleuropa lebten.

1.3 Europa – Weg in die Moderne?

Impuls
Was ist dir wichtiger, Sicherheit und feste Gemeinschaft oder Freiheit und Selbstbestimmung?

Leben im späten Mittelalter – Freiheit und Selbstbestimmung oder Abhängigkeit?

In Deutschland haben wir heute das Recht, unseren Wohnort oder unsere Ausbildung frei zu wählen. Im Mittelalter hatten die meisten Menschen diese Wahl nicht. Im Gegenteil, sie waren in verschiedene Stände eingeteilt. Die drei Stände waren: Adelige, Geistliche und Bauern. Zu welchem Stand man gehörte, entschied einzig und allein die Geburt. Es kam nicht darauf an, ob man fleißig, klug oder arm war. Wer als Bauer geboren war, wurde Bauer und blieb Bauer.

Wie war die Ständegesellschaft aufgebaut?

An der Spitze der Gesellschaft stand der König. Er erließ Gesetze, war der höchste Richter und entschied über Krieg und Frieden. Viele Adelige, zum Beispiel Fürsten, Grafen und Herzöge, waren seine Gefolgsleute. Sie genossen hohes Ansehen und besaßen viele Ländereien. Ritter waren niedrige Adelige und oft nicht so reich. Sie wohnten in Burgen, halfen bei der Verwaltung des Reiches und leisteten Kriegsdienste. Zur Geistlichkeit gehörten Bischöfe, Äbte und Äbtissinnen sowie Mönche, Nonnen und Priester. Die Bürger in den Städten gewannen im späten Mittelalter immer mehr an Einfluss. Die Bauern auf dem Land hingegen hatten die wenigsten Rechte. Sie standen ganz unten in der Gesellschaft.

Worterklärungen
der Abt / die Äbtissin: der Vorsteher / die Vorsteherin eines Klosters
der Geistliche: ein Mensch, der für die Kirche arbeitet
das Privileg: Vorrecht, besonderes Recht
die Gefolgsleute: Adlige, die einem Herrscher treu folgen und Dienste leisten

Wem gehörte das Land?

Da der König ohne Auto, Eisenbahn, Internet oder Telefon Schwierigkeiten hatte, sein großes Reich zu kontrollieren, war er auf die Hilfe von Adeligen, Bischöfen oder Klöstern angewiesen. Im Kriegsfall dienten die Adeligen als Heerführer, ansonsten als Berater und Verwalter. Eine Verfassung im heutigen Sinne gab es nicht, daher war es wichtig, gute persönliche Bindungen aufzubauen. Der König sicherte sich die Unterstützung seiner Untergebenen, indem er Land vergab. Das waren sogenannte Lehen.

Die Lehensmänner verliehen Teile ihres Landes an niedrige Adelige, die das Land wiederum weiterverliehen an Bauern. Viele Adelige versuchten, ihre Lehen zu behalten. Das war ein Problem für den König. Denn wenn ihm das Land nicht mehr gehörte, dann hatte er auch keine Macht mehr. Der Einfluss der Adeligen und der Bürger in den Städten führte dazu, dass sich die Machtverhältnisse im späten Mittelalter langsam änderten.

Zielangabe: Wir beschreiben die Ständegesellschaft des Mittelalters. Wir nennen wesentliche Unterschiede zur Gesellschaft heute.

Aufgaben

1 Beschreibe **M1** und begründe, wer die Menschen in diese Ordnung einteilt.
2 **M2** hat das Ziel, die Menschen, vor allem die des dritten Standes, zu erziehen. Analysiere, wie dieses Ziel verfolgt wird.
3 Fasse die Aussage von **M3** zusammen.
4 **M3** ist ca. 30 Jahre älter als **M1**. Vergleiche **M3** und **M1**. Beziehe auch **M2** ein.

Europa – Weg in die Moderne?

M1 Die Ständeordnung im Mittelalter (1488)

Holzschnitt von Jacob Meydenbach aus dem Werk „Prognosticatio"[1] von Johannes Lichtenberger, 1488. Christus auf dem Regenbogen segnet die drei Stände: Geistliche (links), Adel (rechts) und Bauern (unten). Aufschrift: „Tu supplex ora, tu protege, tuque labora" (Du bete demütig, du schütze, und du arbeite).

1 die Prognostacatio: die Vorhersage, die Voraussagung

M2 Ein vorherbestimmtes Leben?

Aus dem Versepos[1] „Meier Helmbrecht" des Dichters Wernher der Gartenaere aus der zweiten Hälfte des 13. Jahrhunderts. Helmbrecht, ein junger Mann, möchte sich nicht der vorbestimmten Ordnung fügen, sondern sein Leben selbst bestimmen. Er möchte in die Welt gehen. Ein Meier ist der Verwalter eines Gutsherrn. Später werden freie Bauern oder Pächter (Mieter) eines landwirtschaftlichen Gutes Meier genannt.

Der junge Helmbrecht verlässt den elterlichen Hof und sagt zu seinem Vater: „Ich möchte den Geschmack des Hoflebens kennenlernen. Nie mehr werden Säcke meine Schultern drücken, ich will
5 keinen Mist mehr auf deinen Wagen laden. Gott verdamme mich, wenn ich noch mal deinen Ochsen ins Joch[2] spanne oder deinen Hafer säe. Das passt doch nicht zu meinen langen blonden Locken ... Nein, ich werde nie mehr beim Ackerbau helfen." Der
10 Vater warnt ihn: „Selten hat der Glück, der sich gegen seinen Stand auflehnt, dein Stand ist der Pflug."

Helmbrecht erreicht sein Ziel nicht, vagabundiert[3] mit Raubrittern und wird gefangen. Der Henker des Grundherrn blendet[4] und verstümmelt ihn. Als Helmbrecht sich auf den elterlichen Hof geschleppt hat, 15 verstößt ihn sein Vater und die Bauern fallen über ihn her: „Ah, ah, Dieb Helmbrecht! Wenn du Bauer geblieben wärst wie ich, wärst du nicht blind und gezwungen, dich führen zu lassen." Die Bauern hängen Helmbrecht an einem Baum auf. 20

Friedrich Panzer (Hrsg.): Altdeutsche Textbibliothek, Nr. 11, Halle, 1911, Vers 1926–1930, S. 64

1 das Epos: ein erzählendes langes Gedicht mit gleichmäßiger Versform
2 das Joch: dadurch wird die eigene Freiheit stark eingeschränkt, man ist dem Joch unterworfen. Ochsen werden in ein Joch gespannt, um einen Wagen zu ziehen.
3 vagabundieren: ohne festen Wohnsitz leben bzw. ohne Ziel umherziehen
4 blenden: Zerstörung der Augäpfel durch Stechen, Ausbrennen etc.

M3 Der italienische Wissenschaftler und Politiker Ghianozzo Manetti (1396–1459) schrieb 1452:

Die Welt ist wohl von Gott geschaffen, aber der Mensch hat sie [erforscht,] verwandelt und verbessert. Denn alles, was uns umgibt, ist unser eigenes Werk, das Werk des Menschen; alle Wohnstätten, alle Schlösser, alle Gebäude aus der ganzen Welt [...]. Von 5 uns sind alle Gemälde, die Skulpturen[1]; von uns kommen der Handel, die Wissenschaften und die philosophischen Systeme. Von uns kommen alle Erfindungen und alle Arten von Sprachen und Literaturen [...]. 10

Zit. nach: John R. Hale: Fürsten, Künstler, Humanisten. Rowohlt Life 35, Hamburg 1973, S. 26

1 die Skulptur: Werk eines Bildhauers

---

die Ständegesellschaft: ordnet die Menschen in eine feste Rangfolge ein. Diese habe angeblich Gott mit der Geburt vorherbestimmt. Ein Wechsel war nicht erlaubt bzw. wurde hart bestraft.

das Lehen: Ländereien oder Ämter, die ein Lehnsherr seinem Lehensmann lebenslang „leiht". Dafür verspricht der Lehnsmann, in Kriegs- und Friedenszeiten zu dienen.

1 Was hat Geschichte mit mir zu tun?

Die Renaissance – eine neue Zeit?

Impuls
Kannst du selbst über dein Leben bestimmen? Stellt euch in eurem Klassenzimmer auf einer Positionslinie auf. Begründe deine Entscheidung.

Der Mensch ist ein Individuum. Das Individuum hat Freiheiten. Jede und jeder von uns darf ihr oder sein Leben zu großen Teilen selbst bestimmen. Diese Freiheit gab es nicht immer. Menschen werden erst seit ein paar hundert Jahren als Individuen wahrgenommen. Das basiert auf den Ideen einiger europäischer Gelehrter. Sie meinten, dass Gott den Menschen zu einem Individuum gemacht habe. Diese Geisteshaltung heißt Humanismus. Er veränderte das Denken der Menschen so stark, dass wir vom Beginn einer neuen Epoche sprechen. Diese Umbruchphase heißt „Renaissance".

Gutenberg und der Buchdruck

Im Mittelalter konnten nur sehr wenige Menschen lesen oder schreiben. Das änderte sich, als Johannes Gutenberg im Jahr 1452 den Buchdruck mit beweglichen Lettern erfand. Das war eine Revolution. Gutenberg konnte in etwa drei Jahren ca. 180 Bibeln drucken. Vorher brauchte ein Schreiber bis zu zwei Jahre, um nur eine einzige Bibel abzuschreiben. Eine handgeschriebene Bibel kostete 300 bis 400 Gulden (1 Gulden = 20 Pfund Butter). Eine gedruckte Bibel kostete nur noch 25 bis 40 Gulden. Weil Bücher billiger wurden, bekamen mehr Menschen Zugang zu Bildung.

Die Zeit der Erfindungen und Entdeckungen

Worterklärungen
das Individuum: der Mensch ist ein Einzelwesen
der Universalgelehrte: jemand, der Wissen aus verschiedenen Fachrichtungen besitzt
das Navigationsinstrument: ermöglicht die Bestimmung des Standortes und die Einhaltung des gewählten Kurses auf hoher See
die These: die Behauptung
die Anatomie: der Körperbau

Ein neues Medium entstand: die gedruckte Zeitung. Durch Zeitungen und Flugblätter konnten Ideen verbreitet werden. Auch Martin Luther nutzte das, um seine Ideen einer „neuen" Kirche bekannt zu machen. Seine 95 Thesen schlug er an die Tür der Schlosskirche in Wittenberg, damit alle sie lesen konnten.

In der Medizin und in den Naturwissenschaften gab es Fortschritte. Es gab Universalgelehrte wie Leonardo da Vinci. Er fertigte genaue Darstellungen der menschlichen Anatomie an. Er erfand ein frühes Modell für ein Automobil. Außerdem war er ein bekannter Künstler. Navigationsinstrumente ermöglichten Seefahrern wie Christoph Kolumbus, neue Handelswege über das Meer zu suchen. So bekamen die Europäer ein immer klareres Bild von der Welt, besonders vom bis dahin unbekannten Kontinent Amerika.

Leider betrafen die neuen Entwicklungen aber nur einen relativ kleinen Teil der Menschen. Für Frauen und Arme veränderte sich kaum etwas. Auch lehnten die Kirche und viele Mächtige die neuen Ideen ab.

Zielangabe: Wir erläutern Renaissance und Humanismus als wichtige Meilensteine zur Entwicklung von individueller Selbstbestimmung in Europa.

Aufgaben

1. Arbeite aus **M1** heraus, wer über das Leben des Menschen entscheidet. Erkläre die Rolle von Gott dabei.
2. Erkläre in eigenen Worten die Besonderheit von da Vincis Gemälde (**M2**).
3. Vergleiche die beiden Bilder M2. Beurteile das Bild rechts als Darstellung aus der heutigen Zeit. Folgende Fragen können dir helfen: Welche Bildelemente sind typisch für die heutige Zeit? Wie findest du die Darstellung? Welches der Bilder gefällt dir insgesamt besser und warum?
4. Erläutere, was sich Jakob Wimpfeling (**M3**) vom Buchdruck erhofft.
5. Beurteile die Wahl Gutenbergs zur Person des Jahrtausends aus deiner Sicht.

Europa – Weg in die Moderne?

M1 „Gott" forderte in der Geschichte zur Selbstbestimmung auf – und heute?

Der italienische Philosoph Pico della Mirandola (1763–1794) schreibt:

Daher [...] stellte Gott den Menschen [...] in die Mitte der Welt und sagte zu ihm: [...] Du bist durch nichts [...] gebremst, sondern du sollst nach deinem eigenen freien Willen dein Leben [...] gestalten. Ich habe dich in die Mitte der Welt gesetzt, damit du [...] um dich schaust [und erforschst], was es alles in dieser Welt gibt. [...] Du bestimmst [...] dir selbst die Form [...], wie du zu leben wünschst. Es steht dir alles frei, [...] alles zu erreichen [...] durch deinen eigenen Entschluss und deine [Leistungen].

paraphrasiert nach Pico della Mirandola: Über die Würde des Menschen, Hamburg (Felix Meiner Verlag) 1990

M3 Gutenberg, der wichtigste Mensch des letzten Jahrtausends?

Johannes Gutenberg (gest. 1498) wurde im „Gutenberg-Jahr" 2018 als Mann des Jahrtausends gefeiert. Er habe den bedeutendsten Beitrag der letzten 1.000 Jahre zur Entwicklung der Menschheit geleistet. Der Historiker und Dichter Jakob Wimpfeling (1450–1528) schrieb bereits 1507 über die Bedeutung des Buchdrucks:

Auf keine Erfindung oder Geistesfrucht können wir Deutsche so stolz sein als auf die des Bücherdruckes, die uns zu neuen geistigen Trägern der Lehren des Christentums, aller göttlichen und menschlichen Wissenschaften und dadurch zu Wohltätern der ganzen Menschheit erhoben hat. Welch ein anderes Leben regt sich in allen Ständen des Volkes. Wie ehemals Sendboten des Christentums hinauszogen, so ziehen jetzt die Jünger und Prediger der Wahrheit und der Wissenschaft.

Ingrid Kästner: Johannes Gutenberg, o. O. 1984, S. 60

M2 Vom individuellen Menschenbild zur Selbstverwirklichung in den Sozialen Medien?

Die „Mona Lisa", gemalt von Leonardo da Vinci, ist ein berühmtes Renaissance-Gemälde. Ganz neu war, dass eine Privatperson (also kein Herrscher o. ä.) so dargestellt wurde, wie sie in Wahrheit aussah. Das Bild rechts wurde mithilfe einer Künstlichen Intelligenz (KI) erzeugt. Die KI sollte ein Bild erstellen, auf dem die Mona Lisa ein Selfie von sich macht.

die Renaissance: französisch für Wiedergeburt, gemeint ist die Wiedergeburt der Gedanken der Antike. Die Renaissance bedeutet den Übergang vom Mittelalter in die Neuzeit.

der Humanismus: Diese Bewegung des 14. bis 16. Jh. ist auf dem Bildungsideal der Antike gegründet. Sie ging von Italien aus und setzt die Würde des Menschen in das Zentrum. Alles Denken und Handeln soll zu Menschlichkeit führen (human = menschlich).

1 Was hat Geschichte mit mir zu tun?

Die Aufklärung – Freiheit für alle Menschen?

Impuls
Wie trefft ihr wichtige Entscheidungen? Führt in der Klasse ein Vier-Ecken-Spiel durch.
- Aus dem Bauch heraus.
- Auf der Basis von Informationen und Vernunft.
- Ich würfele oder lege Karten.
- Ich berate mich mit Familie bzw. Freunden.

Heute sind alle Menschen vor dem Gesetz gleich. Jeder Mensch hat ab seiner Geburt bestimmte unveränderliche Rechte, ohne dass er oder sie etwas dafür tun muss. Wir haben diese Rechte, weil wir Menschen sind. Deswegen werden diese Rechte Menschenrechte genannt.

Die Aufklärung

Lange Zeit glaubten Menschen, ihr Leben sei von Gott vorherbestimmt. Das änderte sich in der Aufklärung. Ende des 17. Jahrhunderts begannen Gelehrte in mehreren Ländern Europas, darüber nachzudenken, was „vernünftiges Denken" sei. Sie wollten, dass Menschen sich an der Wissenschaft orientierten statt an der Religion. Das sollte den Menschen helfen, gut in der Gesellschaft zu leben und ihre Bürgerrechte wahrzunehmen. Die Gelehrten schrieben auf, wie Macht in einem Staat gerecht verteilt und kontrolliert werden kann. Sie gaben Anregungen, wie die Gesellschaft nach diesen Vorstellungen aufgebaut und wie ein Staat fair regiert werden könnte.

Die Entwicklung der Menschenrechte

Worterklärungen
die Toleranz: Akzeptanz anderer Meinungen und Religionen

Die Menschenrechte entstanden aus den Ideen der Aufklärung vor etwa 300 Jahren. Sie sollten es den Menschen ermöglichen, selbstbestimmt und frei zu leben.

Eine bis heute bekannte Liste von Rechten schrieben die Franzosen 1789 während der Französischen Revolution auf. Weitere Listen von Menschenrechten entstanden unter anderem 1776 in den heutigen USA und 1849 im deutschen Sprachraum.

Der Idee der Menschenrechte lag ein Menschenbild zugrunde, das wir aus der Renaissance und der Aufklärung kennen. Zwar waren zuerst mit Menschen nur (weiße) Männer gemeint, aber es war ein Anfang. Leider gab es aber neben Frauen viele weitere Ausgeschlossene und noch mehr Gegner der Menschenrechte.

Es war ein schwerer Weg, die Menschenrechte durchzusetzen. Oft geschah es in Revolutionen und mit Gewalt. Nach vielen Rückschlägen nahmen aber immer mehr Länder die Menschenrechte an. In Deutschland sind die Menschenrechte heute im Grundgesetz enthalten.

Zielangabe: Wir erklären die Bedeutung von Freiheit, Gleichheit und Toleranz für unser Zusammenleben. Wir beurteilen, wie das Menschenbild der Aufklärung bis heute unser Leben prägt.

Aufgaben

1 Erkläre den Aufruf von Immanuel Kant (**M1**) in eigenen Worten. Was bedeutet „Ausgang aus der selbstverschuldeten Unmündigkeit" für dich?
2 Nenne fünf Rechte, die alle Menschen haben sollten. Welches davon ist das wichtigste für dich?
3 Beschreibe **M2** ausgehend von links nach rechts. Achte dabei vor allem auf folgende Dinge:
   – dunkle und helle Bildelemente,
   – die abgebildeten Figuren (Was tun sie?),
   – die Pflanzen,
   – wie der Himmel dargestellt ist.
4 Erörtere die Bedeutung der Menschenrechte für die Welt.

Europa – Weg in die Moderne?

M1 Immanuel Kant: Was ist Aufklärung?

Immanuel Kant (1724–1804) war ein Philosoph und Wissenschaftler

Aufklärung ist der Ausgang des Menschen aus seiner selbstverschuldeten Unmündigkeit. Unmündigkeit[1] ist das Unvermögen[2], sich seines Verstandes ohne Leitung eines anderen zu bedienen. Selbstverschuldet[3] ist diese Unmündigkeit, wenn die Ursache derselben nicht am Mangel des Verstandes, sondern [...] [am Mut] [...] liegt, sich seiner ohne Leitung eines anderen zu bedienen. [...] Habe Mut, dich deines Verstandes zu bedienen, ist also der Wahlspruch der Aufklärung.

Immanuel Kant: Beantwortung der Frage: Was ist Aufklärung? In: Berlinische Monatsschrift, Dezember 1784, 481–494, Zit. nach: Imanuel Kant, Was ist Aufklärung? Ausgewählte kleine Schriften, hrsg. von Horst D. Brandt. Hamburg 1999, S. 20–22

1 die Unmündigkeit: die Abhängigkeit
2 das Unvermögen: die Schwäche, die Unfähigkeit
3 Selbstverschuldet: selbst schuld sein an etwas ...

M2 Das Menschenbild der Aufklärung – von Dunkelheit und Einöde in das Licht der Freiheit und Gleichheit?

In der Mitte des Bildes ist die Erklärung der Grund- und Menschenrechte von 1789 abgebildet.

die Aufklärung: Diese Denkrichtung entstand gegen Ende des 17. Jh. in Europa. In der Aufklärung sind die Vernunft und die Würde des Menschen das Wichtigste. Das bedeutet: Ein Mensch, der ein sicheres Leben hat und gebildet ist, kann richtige Entscheidungen treffen.

die Menschenrechte: sind individuelle Freiheitsrechte, die jedem Menschen zustehen.

die Bürgerrechte: sind Rechte, die allen Bürgern eines Staates zustehen, z. B. das Wahlrecht.

das Grundgesetz: (Verfassung von Deutschland) das wichtigste Gesetz in Deutschland und Grundlage von Staat und Gesellschaft

Zusammenfassung

Was hat Geschichte mit mir zu tun?

Die wichtigsten Daten

- 800 v. Chr. bis 500 n. Chr.: Antike
- 500 n. Chr. bis 1500 n. Chr.: Mittelalter
- 1500 n. Chr. bis 1800 n. Chr.: Frühe Neuzeit
- 1800 n. Chr. bis heute: Neuzeit
- 753 v. Chr.: Gründung Roms
- 1452 n. Chr.: Erfindung des Buchdrucks
- 1492 n. Chr.: Kolumbus erreicht Amerika
- 1517 n. Chr.: Luther veröffentlicht seine 95 Thesen
- 1784 n. Chr.: Kant veröffentlicht seine Ideen zur Aufklärung

Die wichtigsten Fachbegriffe

- die Quellen
- die Tradition
- der Überrest
- der julianische Kalender
- der gregorianische Kalender
- die Epoche
- die Antike (griechisch und römisch)
- die Demokratie
- die Volksversammlung
- die Olympiade
- die Republik
- die Ständegesellschaft
- das Lehnswesen
- die Renaissance
- der Humanismus
- die Aufklärung
- die Menschenrechte/Bürgerrechte
- das Grundgesetz

Das kannst du

- Du kannst den Begriff „Geschichte" erklären.
- Du kannst Arten und Merkmale von Quellen benennen.
- Du kannst historische Karten analysieren.
- Du weißt, welcher Kalender heute in Deutschland gültig ist. Du kannst seine Besonderheiten erklären.
- Du kannst die Demokratie in Athen beschreiben und erläutern, welche Elemente noch heute gültig sind.
- Du kannst erläutern, welchen Einfluss die Kultur der griechischen und römischen Antike bis heute auf unser Leben in Europa hat.
- Du kannst die Ständegesellschaft des Mittelalters beschreiben.
- Du kannst die Begriffe „Humanismus", „Renaissance" und „Aufklärung" erklären.

Projekt: Einen Zeitstrahl erstellen

Ein Zeitstrahl ist eine Möglichkeit, Epochen und Ereignisse in einem Überblick darzustellen. Sie werden in eine zeitliche Reihenfolge gebracht. Ein Zeitstrahl hilft, euch in der Vergangenheit zurechtzufinden. Auf dieser Seite lernt ihr, wie ihr einen eigenen Zeitstrahl anfertigen könnt.

Einen „Lebenszeitstrahl" erstellen
1. Schreibe die fünf wichtigsten Ereignisse aus deinem Leben mit dem dazugehörigen Datum auf.
2. Zeichne in dein Heft im Querformat eine Linie (Zeitstrahl) von 20 Zentimeter. 1 cm entspricht einem Lebensjahr.
3. Trage die fünf wichtigsten Ereignisse deines Lebens in den Zeitstrahl ein.

Einen Zeitstrahl für das Klassenzimmer erstellen
4. Zeichnet oder klebt einen Zeitstrahl (Maßstab: 1 Meter = 500 Jahre). Zeichnet in den Zeitstrahl die drei Epochen Antike, Mittelalter, Neuzeit ein.
5. Ordnet die folgenden Ereignisse im Zeitstrahl ein:
   - Erfindung des Buchdrucks 1452
   - 1492 n. Chr.: Kolumbus erreicht Amerika
   - 1517 n. Chr.: Luther veröffentlicht 95 Thesen
   - 1784 n. Chr.: Kant veröffentlicht seine Ideen zur Aufklärung
6. Blättert nun im Schulbuch. Sucht euch in Gruppen weitere Ereignisse/Jahreszahlen aus und sammelt Bilder dazu. Ordnet auch diese Ereignisse in den Zeitstrahl ein.

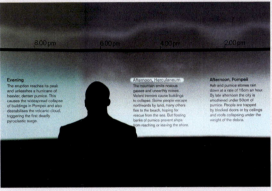

Dieser Zeitstrahl befindet sich in einer Ausstellung. So werden historische Ereignisse für die Besucher veranschaulicht.

M1 Auszug aus einem Zeitstrahl

| ... | 1400 | Kolumbus erreicht Amerika (1500) | 1600 | ... |

Einen digitalen Zeitstrahl erstellen
7. Recherchiert nach Programmen, mit denen sich online ein Zeitstrahl erstellen lässt.
8. Lass euch inspirieren, z. B. von https://histography.io/
9. Erstellt einen digitalen Zeitstrahl.

2 Was ist Politik?

Politik ist nicht nur das, worüber in den Nachrichten gesprochen wird. Sie findet auch vor unserer Haustür statt. Das wird besonders dann deutlich, wenn wieder einmal Wahlen anstehen. Bei immer mehr Wahlen ist es inzwischen erlaubt, schon mit 16 Jahren seine Stimme abzugeben. Das ist zum Beispiel bei der Wahl zum Europäischen Parlament der Fall und seit 2024 auch bei der Landtagswahl in Baden-Württemberg.

Wahlen sind nicht die einzigen Möglichkeiten, sich politisch einzubringen. Politische Teilhabe fängt schon im Schulalltag an. Auch in der Freizeit gibt es viele Möglichkeiten, sich zu engagieren, zum Beispiel in Vereinen.

In diesem Kapitel geht es darum, wie wir in der Demokratie zusammenleben und wie wir uns tagtäglich einbringen können.

Projekt: Eine Gemeinderatssitzung besuchen
— Beim Besuch einer Gemeinderatssitzung könnt ihr beobachten, wie politische Entscheidungen in eurer Region getroffen werden.
— Im Projekt bereitet ihr einen Besuch beim Gemeinderat vor und führt ihn durch. Eure Ergebnisse haltet ihr schriftlich fest.
— Am Ende des Kapitels ist die Projektseite. Dort findest du eine Anleitung, um den Besuch der Gemeinderatssitzung zu planen.

2 Was ist Politik?

2.1 Wie leben wir heute zusammen?

Familien in Deutschland

Impuls
Was fällt dir auf, wenn du Werbung, Serien oder Filme schaust? Welche Familienmodelle oder Formen des Zusammenlebens werden dort präsentiert?

Welche Familienformen gibt es heute?
Heutzutage bestehen Familien nicht immer aus Mama, Papa und den Kindern. Patchworkfamilien sind auch sehr häufig. Das sind Familien, in denen ein Elternteil einen neuen Partner hat, der wiederum eigene Kinder mit in die Familie bringt. Wenn Kinder und Eltern nicht leiblich verwandt sind, spricht man von Stiefeltern und Stiefkindern oder Halbgeschwistern. Manche Kinder sind adoptiert oder werden von Pflegeeltern großgezogen. Und es gibt Inseminationsfamilien, bei denen das Kind mit einer Samenspende gezeugt wird. Dann gibt es Regenbogenfamilien, also Familien mit gleichgeschlechtlichen Eltern, die gemeinsam Kinder großziehen. Wenn Großeltern, Eltern und Kinder zusammenwohnen, nennt man das einen Mehrgenerationenhaushalt.
Das heißt nicht, dass die traditionelle Familie (Eltern und ihre leiblichen Kinder) nicht mehr normal ist. Sie ist immer noch die häufigste Familienform.

Welche Gründe gibt es für die Veränderungen in den Familienformen?
Im Laufe der Zeit hat sich unsere Gesellschaft stark geändert. Das Leben als Alleinerziehende, in Regenbogen-, Patchwork- oder multikulturellen Familien spiegelt unser Zusammenleben heute wider. Die Frauenbewegung hat dazu beigetragen, dass Frauen mehr Berufschancen haben und finanziell unabhängiger sind. Das hat die traditionellen Geschlechterrollen verschoben. Traditionelle Geschlechterrollen meint bestimmte Erwartungen oder Aufgaben, die mit einem bestimmten Geschlecht in der Gesellschaft verbunden sind. Zum Beispiel wird erwartet, dass Männer die Rolle des Ernährers übernehmen, während Frauen für die Kindererziehung und Hausarbeit verantwortlich sind. Außerdem spielen die wachsende Akzeptanz von gleichgeschlechtlichen Beziehungen, veränderte Lebensstile und Wünsche (wie Bildung, Karriere, persönliche Entwicklung und Freiheit) eine Rolle. Andere Faktoren sind die Globalisierung, Migration, technologischer Fortschritt, Bildung, Aufklärung und wirtschaftliche Bedingungen. All das beeinflusst, wie unsere Familien heute aussehen und wie wir zusammenleben.

Zielangabe: Wir beschreiben verschiedene Formen des Zusammenlebens, auch außerhalb der Familie, und zeigen Gründe für diese Veränderungen auf. Des Weiteren diskutieren wir die Herausforderungen und Chancen, die sich daraus ergeben.

Worterklärungen
leiblich: direkt verwandt, blutsverwandt
adoptiert: als eigenes Kind annehmen
gleichgeschlechtlich: auf das gleiche Geschlecht bezogen (z. B. in der Liebe), homosexuell
die Akzeptanz: die Anerkennung
der Faktor: der Umstand, der Grund
die Globalisierung: die weltweite Vernetzung von Wirtschaft, Politik, Kultur usw.

Aufgaben

1. Betrachte die Bilder (**M1**).
   a Welche Gedanken hast du? Welche Bilder nimmst du positiv wahr? Warum?
   b Tauscht euch über eure Eindrücke aus. Warum könnten sich eure Meinungen widersprechen?
2. Wie möchtest du in Zukunft leben? (mit Partner / Partnerin, allein, Kinder …)
3. Nenne weitere Familienmodelle, die dir bekannt sind (**M1, M2**).
4. Diskutiere, wie Schule, Medien und Politik dabei helfen können, dass alle Familienformen gleichbehandelt werden.
5. Wann spricht man von Familie? Diskutiere, ob auch Freunde und Freundinnen Familie sein können.

2 Wie leben wir heute zusammen?

M1 Wie leben wir zusammen?

M2 Lebensformen in Deutschland, 2021

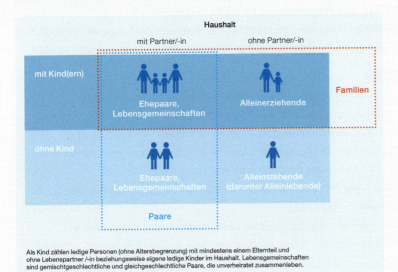

Als Kind zählen ledige Personen (ohne Altersbegrenzung) mit mindestens einem Elternteil und ohne Lebenspartner/-in beziehungsweise eigene ledige Kinder im Haushalt. Lebensgemeinschaften sind gemischtgeschlechtliche und gleichgeschlechtliche Paare, die unverheiratet zusammenleben.

Tim Hochgürtel, Bettina Sommer: Lebensformen in der Bevölkerung und Kinder. In: Statistisches Bundesamt (Hrsg.): Familie, Lebensformen und Kinder. Auszug aus dem Datenreport 2021, S. 52

die Patchworkfamilie: Eltern bringen Kinder aus vergangenen Beziehungen mit in eine neue Beziehung. In dieser neuen Familie leben Kinder aus früheren Partnerschaften und manchmal auch gemeinsame neue Kinder in einem Haushalt zusammen.

die Regenbogenfamilie: Eltern gleichen Geschlechts, die gemeinsam Kinder haben oder adoptieren

der Mehrgenerationenhaushalt: Hier leben mehrere Generationen einer Familie zusammen.

2 Was ist Politik?

Impuls
Vier-Ecken-Methode: Wer ist Mitglied in einem Verein? Stellt euch in die jeweilige Ecke.
a Sportverein
b Musikverein
c sonstige Vereine (Welche?)
d kein Verein

Worterklärungen
prägen: beeinflussen
der Gleichgesinnte / die Gleichgesinnte: ein Mensch mit gleichen Interessen und Ansichten wie man selbst
die Eigeninitiative: die Selbstständigkeit, die Eigenverantwortung
die Kompetenz: die Fähigkeit
die Tugend: die gute Eigenschaft
die Wertschätzung: der Respekt, die Anerkennung

Wo treffe ich auf Gleichgesinnte?

Vereine und Jugendorganisationen: Für jeden ist etwas dabei

In Deutschland gibt es besonders viele Vereine. Sie prägen und bereichern unsere Gesellschaft. In Vereinen kann man Gleichgesinnte treffen und Freundschaften knüpfen. Das gemeinsame Interesse, sei es im Bereich Sport, Kultur oder Umweltschutz, fördert den Zusammenhalt und stärkt das Gefühl der Zugehörigkeit.

Vereine und Jugendorganisationen sind nicht nur Orte für Spaß, sondern auch für Erfahrungen. Man lernt, wie man im Team arbeitet und Entscheidungen trifft. Das stärkt das Selbstvertrauen. Die Übernahme von Verantwortung in Jugendgruppen oder die Organisation von Veranstaltungen fördert die Eigeninitiative. Es hilft dabei, die eigene Meinung zu äußern und sich aktiv in die Gestaltung der eigenen Umgebung einzubringen.

Bei der Vereinsarbeit ist es wichtig, sich mit anderen auszutauschen und mit ihnen in Kontakt zu treten. Um gemeinsame Ziele zu erreichen, muss man gut kommunizieren und Konflikte lösen können. Diese Kompetenzen sind auch für das spätere Berufsleben wertvoll.

Religiöse Organisationen und Werte

Vereine sind nicht die einzigen Orte, an denen man auf Gleichgesinnte trifft. Religiöse Menschen können sich in ihrer Religionsgemeinschaft einbringen. Religiöse Organisationen bieten einen Raum für Gebet, Austausch und die Entwicklung von Werten. Tugenden wie Toleranz, Mitgefühl und Respekt werden vermittelt. Hier besteht die Möglichkeit, ein Verständnis für verschiedene Kulturen und Lebensanschauungen zu entwickeln, was zu Offenheit und Wertschätzung für Vielfalt führt.

Zielangabe: Wir erfahren, wie Vereine bzw. Organisationen das Leben von Jugendlichen bereichern können und welche Vielzahl an Kompetenzen gefördert werden können.

Aufgaben

1 Teilt euch in Gruppen auf und bearbeitet folgende Aufgabenstellungen.
   a Für Vereinsmitglieder: Stellt euren Verein der Klasse vor und macht Werbung dafür, warum es sich lohnt, dort Mitglied zu werden.
   b Für Nichtmitglieder: Recherchiert, welche Vereine es an eurem Wohnort gibt, und stellt einen davon im Unterricht vor.
2 Erkläre, was Jugendliche durch das Vereinsleben an wichtigen Erfahrungen für ihr Leben mitnehmen (**M1, M2**).
3 Diskutiere, inwiefern Vereinsarbeit bei der Jobsuche helfen kann (**Text, M2**).
4 Gründe deinen eigenen Verein. Recherchiere, was du dazu tun musst.

der Verein: Organisation, in der sich Menschen mit bestimmten gemeinsamen Interessen, Zielen zu gemeinsamem Tun zusammenschließen. Vereine können von allen volljährigen Personen in Deutschland gegründet werden. Minderjährige dürfen mit der Erlaubnis ihrer Eltern Vereine gründen.

der eingetragene Verein (e. V.): Ein eingetragener Verein steht im Vereinsregister. Damit haben sie bestimmte Rechte, müssen aber auch Regeln beachten, um ihre Arbeit machen zu können.

M1 Ein Einblick in das Vereinsleben

> Auf dem Land ist immer was los. Bei uns in der Landjugend gibt's mehr Action als in mancher Großstadt!

> Im Team zu spielen, heißt nicht nur Tore schießen, sondern auch zusammen lachen und verlieren. Fußball ist mehr als ein Spiel – es ist eine Familie.

M2 Bericht einer Jugendleiterin bei Ratzgiwatz e. V.

Der Ratzgiwatz e. V. organisiert die Kinderferienspiele in Hechingen. Hier können Kinder sowohl an kreativen Projekten teilnehmen als auch demokratisch aktiv werden. Denn in der Kinderferienspielstadt gibt es eine eigene Währung und einen eigenen, von den Kindern gewählten Stadtrat.

Wie wurdest du Leiterin?
Ich bin mit 17 Jahren Leiterin geworden. Das ist das Mindestalter für Leitende. Ich bin als Kind bei Ratzgiwatz e. V. dabei gewesen und habe diese erste Woche in den Sommerferien geliebt. Für mich war ganz klar, dass ich mich als Betreuerin einbringen möchte.

Wie ist es, Leiterin bei Ratzgiwatz zu sein?
Das Ratzgiwatz-Jahr startet mit einem Kennenlerntreffen, an dem auch das Motto des Jahres beschlossen wird. Es folgen im Frühjahr zwei Vorbereitungswochenenden, an denen wir das Programm aufstellen und unsere Projekte entwickeln. In den Projekten kümmern wir uns um den Alltag in der Spielstadt (z. B. Bank, Polizei, Post, Versorgung), basteln oder bauen etwas. Bauprojekte sind zum Beispiel überdimensionierte Murmelbahnen oder eine Kräuterschnecke. Der Fantasie sind keine Grenzen gesetzt.

Das Schöne daran ist, dass man sich ein bisschen ausprobieren kann und Fähigkeiten entwickelt, die man im späteren Arbeitsleben benötigt. Man hat sein eigenes Projekt und muss dieses von Anfang bis Schluss durchplanen. Man überlegt sich also, wie viel Kinder in das Projekt kommen, wie viel Material pro Person verbraucht wird.

Was nimmst du von dieser Tätigkeit mit? Was bereichert dich daran?
Für mich ist diese Woche pures Glück, weil ich mit Kindern von 6–12 Jahren zusammenarbeiten kann. Es macht auch Spaß, Kindern etwas zu zeigen und danach den Stolz zu spüren, dass sie etwas geschafft oder geschaffen haben. Während der Woche habe ich auch viel mit Freundinnen und Bekannten zu tun. Es tut gut, zusammen in der Gruppe von etwa 90 Personen oder auch in kleineren Gruppen etwas auf die Beine zu stellen. Ganz besonders, wenn man am Ende das Funkeln in den Augen der Kinder, Jugendlichen und Erwachsenen sieht.

Das Interview wurde von der Verfasserin geführt.

2 Was ist Politik?

Impuls
Was macht eine Gesellschaft gerecht? Gestalte eine Collage.

Worterklärungen
die gesellschaftliche Teilhabe: die Möglichkeit, die Gesellschaft mitzugestalten; Zugang zu allen Angeboten (z. B. Kultur, Sport, Bildung usw.) haben
das Sozialsystem: ein Netz aus Versicherungen, die in Notsituationen helfen (Krankenversicherung, Arbeitslosenversicherung, Pflegeversicherung usw.)
die Stabilität: die Sicherheit
die höhere Schule: die Oberstufe, in der man das Abitur macht

Chancengleichheit: Was können wir besser machen?

Chancengleichheit für Jugendliche

Die Chancen junger Erwachsener hängen immer noch stark davon ab, wie viel ihre Eltern verdienen. Obwohl Deutschland wirtschaftlich stark ist, bekommen Kinder und Jugendliche nicht immer genug Unterstützung. Armut ist ein Problem, das seit vielen Jahren bekannt ist. Eine Familie gilt dann als arm, wenn sie ein geringes Haushaltseinkommen hat, wenn nicht alle arbeitsfähigen Familienmitglieder eine Arbeit haben und wenn sie sich dadurch wichtige Dinge (Miete, Strom usw.) nicht leisten können. Auch das Sozialleben wird eingeschränkt, wenn man kein Geld hat, um zum Beispiel mit Freunden essen zu gehen. Kinder mit nur einem Elternteil und Kinder mit vielen Geschwistern sind besonders gefährdet. Diese Alleinerziehenden-Familien oder Mehrkind-Familien haben aus vielen Gründen ein erhöhtes Armutsrisiko. Jeder vierte junge Erwachsene unter 25 Jahren ist von Armut bedroht.

In Armut aufzuwachsen, prägt das Leben junger Menschen stark. Armut führt zu Benachteiligungen in den Bereichen Bildung, Gesundheit und gesellschaftlicher Teilhabe. Armut beeinflusst auch die Gesellschaft insgesamt. Durch Armut entstehen Kosten in den Sozialsystemen und sie hat Auswirkungen auf den gesellschaftlichen Zusammenhalt und die Stabilität der Demokratie.

Einflüsse auf die Zukunft

Das Schulsystem in Deutschland bietet viele Möglichkeiten, einen guten Abschluss zu schaffen. Aber nicht alle Kinder haben die gleichen Chancen. Die soziale Herkunft hat immer noch starken Einfluss auf den Bildungserfolg. Kinder, die von Armut betroffen sind, gehen nach der Grundschule seltener auf höhere Schulen. Dafür gibt es vielfältige Gründe, zum Beispiel können manche Eltern ihre Kinder nicht gut unterstützen, weil sie viel arbeiten müssen. Arme Kinder werden außerdem oft nicht genug gefördert. Das bedeutet, dass sie später seltener das Abitur machen. Das hat auch Auswirkungen auf die Zukunft. Während manche nach der Schule frei wählen können, welchen Beruf sie ausüben möchten, fühlen sich andere verständlicherweise benachteiligt.

Zielangabe: Wir beschäftigen uns mit der Frage, was kann getan werden, damit wirklich alle die gleichen Chancen bekommen.

Aufgaben

1. Beschreibe, wie sich die Person in **M1** beruflich und persönlich entwickelt hat.
2. Fasst in Partnerarbeit die wichtigsten Aussagen von **M2** zusammen.
3. Diskutiert, wie sichergestellt werden kann, dass Jugendliche unabhängig von ihrem Geschlecht und ihrer Herkunft gleiche Chancen haben (**M2**).
4. Entwerft eure Traumschule.
    a. Skizziert, wie eure Traumschule aussehen sollte. Welche Einrichtungen braucht sie?
    b. Wie könnt ihr sicherstellen, dass sich alle in der Schule wohlfühlen?
    c. Welche Maßnahmen müssen ergriffen werden, damit alle einen guten Abschluss schaffen?

M1 Vom Hauptschüler zum Ingenieur: Aarons Lebenslauf

2021–2023 Besuch der Fachschule für Technik. Abschluss als staatlich geprüfter Techniker. Erlangung der Fachhochschulreife.

Seit 2023: angestellt bei Firma Daimler als Facharbeiter in der Konstruktion. Berufsbegleitendes Studium zum Ingenieur. Bei erfolgreichem Abschluss übernimmt der Arbeitgeber die Hälfte der Studiengebühren.

2012 Hauptschulabschluss

2012–2014 Besuch der gewerblich-technischen 2BFS. Erwerb der Grundausbildung in Metalltechnik. Erlangung der Fachschulreife (Mittlerer Bildungsabschluss).

2014–2016 Berufsausbildung mit Berufsschule. Ausbildung zur Fachkraft Metalltechnik. Erlangung des Berufsschulabschlusses mit Berufsabschluss.

2016–2021 angestellt bei Firma BSH (Bosch Siemens Hausgeräte)

M2 Armutsgefährdung in Deutschland nach Erwerbstätigkeit, 2022

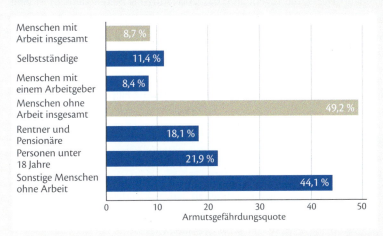

Kategorie	Armutsgefährdungsquote
Menschen mit Arbeit insgesamt	8,7 %
Selbstständige	11,4 %
Menschen mit einem Arbeitgeber	8,4 %
Menschen ohne Arbeit insgesamt	49,2 %
Rentner und Pensionäre	18,1 %
Personen unter 18 Jahre	21,9 %
Sonstige Menschen ohne Arbeit	44,1 %

Die Armutsgefährdungsquote ist eine Kennzahl, die in Prozent angegeben wird. Sie zeigt an, wie hoch der Anteil der Menschen in der Bevölkerung ist, die von Armut bedroht sind. Zum Beispiel: 8,7 % der Menschen in Deutschland, die einen Job haben, sind von Armut bedroht.

Datenquelle: Statistisches Bundesamt, Statista (2022)

---

die Chancengleichheit: Chancengleichheit liegt vor, wenn alle die gleichen Möglichkeiten haben, sich zu bilden und ein erfolgreiches Leben zu haben. Es ist egal, wo sie herkommen und aus welchen sozialen Verhältnissen sie stammen.

die Benachteiligung: Wenn jemand aufgrund der Herkunft oder der sozialen Verhältnisse nicht die gleichen Chancen hat, so ist er oder sie benachteiligt.

2 Was ist Politik?

Impuls
Wenn du Sorgen oder Probleme hast: An wen wendest du dich?
a Eltern
b Freundinnen und Freunde
c Lehrerinnen und Lehrer
d Fremde
e Expertinnen und Experten

Worterklärungen
die Hotline: die Telefonverbindung
die Seelsorge: Hilfestellung in Notsituationen
anonym: ohne dass der Name genannt wird
vertraulich: geheim
das Wohl: die Sicherheit

Wer hilft in schwierigen Situationen?

Das Leben ist manchmal kompliziert. Es gibt Situationen, in denen man als junger Mensch nicht mehr weiterweiß. Es ist in Ordnung, dann um Hilfe zu bitten. Es gibt Anlaufstellen, die in schwierigen Lebenslagen Unterstützung bieten.

Beratungsstellen vor Ort oder online

Es gibt zahlreiche Beratungsstellen mit professionellen Beraterinnen und Beratern, die bei Problemen helfen. Die persönliche Beratung kann vor Ort oder telefonisch erfolgen. Manchmal fällt es leichter, über Probleme zu sprechen, ohne sich dabei persönlich zeigen zu müssen. Bei Hotlines wie der Telefonseelsorge oder bei Krisentelefonen hören geschulte Mitarbeitende zu.

Das Internet bietet eine Vielzahl von Möglichkeiten, Unterstützung zu erhalten. Auf den Webseiten von verschiedenen Organisationen sind Informationen, Tipps und häufig gestellte Fragen zu Problemthemen aufgelistet. Online-Beratungen ermöglichen es, anonym Hilfe in Anspruch zu nehmen.

Hilfe in der Schule

In vielen Schulen stehen Schulsozialarbeiter und Vertrauenslehrer zur Verfügung. Diese Personen helfen Schülerinnen und Schülern in verschiedenen Lebenssituationen. Sie bieten Unterstützung bei sozialen, emotionalen oder schulischen Herausforderungen. Schulsozialarbeiter unterliegen in der Regel einer Schweigepflicht. Das bedeutet, dass die besprochenen Informationen vertraulich behandelt werden. Diese Vertraulichkeit kann in bestimmten Fällen aufgehoben werden, wenn das Wohl von Kindern und Jugendlichen gefährdet ist.

Was macht das Jugendamt?

Eine weitere Anlaufstelle ist das Jugendamt, das Unterstützung bieten kann. Es ist eine öffentliche Einrichtung, die sich um das Wohl von Kindern und Jugendlichen kümmert. Es bietet Beratung, Unterstützung bei Problemen in Familien und kann in besonderen Fällen auch Schutzmaßnahmen ergreifen, um das Wohl von Jugendlichen zu gewährleisten.

Zielangabe: Wir erhalten einen Überblick über verschiedene Hilfsangebote für junge Menschen.

Aufgaben

1 Formuliere Tipps für die Person in **M1**. An wen könnte sie sich wenden? Wo bekommt sie Hilfe?
2 Führt in eurer Klasse eine anonyme Umfrage zu den 10 wichtigsten Problemen von Jugendlichen durch und vergleicht diese mit **M2**.
3 Bewertet die Aktion Luisa (**M3**). Wie können Schulen aktiv zur Verbreitung und Unterstützung der Kampagne beitragen?
4 Ladet den Schulsozialarbeiter der Schule in eure Klasse ein und führt mit ihm ein Interview durch.
   a Frage nach seinen Erfahrungen mit Unterstützungsangeboten.
   b Sammle Ratschläge für junge Menschen in schwierigen Lebenslagen.
5 Recherchiere nach Beratungsstellen in deiner Region. Sammle Informationen zu deren Angeboten, Öffnungszeiten und Kontaktdaten.

Wie leben wir heute zusammen?

M1 Überfordert und alleingelassen – ein Leben mit zu viel Verantwortung

Mein Tag beginnt mit der Verantwortung für das Frühstück meiner Geschwister. Nachdem ich sie zur Schule geschickt habe, folgt der nächste Punkt auf meiner Liste: den Haushalt managen. Die Wäsche türmt sich, der Abwasch wartet und der Einkauf muss auch erledigt werden. Ich bin gerade mal 17 Jahre alt, aber für mich ist das Alltag.

Nach der Trennung meiner Eltern hat sich mein Leben verändert. Plötzlich bin ich nicht mehr nur der Teenager, der seine Hausaufgaben macht und Freunde trifft. Nein, ich fühle mich, als ob ich die Rolle meines Vaters übernehmen müsste. Der, der den Überblick behält, Entscheidungen trifft und die Familie zusammenhält. Die Behördenbesuche für meine Geschwister oder Elternabende in der Schule übernehme ich, weil es sonst keiner tut.

Es gibt Momente, in denen ich mir wünsche, einfach nur ein normaler Jugendlicher zu sein.

Meine Noten leiden und meine Laune ist im Keller. Ich werde wütend, manchmal sogar gewalttätig.

Es ist schwer, darüber zu sprechen.

Verfassertext

M3 Luisa ist hier!

Die Kampagne "Luisa ist hier!" ist ein Hilfsangebot für Frauen und Mädchen in der Partyszene und im öffentlichen Raum. Mit der Frage ‚Ist Luisa hier?' erhalten Frauen und Mädchen, die sich unwohl fühlen, die belästigt oder bedroht werden, schnelle Hilfe.

M2 Häufige Themen bei der Online-Beratung, 2022
Aus einem Informationsblatt der Nummer gegen Kummer.

DIE 10 HÄUFIGSTEN EINZELTHEMEN

Thema	%
Psychische Probleme	31,0
Beziehung zu den Eltern	21,3
Selbstvertrauen	15,5
Suizidgedanken / Suizidversuch	11,5
Ängste	11,2
Andere persönliche Themen	8,0
Verbote / Regeln in der Familie	6,8
Benachteiligung / fehlende Unterstützung	6,5
Einsamkeit	4,9
Überforderung / Leistungsdruck	4,3

MEHRFACHNENNUNGEN MÖGLICH ANGABEN IN %

Nummer gegen Kummer (Elterntelefon):
0800 111 0 333

Nummer gegen Kummer (Kinder- und Jugendtelefon):
116 111

Heimwegtelefon: 030-120 74 182 Dort kann man, wenn man nachts allein nach Hause gehen muss, anrufen und so lange mit einem ehrenamtlichen Mitarbeiter reden, bis man sicher zu Hause ist.

2.2 Wie können wir die Gesellschaft mitgestalten?

Demokratische Grundrechte – welche Rechte und Pflichten habe ich?

Impuls
Setzt euch zu zweit zusammen. Schreibt auf Kärtchen alle Grundrechte, die ihr kennt.

Was ist das Grundgesetz?

Bestimmt kennst du den Begriff „Grundgesetz". Das Grundgesetz ist die Verfassung Deutschlands. Es wurde nach dem Zweiten Weltkrieg ausgearbeitet und trat 1949 in Kraft.

Teile des Grundgesetzes dürfen geändert werden. In den letzten Jahrzehnten sind viele Ergänzungen gemacht worden. Doch eine Änderung des Grundgesetzes ist schwer. Denn dafür müssen zwei Drittel des Bundestags und des Bundesrats der Änderung zustimmen.

Was sind Grundrechte?

Im Grundgesetz sind in Artikel 1 bis 19 die sogenannten Grundrechte geregelt. Diese Rechte gelten unabhängig von Geschlecht, Alter, (sozialer) Herkunft, Bildungsstand und Status eines Menschen. Alle können diese Rechte vor Gericht einklagen. Der Staat darf sie einem nicht wegnehmen.

Artikel 1 des Grundgesetzes lautet: „Die Würde des Menschen ist unantastbar." Es ist das erste und wichtigste Grundrecht. Es darf niemals verändert oder gestrichen werden. Die Grundrechte waren in Deutschland nicht immer garantiert. In der Zeit des Nationalsozialismus waren zum Beispiel die Meinungsfreiheit und die Pressefreiheit eingeschränkt (mehr dazu findest du im Kapitel 4). Deswegen verhindert das Grundgesetz heute, dass unsere Grundrechte verletzt werden können.

Worterklärungen
der Bundestag: das Parlament, die gewählte Vertretung der Bürgerinnen und Bürger
der Bundesrat: die Vertretung der Bundesländer
unantastbar: vollkommen gesichert und nicht verletzbar

Was sind politische Pflichten?

Im Grundgesetz wird von Rechten gesprochen, nicht von Pflichten. Dennoch gehört beides zusammen. Indem wir nach dem Grundgesetz leben, verpflichten wir uns dazu, die Grundrechte anderer Menschen zu achten.

Für wen gelten welche Rechte?

Im Grundgesetz sind Menschenrechte und Bürgerrechte enthalten. Menschenrechte gelten für alle Menschen, egal, welche Staatsangehörigkeit sie haben. Bürgerrechte gelten nur für Menschen, die die deutsche Staatsangehörigkeit besitzen.

Zielangabe: Wir erörtern die Grundrechte, die im Grundgesetz festgehalten sind.

Aufgaben

1 Beschreibe die Abbildung **M1**. Wer steht unter dem Schirm? Wer nicht?
2 Diskutiert, was wäre, wenn die Grundrechte nicht für alle Menschen gelten würden. Nennt Beispiele für die Verletzung von Grundrechten.
3 Erkläre, warum im Grundgesetz zwischen Grundrechten und Bürgerrechten unterschieden wird (**M2**).
4 „Jeder hat das Recht, seine Meinung [...] frei zu äußern." Diskutiert, wo die freie Meinungsäußerung Grenzen haben könnte (**M3**).

Wie können wir die Gesellschaft mitgestalten? 2

M1 Der Schirm des Grundgesetzes

©bpb

M2 Was steht in Artikel 1 des Grundgesetzes?

Menschenwürde bedeutet: Jeder Mensch ist wertvoll, weil er ein Mensch ist. […]
In Artikel 1 steht: „Die Würde des Menschen ist unantastbar."
Die Würde darf auf keinen Fall verletzt werden.

Alle Menschen sind wertvoll und haben eine Würde,
- egal, welche Religion sie haben,
- egal, aus welchem Land sie kommen,
- egal, ob sie Frauen oder Männer sind, oder
- egal, wie alt sie sind.

Der Staat muss die Würde aller Menschen schützen. […]
Kein Mensch darf gequält, gefoltert oder getötet werden. Alle Menschen müssen mit Würde behandelt werden.
Auch Menschen, die Hilfe brauchen, müssen mit Würde behandelt werden. Das gilt zum Beispiel
- für alle Menschen, die krank sind,
- für alle Kinder, die ohne Eltern sind,
- und für alle Menschen, die nach Deutschland geflohen sind.

Zit. nach: https://www.bpb.de/themen/politisches-system/politik-einfach-fuer-alle/236724/die-wuerde-des-menschen-ist-unantastbar/(01.03.2024)

M3 „Jeder hat das Recht, seine Meinung […] frei zu äußern."

Dieses Foto zeigt einen Ausschnitt des Kunstwerkes „Grundgesetz 49" des Künstlers Dani Karavan. Es befindet sich in Berlin in der Nähe des Reichstagsgebäudes, in dem der Bundestag sitzt.

....

das Grundrecht: Die Grundrechte stehen in Artikel 1 bis 19 des Grundgesetzes. Der Staat darf diese Rechte nicht grundsätzlich einschränken.

das Bürgerrecht: Das sind Rechte, die nur für Staatsbürgerinnen und Staatsbürger eines Landes gelten. Laut Grundgesetz sind das: Versammlungsfreiheit, Vereinigungsfreiheit, Freizügigkeit, Berufsfreiheit und das Wahlrecht. Für Menschen ohne einen deutschen Pass gelten diese Rechte nicht.

45

2 Was ist Politik?

Impuls
Bist du schon einmal mit der Polizei in Kontakt gekommen? Wie findest du den Slogan „Die Polizei – dein Freund und Helfer"?

Worterklärungen
der Machtmissbrauch: wenn eine Person oder Institution ihre Macht so ausübt, dass sie Schaden anrichtet einfordern: verlangen
der Rechtsstaat: ein Staat, der alle Regeln seiner Staatsverfassung und seiner geltenden Gesetze einhält

Gewaltenteilung – wie funktioniert der deutsche Staat?

In Deutschland ist es Aufgabe des Staates, die Grundrechte zu sichern und zu schützen. Die staatliche Gewalt teilt sich in drei Bereiche auf: die gesetzgebende Gewalt (Legislative), die ausführende Gewalt (Exekutive) und die richterliche Gewalt (Judikative). Die drei Gewalten sind zwar voneinander unabhängig, sollen sich aber gegenseitig kontrollieren, um Machtmissbrauch zu verhindern. Diese Verfassungsgrundsätze sind im Artikel 20 des Grundgesetzes verankert.

Wer ist wofür zuständig?

Die Legislative sorgt dafür, dass Gesetze gemacht werden. Dafür sind der Bundesrat (der die Bundesländer vertritt) und der Bundestag (das Parlament) zuständig.

Dass diese Gesetze ausgeführt und im Alltag durchgesetzt werden, ist Aufgabe der Exekutive. Damit ist die Regierung gemeint. In Deutschland gibt es 16 Landesregierungen in den 16 Bundesländern und die Bundesregierung. Der Bundeskanzler (oder die Bundeskanzlerin) gehört zur Regierung und somit zur Exekutive. Der Bundespräsident (oder die Bundespräsidentin) hat eine besondere Stellung. Er ist das Staatsoberhaupt und repräsentiert Deutschland. Die Bürgerinnen und Bürger erfahren die Macht der Exekutive durch die Polizei und die Verwaltungsbehörden. Die Exekutive gewährt allen Menschen Schutz vor Gewalt und sorgt für die Einhaltung von Gesetzen.

Die Judikative, die im Streitfall urteilt, ob ein Gesetz verletzt worden ist, sind die Gerichte. Das höchste Gericht in Deutschland ist das Bundesverfassungsgericht.

Werden Grundrechte eingeschränkt?

In einem Rechtsstaat können die Grundrechte eingefordert werden. Das bedeutet: Gegen Maßnahmen des Staates kann vor Gericht geklagt werden. Es kommt auch oft zu Streitfällen. Ein Beispiel dafür sind Demonstrationen. Diese müssen angemeldet werden und können auch von der Polizei aufgelöst werden. Wird dadurch die Meinungsfreiheit der Demonstrierenden eingeschränkt?

Zielangabe: Wir untersuchen das Zusammenwirken der drei Staatsgewalten und problematisieren, inwieweit die Gewaltenteilung funktioniert.

Aufgaben

1. Erkläre die drei Gewalten in Deutschland auf der Bundesebene (**M1**).
2. Skizziere, warum die Klimaaktivisten gezielt die Bundesregierung kritisieren (**M2**).
3. Recherchiere, warum Versammlungen angemeldet werden müssen. Welche Rolle spielt die Polizei dabei?
4. Warum kam es bei der Aktion in **M2** zu Anzeigen?
5. Diskutiert: Aufmerksamkeit um jeden Preis – wann ist eine Demonstration wirksam?

....

die Legislative: gesetzgebende Staatsgewalt. In einer Demokratie ist dies das frei vom Volk gewählte Parlament.

die Exekutive: die ausführende der drei Staatsgewalten. In einer Demokratie sind dies die vom Volk frei gewählte Regierung und ihre zahlreichen Ausführungsorgane wie die Polizei und die verschiedenen Ämter.

die Judikative: die rechtsprechende der drei Staatsgewalten. In einer Demokratie sind dies die Gerichte.

Wie können wir die Gesellschaft mitgestalten? 2

M1 Gewaltenteilung im politischen System der Bundesrepublik Deutschland

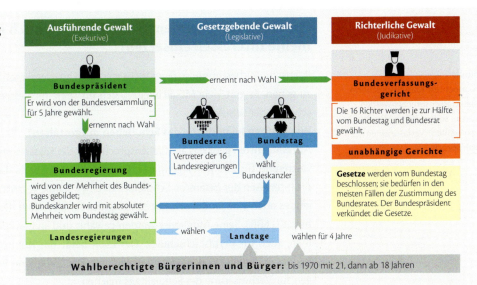

M2 Letzte Generation beschmiert Grundgesetz-Denkmal am Bundestag mit roter Farbe, 04. März 2023

Die Letzte Generation ist ein Bündnis von Klimaaktivisten in Deutschland und in Österreich. Sie wollen, dass die Regierungen mehr tun, um den Klimawandel zu stoppen.

Klimaschutz-Aktivisten haben unweit des Bundestags ein Denkmal beschmiert. Die Gruppe „Letzte Generation" teilte mit, mehrere ihrer Unterstützer hätten die Glasskulptur „Grundgesetz 49" vor dem Jakob-Kaiser-Haus „in Erdöl getränkt".

Ein Sprecher der Berliner Polizei sagte dazu, die Gedenkstätte sei beschmiert oder übergossen worden, womit, sei noch nicht klar. Der Protest der Klimaschutz-Aktivisten richtete sich an die Bundesregierung. [...]

Das Bundesverfassungsgericht habe 2021 festgestellt, dass der Staat auf Grundlage von Artikel 2 des Grundgesetzes auch die Verpflichtung habe, „Leben und Gesundheit vor den Gefahren des Klimawandels zu schützen", erklärten die Aktivisten. [...]

Die Polizei stellte mehrere Strafanzeigen und erteilte den Aktivisten Platzverweise.

https://www.zdf.de/nachrichten/politik/letzte-generation-grundgesetz-denkmal-berlin-100.html (02.04.2024)

2 Was ist Politik?

Politisches Engagement – wie kann ich mich im Alltag für meine Interessen einsetzen?

Impuls
Du möchtest Klassensprecherin oder Klassensprecher werden. Warum sollten deine Mitschüler dich wählen? Verfasse einen Wahlspruch.

Politische Mitbestimmung fängt nicht erst dann an, wenn man alt genug ist, um wählen zu gehen. Es gibt viele Möglichkeiten, sich für seine Interessen einzusetzen. Das fängt schon in der Schule an.

Wie können Jugendliche das Schulleben mitgestalten?
Am einfachsten geht das als Klassensprecherin oder Klassensprecher. Diese stehen stellvertretend für ihre jeweilige Klasse. Darüber hinaus gibt es die Schülervertretung, die die Interessen der gesamten Schülerschaft einer Schule vertritt. In Baden-Württemberg gibt es auch eine landesweite Vertretung der Schülerschaft. Das ist der Landesschülerbeirat (LSBR). Seine Mitglieder werden gewählt und stehen für verschiedene Schulformen, auch für Berufsfachschulen. Der LSBR berät das Kultusministerium, das für die Bildung in Baden-Württemberg zuständig ist. Der LSBR kann Vorschläge und Anregungen zur Verbesserung des Schulalltags machen.

Wie können Jugendliche sich lokal einbringen?
Auch außerhalb der Schule können Jugendliche für ihre Interessen einstehen. In Vereinen (▶ S. 38) trifft man auf Gleichgesinnte und kann seine Freizeit aktiv mitgestalten. Es gibt auch Wahlen, an denen man schon mit 16 Jahren teilnehmen darf. Das ist zum Beispiel bei der Wahl zum Europaparlament der Fall (▶ S. 56). Auch bei manchen kommunalen Wahlen liegt das Wahlalter bei 16 Jahren. Darüber hinaus gibt es in vielen Kommunen einen Jugendgemeinderat. Das ist die Vertretung von Kindern und Jugendlichen. Seine Mitglieder sind Jugendliche. Sie setzen sich dafür ein, dass Kinder und Jugendliche bei politischen Entscheidungen nicht übergangen werden.

Worterklärungen
kommunal: örtlich
repräsentativ: stellvertretend

Wie funktionieren Volksbegehren?
Deutschland ist eine repräsentative Demokratie. Das bedeutet: Politikerinnen und Politiker vertreten die Meinung der Bevölkerung in den Parlamenten. In manchen Bundesländern und Gemeinden gibt es aber auch die Möglichkeit, direkt auf politische Entscheidungen Einfluss zu nehmen. Das geht zum Beispiel mit Volksbegehren. Mit diesen kann die Bevölkerung ein Parlament zwingen, über Gesetze abzustimmen. Dazu müssen aber genug Menschen das Volksbegehren unterstützen. In Baden-Württemberg braucht man die Unterschrift von 10 % der Wahlberechtigten, damit der Landtag das Volksbegehren berücksichtigt.

Zielangabe: Wir diskutieren, wie wirksam Mittel der direkten Demokratie sind.

Aufgaben

1 Recherchiere, ob es in deiner Stadt bzw. in deiner Gemeinde einen Jugendgemeinderat gibt. Für welche Themen hat er sich zuletzt eingesetzt?
2 Fasse die Aufgaben eines Jugendgemeinderates zusammen (**Text**, **M1**). Wofür würdest du dich als Jugendgemeinderat besonders einsetzen? Warum?
3 Recherchiere, wie das Volksbegehren „Rettet die Bienen" ausgegangen ist (**M2**).
4 Beschreibe die Karikatur **M3**. Welche Herausforderungen gibt es bei der Durchführung von Volksentscheiden?
5 Diskutiert, ob das Thema Klimaschutz mit Volksentscheiden entschieden werden sollte.

M1 Was macht der Jugendgemeinderat?

Der Jugendgemeinderat vertritt die Interessen der Jugendlichen gegenüber den kommunalpolitisch Verantwortlichen. Jugendgemeinderäte können sich mit allen Themen des kommunalen Lebens befassen, die jugendliche Interessen berühren, um so die Stadt für Jugendliche attraktiver zu gestalten. [...]

Klassische Themen sind Jugendeinrichtungen und Möglichkeiten der Freizeitgestaltung, der öffentliche Personennahverkehr, Spiel- und Sportplätze, Gestaltung von Skateanlagen und Sprayerwänden, Umgestaltung von Schulhöfen, Durchführung von Bandcontests und Umweltaktionen. Häufig initiieren[1] Jugendgemeinderäte auch Podiumsdiskussionen.

Sie organisieren eigene Veranstaltungen wie Partys und Sportveranstaltungen ebenso wie Aufklärungsaktionen und Programme zu Themen, wie Integration, Suchtprävention[2], Toleranz, Armut oder Zivilcourage.

Jugendgemeinde-WAS? Leitfaden für Jugendgemeinderäte in Baden-Württemberg, Landeszentrale für politische Bildung Baden-Württemberg (Hrsg.), 3. überarbeitet Auflage, Stuttgart 2017

1 initiieren: den Anstoß zu etwas geben
2 die Suchtprävention: Aktionen, die über Suchtverhalten aufklären und dafür sorgen, dass weniger Menschen (drogen-)süchtig werden

M2 Das Volksbegehren „Rettet die Bienen", 2019

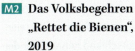

Der Gesetzentwurf, um den es bei [dem Volksbegehren] „Rettet die Bienen" geht, stellt weitreichende Forderungen zum Artenschutz in Baden-Württemberg. Die Hauptforderungen der Initiative: Der Anteil des Öko-Landbaus an der Landwirtschaft soll bis 2035 auf 50 Prozent steigen. Auf staatlichen landwirtschaftlichen Flächen soll es ausschließlich Öko-Landbau geben. Bis 2025 soll die Menge der eingesetzten Pestizide[1] halbiert werden. In Schutzgebieten sollen Pestizide grundsätzlich verboten werden [...]. Warum fordern sie das? Der Bestand der Insekten in Deutschland und Baden-Württemberg hat in den vergangenen 30 Jahren um über 75 Prozent abgenommen. Dieses Insektensterben ist die Hauptursache für das Verschwinden von Vögeln und Fledermäusen. Experten gehen davon aus, dass intensive Landwirtschaft und der Einsatz von Pestiziden dabei eine wichtige Rolle spielen. [...].

https://www.swr.de/swraktuell/baden-wuerttemberg/rettet-die-bienen-fragen-antworten-100.html (01.10.2020)

1 die Pestizide: Mittel, um Pflanzen vor Schädlingen zu schützen

M3 „Zum Volksentscheid", Karikatur von Christiane Pfohlmann, 2010

---

die direkte Demokratie: Hier werden die politischen Entscheidungen direkt vom Volk, also den stimmberechtigten Bürgerinnen und Bürgern, getroffen. Es gibt keine Volksvertreter (Politikerinnen und Politiker).

die indirekte Demokratie: Hier wählen die stimmberechtigten Bürger eine Vertretung. Diese Volksvertreter treffen dann im Parlament die politischen Entscheidungen.

das Volksbegehren: eine Möglichkeit, direkte Demokratie auszuüben. Bei einem Volksbegehren macht die Bevölkerung selbst Gesetzesvorschläge bei der Regierung ihres Bundeslandes. Damit es erfolgreich ist, muss ein großer Teil der Bevölkerung dem Gesetz zustimmen.

Was ist Politik?

Impuls
Gehe auf die Homepage www.wahl-o-mat.de und beantworte dort die entsprechenden Fragen. Welches Ergebnis erhältst du?

Worterklärungen
konservativ: an alten Werten festhaltend

Parteien in Deutschland – wer repräsentiert meine Meinung?

Deutschland ist eine repräsentative Demokratie. Die wahlberechtigten Bürger wählen Parteien, damit diese ihre Meinung im Parlament vertreten. Es gibt immer mehrere Parteien im Parlament, die für verschiedene Meinungen stehen. Sie treffen gemeinsam die politischen Entscheidungen.

Im Bundestag vertretene Parteien sind: SPD, CDU/CSU, FDP, Bündnis 90/Die Grünen, Die Linke und die AfD.

Was bedeutet eigentlich „rechts" und „links"?
Wenn über die politische Ausrichtung gesprochen wird, werden oft die Wörter „rechts" und „links" benutzt. Das hat eine lange Geschichte. Schon seit der Französischen Revolution sitzen in vielen Parlamenten die Konservativen auf der rechten Seite (von vorne aus betrachtet). Konservative wollen an der hergebrachten Ordnung festhalten und stehen für traditionelle Werte. Auf der linken Seite im Parlament sitzen die Parteien, die sich Fortschritt und Veränderung wünschen. In der heutigen Zeit ist es aber nicht mehr so einfach, Parteien in rechts und links einzuordnen.

Welche Aufgaben haben Parteien?
Die Parteien wirken an der politischen Willensbildung mit. Sie vermitteln zwischen den Bürgerinnen und Bürgern und der Regierung. In den Landesparlamenten und im Bundestag stimmen sie über Gesetze ab.

Wie viele Mitglieder einer Partei im Parlament sitzen dürfen, wird durch Wahlen entschieden. Alle Abgeordneten derselben Partei bilden eine Fraktion. Für die Bildung einer Regierung wird die Mehrheit der Wählerstimmen benötigt. Parteien können sich zusammenschließen, um gemeinsam diese Mehrheit zu erreichen. Sie sind dann bis zur nächsten Wahl in einer Koalition. Die Parteien, die nicht in der Regierung sind, bilden die Opposition. Die Aufgabe der Opposition ist, die Regierung zu kontrollieren.

Wer kann Mitglied einer Partei sein?
Als Mitglied in einer Partei kann man sich aktiv an politischen Entscheidungsprozessen beteiligen. Der Mitgliedsbeitrag unterstützt die Partei finanziell. Viele Parteien ermöglichen eine Mitgliedschaft ab 16 Jahren. Es gibt auch Jugendorganisationen der Parteien.

Zielangabe: Wir lernen die Parteien der Bundesrepublik Deutschland kennen, die derzeit im Bundestag vertreten sind.

Aufgaben

1. Welche Parteien regieren gerade? Was weißt du über diese Parteien? (**Text, M1**)
2. Beschreibe die Grafik **M2**. Wie hat sich das Wahlverhalten verändert? Welche Gründe könnte es dafür geben?
3. Beschreibt die Grafik **M3**. Was sagt die jeweilige Sitzposition über die Parteien aus (**Text**)?
4. Was würde dir dabei helfen, dich bei einer Wahl für eine Partei zu entscheiden? Diskutiert in der Klasse, wie Parteien junge Menschen ansprechen können.
5. Gründe deine eigene Partei.
    a. Notiere fünf Dinge, für die du dich einsetzen willst.
    b. Finde einen Namen für deine Partei.
    c. Entwirf einen Slogan, mit dem du weitere Mitglieder anwerben kannst.

Wie können wir die Gesellschaft mitgestalten?

M1 Parteien im Bundestag, 2024

SPD	Sozialdemokratische Partei Deutschlands (seit 1890)
CDU/CSU	Christlich Demokratische Union Deutschlands (seit 1945); Christlich Soziale Union (seit 1945; nur in Bayern)
FDP	Freie Demokratische Partei (Liberale, seit 1948)
Bündnis 90/ Die Grünen	1993 entstanden aus Bündnis 90 (Zusammenschluss von Bürgerbewegungen in der DDR) und Die Grünen (1980 in Karlsruhe gegründet)
Die Linke	2007 entstanden aus der Wahlalternative Soziale Gerechtigkeit und der Partei des Demokratischen Sozialismus
AfD	Alternative für Deutschland, gegründet im Jahr 2013

M2 Ergebnisse der Bundestagswahlen seit 1990

M3 Zusammensetzung des Bundestages, 2024

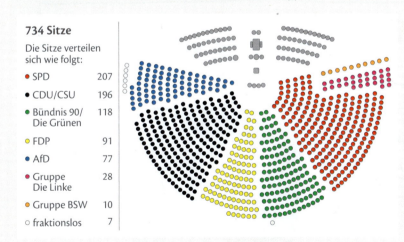

734 Sitze

Die Sitze verteilen sich wie folgt:
- SPD — 207
- CDU/CSU — 196
- Bündnis 90/ Die Grünen — 118
- FDP — 91
- AfD — 77
- Gruppe Die Linke — 28
- Gruppe BSW — 10
- fraktionslos — 7

„Gruppe BSW" bezeichnet das Bündnis Sarah Wagenknecht, das sich im Januar 2024 gebildet hat. Diese Gruppe setzt sich zu einem großen Teil aus ehemaligen Abgeordneten der Partei Die Linke zusammen.

---

der Bundestag: das Parlament der Bundesrepublik Deutschland

die Partei: ein Zusammenschluss von Menschen, die danach streben, politische Ziele zu verwirklichen

die Koalition: ein Zusammenschluss von mehreren Parteien, um zu regieren

die Fraktion: ein Zusammenschluss einer Gruppe von Abgeordneten, die in einer Partei sind und sich für gemeinsame Anliegen starkmachen. Fraktionen können z. B. Gesetze entwerfen.

Karikaturen analysieren

Karikaturen hat es schon in der Antike gegeben. Es handelt sich dabei um gezeichnete Bilder, mit denen sich, einfach gesagt, über etwas lustig gemacht wird. Karikaturen erscheinen meist in Zeitungen, heutzutage auch oft im Internet und in den sozialen Medien.

Meist stellen Karikaturen politische oder gesellschaftliche Ereignisse und Personen dar. Sie beschäftigen sich mit aktuellen Themen und kommentieren sie.

Weil Karikaturen sich mit politischen Ereignissen beschäftigen, sind sie eine Form von Kritik. Es ist wichtig, sich das Bild ganz genau anzusehen. Denn alle Elemente einer Karikatur haben eine Bedeutung. Politiker erkennt man häufig sofort wieder, auch wenn der Karikaturist, also der Zeichner einer Karikatur, sie in seinem eigenen Stil darstellt. Aber auch Gegenstände und Farben können Hinweise darauf geben, wie eine Karikatur zu verstehen ist. Es hilft, wenn man weiß, welche Themen gerade in den Nachrichten besprochen werden.

M1 „Für soziale Gerechtigkeit", Karikatur von Schwarwel, Juli 2017

Diese Karikatur stammt von dem Künstler Schwarwel. Er zeichnet nicht nur Karikaturen, sondern auch Comics und Illustrationen.

Methode: Karikaturen analysieren

Aufgaben

1 Analysiere mithilfe der Tabelle die Karikatur M1. Gehe dabei Schritt für Schritt vor und nutze die vorliegenden Textbausteine.
2 Die Karikatur stammt aus dem Jahr 2017 und bezieht sich auf die Bundestagswahl. Begründe, warum sie heute noch aktuell sein könnte.

Schritte einer Karikaturanalyse	Textbausteine
Allgemeine Informationen über die Karikatur	
• Wie lautet der Titel der Karikatur? • Was ist das Motiv? • Wer hat die Karikatur gezeichnet? • Wann wurde sie veröffentlicht? • Wo wurde sie veröffentlicht?	Die Karikatur hat den Titel … Auf der Karikatur ist … dargestellt. Sie wurde von (*Zeichner*) … gezeichnet. Sie ist am (*Datum*) … in (*Zeitung, Magazin, Internet*) … erschienen.
Beschreibe die Karikatur	
• Was ist auf der Karikatur zu sehen? (Beschreibe alles von links nach rechts oder vom Vordergrund zum Hintergrund) • Gibt es Text, z. B. Sprechblasen oder einen Untertitel?	Im (*Zentrum, Vordergrund, Hintergrund*) … sieht man … Auf der linken/rechten Seite ist … zu sehen. Der Untertitel / die Bildunterschrift lautet: … In einer Sprechblase steht: …
Deute die Karikatur	
• Was fällt dir besonders auf? • Was bedeuten die einzelnen Elemente (z. B. Farben, Symbole, Personen)? • Auf welches Ereignis nimmt die Karikatur Bezug? • Welches Ziel hat der Karikaturist?	Besonders auffällig ist … Die Farbe … könnte für … stehen. Als Symbol für … nutzt der Karikaturist … Die Karikatur bezieht sich auf … Der Karikaturist möchte …
Beurteile die Karikatur	
• An wen ist die Karikatur gerichtet? (Welche Gruppe, welche Altersgruppe, welches Geschlecht, welche Länder?) • Welche Schlussfolgerungen kann man ziehen? • Wie bewertest du die Karikatur?	Die Karikatur richtet sich an … Zusammenfassend kann man sagen, dass … Meiner Meinung nach ist die Karikatur gelungen / nicht gelungen, weil …

2.3 Wahlen in Deutschland – wie kann ich mitbestimmen?

Impuls
Erinnerst du dich an die letzte Klassensprecherwahl? Schildere, wie die Wahl abgelaufen ist.

Die Landtagswahl – zählt meine Stimme?

In Deutschland finden auf allen Ebenen Wahlen statt. Die Ebene, die den Bürgerinnen und Bürgern am nächsten ist, ist die kommunale. Bei den Kommunalwahlen wird die Zusammensetzung der Gemeinderäte bestimmt. Pro Bundesland wird ein Landtag gewählt. Die Bundestagswahl wiederum dient der Bestimmung der Abgeordneten des Deutschen Bundestags, also der Vertretung für ganz Deutschland. Auch auf europäischer Ebene wird gewählt, nämlich das Europaparlament.

Immer mehr Bundesländer erlauben es Jugendlichen ab 16, wählen zu gehen. Sie können dann ihre Stimme bei Kommunal- und Landtagswahlen abgeben.

Was sind Regeln für Wahlen?

Alle Wahlen werden nach den gleichen Wahlgrundsätzen durchgeführt: gleich, geheim, frei, allgemein und unmittelbar. In allen Fällen sind Personen berechtigt, in einem festgelegten Verfahren andere Menschen für einen festgelegten Zeitraum zu wählen.

Man unterscheidet aktives und passives Wahlrecht. Das aktive Wahlrecht ist das Recht, bei einer Wahl seine Stimme abzugeben. Das passive Wahlrecht ist das Recht, selbst gewählt zu werden. Bei diesem Recht gibt es strengere Regeln: Nicht jeder, der wählen darf, kann sich selbst wählen lassen. Es gibt meist Einschränkungen hinsichtlich des Alters. Wer für mehr als ein Jahr ins Gefängnis muss, kann fünf Jahre lang nicht für ein Amt kandidieren.

Wie wird der Landtag in Baden-Württemberg gewählt?

Die Landtagswahl findet in Baden-Württemberg alle fünf Jahre statt. Wahlberechtigt ist man ab 16 Jahren. Jeder Wahlberechtigte hat zwei Stimmen. Mit der Erststimme wird der Wahlkreis-Kandidat oder die Wahlkreis-Kandidatin direkt gewählt. Die betreffende Person wird von den Kreisparteien vor Ort aufgestellt. Die Zweitstimme geht an eine Partei. Die Sitzverteilung im Landtag wird durch die Zweitstimme bestimmt.

Regulär hat der Landtag 120 Sitze. Um in den Landtag einziehen zu können, muss eine Partei mindestens 5 % der Stimmen bekommen. Das ist die Fünf-Prozent-Hürde.

Zielangabe: Wir setzen uns am Beispiel der Landtagswahl mit Wahlen in Deutschland auseinander.

Worterklärungen
der Gemeinderat: die politische Vertretung der Bürgerinnen und Bürger einer Gemeinde. Er entscheidet über verschiedene Anliegen der Gemeinde, z. B. über den Haushalt oder auch Bauprojekte.
kandidieren: sich als Kandidat aufstellen lassen
die Regierungsbezirke in BW: Stuttgart, Freiburg, Karlsruhe und Tübingen

Aufgaben

1 Erkläre, gegen welche Wahlrechtsgrundsätze **M1** verstößt.
2 Erstelle aus **M2** eine Liste mit Pro- und Kontra-Argumenten zum Wahlrecht ab 16. Wie bewertest du die Absenkung des Wahlalters? (**M2**)
3 Recherchiere die Voraussetzungen für folgende Ämter: a) Abgeordneter im Landtag, b) Minister, c) Ministerpräsident.
4 Welchem Argument aus **M3** würdest du zustimmen? Welchem nicht? Formuliere Gegenargumente.
5 Wirst du bei der nächsten Landtagswahl deine Stimme abgeben? Begründe deine Antwort.

Wahlen in Deutschland – wie kann ich mitbestimmen?

M1 Klassensprecherwahl mal anders

Die Klasse 9c der Graf-Diktator-Schule in Unfreiburg hat festgelegt, dass nur die Schülerinnen und Schüler wählen dürfen, deren Eltern regelmäßig für die Schule spenden. Zudem sollen Mädchen und Jungen per Handzeichen zunächst Wahlfrauen bzw. Wahlmänner wählen, die dann den Klassensprecher wählen. Der Klassenlehrer Herr Müller hat durchblicken lassen, dass er eine Wiederwahl des bisherigen Klassensprechers begrüßen und belohnen würde.

Verfassertext

M2 Reform des Wahlrechts in Baden-Württemberg, 2022

Erstmals wurde das Wahlalter für die Landtagswahlen auf 16 heruntergesetzt. Damit traf das Parlament in Baden-Württemberg eine historische Entscheidung. Die Meinungen hierzu gehen weit auseinander und spalten Generationen. [...]
„Ja da können die Politiker jetzt die 16-Jährigen schön leichter beeinflussen. Die 16-Jährigen wissen gar nichts vom Leben, haben kein Stück gearbeitet oder gar eine Ausbildung und dürfen schon über unsere Zukunft entscheiden. Der größte Mist seit Langem von der Politik. Wahrscheinlich werden die Grünen jetzt noch mehr Anhänger bekommen (...)", kritisierte ein User [...].
Dem Argument der „Unreife" widerspricht Reinhold Weber von der Landeszentrale für politische Bildung in Baden-Württemberg. [...] „Viele Studien beweisen, dass die Jugend wieder politisch stärker denkt und stärker politisch interessiert ist", so Weber. [...] Wahlen seien die wichtigsten der demokratischen Prozesse, so Weber. „Je früher die Jugendlichen lernen, diese demokratischen Prozesse zu vergegenwärtigen und sich an sie zu gewöhnen, umso regelmäßiger wird später auch die Wahlteilnahme. Und das wollen wir ja. Wir wollen, dass sich die Menschen möglichst stark bei Wahlen beteiligen", sagt er. Also könne man nicht früh genug damit anfangen.

Senada Sokollu: Wahlrecht ab 16: Teenager entscheiden künftig mit (07.04.2022), https://www.swr.de/swraktuell/baden-wuerttemberg/reform-des-wahlrechts-100.html (02.04.2024)

M3 Wählen oder nicht wählen?

> Meine Stimme bringt doch sowieso nichts!

> Wenn du nicht wählen gehst, brauchst du dich später auch nicht beschweren, wenn Politiker nicht das machen, was du willst!

> Ich wähle die Partei mit dem schönsten Wahlplakat.

> In einer Demokratie gehört es einfach dazu, wählen zu gehen.

> Wählen gehen am Sonntag? Da schlafe ich lieber aus!

---

die Wahlgrundsätze
gleich: Jede Stimme zählt gleich viel.
geheim: Der Stimmzettel kann unbeobachtet angekreuzt werden.
frei: Niemand wird bei der Wahlentscheidung beeinflusst oder unter Druck gesetzt; keine Wahlpflicht.
allgemein: Alle Bürgerinnen und Bürger besitzen ein Stimmrecht.
unmittelbar: Die Abgeordneten werden direkt (unmittelbar) gewählt.

Wahlrecht (aktiv und passiv)
aktiv: Man darf bei einer Wahl seine Stimme abgeben.
passiv: Man darf sich in ein Amt wählen lassen.

2 Was ist Politik?

Impuls
Fühlst du dich als …
a) Baden-Württemberger,
b) Deutscher,
c) Europäer,
d) etwas anderes? Wenn ja, was?
Begründe deine Antwort.

Worterklärungen
das Organ: eine Einrichtung mit einer bestimmten Funktion, die Teil eines politischen Ganzen ist

Europawahl – was geht mich das an?

Auch für die Europawahl wurde in Deutschland das Wahlalter abgesenkt. Wahlberechtigt ist, wer mindestens 16 Jahre alt ist und einen deutschen Pass oder einen Pass von einem anderen EU-Land hat. Aber wen wählen wir eigentlich bei der Europawahl?

Was ist das Europäische Parlament?
Mit der Europawahl bestimmen die Menschen in der Europäischen Union (EU) die Zusammensetzung des Europäischen Parlaments. Das Europäische Parlament ist einzigartig auf der Welt, denn es ist das einzige direkt gewählte Parlament, das für mehrere Länder zuständig ist. Zusammen mit dem EU-Ministerrat bestimmt es über Gesetze, die für die gesamte EU gelten. Es kontrolliert die anderen Organe der EU. Außerdem sorgt es dafür, dass alle Mitgliedsstaaten sich an die demokratischen Grundsätze halten.

Was sind die Besonderheiten der Europawahl?
Die Abgeordneten des Europäischen Parlaments vertreten die Bürgerinnen und Bürger ihrer jeweiligen Länder. Sie werden direkt gewählt. Wie viele Abgeordnete ein Land haben darf, hängt von der Größe des jeweiligen Landes ab. Deutschland als Land mit den meisten Einwohnern schickt 96, Malta als Land mit den wenigsten Einwohnern schickt 6 Abgeordnete. Die Abgeordneten sind Mitglieder von Parteien ihrer jeweiligen Länder. Im Europaparlament gibt es Fraktionen, in denen sich die Abgeordneten mehrerer Länder zusammenschließen.

Wahlberechtigt zur Europawahl sind alle Bürgerinnen und Bürger der EU sowie im EU-Ausland lebende Personen. Die Wahl findet alle fünf Jahre statt.

Zielangabe: Wir diskutieren am Beispiel der Europawahl, wie wir mit Wahlen am politischen Leben teilhaben können.

Aufgaben

1 Tragt in der Klasse zusammen, in welchen Bereichen des Lebens die EU euch beeinflusst (**M1**).
2 Informiert euch in Kleingruppen, was die EU für euch tut, und stellt euer Ergebnis der Klasse vor. (https://what-europe-does-for-me.europarl.europa.eu/)
3 Beschreibe, welche Aufgaben das EU-Parlament hat und wie es gewählt wird (**Text**, **M2**). Recherchiere auf: https://www.europawahl-bw.de/einfach-waehlen-eu.
4 Analysiere mithilfe von **M3**, welche Themen jüngere bzw. ältere Wähler für wichtig halten. Diskutiere, welche Folgen es hat, dass die Wahlbeteiligung bei Älteren traditionell höher ist als bei Jüngeren.
5 Recherchiere das Ergebnis der letzten Europawahl und wer deinen Heimatwahlkreis im Europäischen Parlament vertritt.

---

die Europäische Union (EU): ein Zusammenschluss europäischer Staaten, die dieselbe Währung (Euro) haben, gemeinsam politische Entscheidungen treffen und einen gemeinsamen Wirtschaftsraum bilden. Aktuell hat die EU 27 Mitgliedsstaaten.
das EU-Parlament: Das EU-Parlament mit seinem Sitz in Straßburg ist das Parlament der Europäischen Union. Seit dem Jahr 1979 wird es von den Bürgern der EU gewählt.

Wahlen in Deutschland – wie kann ich mitbestimmen?

M1 Die EU und ich

M2 Das Europaparlament

EU-Bürger wählen alle fünf Jahre die Abgeordneten des Europäischen Parlaments.
Das Parlament hat 705 Abgeordnete (Stand 2020). Es bestätigt und kontrolliert die EU-Kommission (Regierung der EU). Zusammen mit dem Ministerrat beschließt es Gesetze.

M3 Jung gegen alt? 2024

Die Daten stammen aus dem Eurobarometer (101.1).
Frage: „Welche Themen sollen beim Wahlkampf für die Europawahl diskutiert werden?"

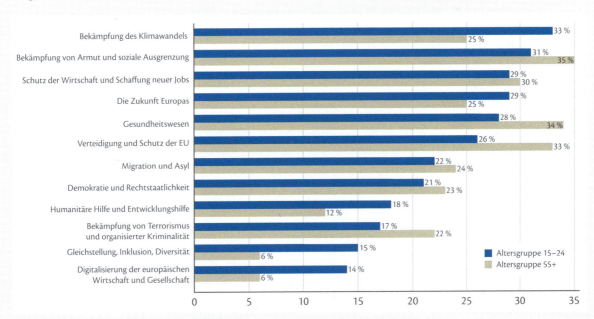

Thema	Altersgruppe 15–24	Altersgruppe 55+
Bekämpfung des Klimawandels	33 %	25 %
Bekämpfung von Armut und soziale Ausgrenzung	31 %	35 %
Schutz der Wirtschaft und Schaffung neuer Jobs	29 %	30 %
Die Zukunft Europas	29 %	25 %
Gesundheitswesen	28 %	34 %
Verteidigung und Schutz der EU	26 %	33 %
Migration und Asyl	22 %	24 %
Demokratie und Rechtsstaatlichkeit	21 %	23 %
Humanitäre Hilfe und Entwicklungshilfe	18 %	12 %
Bekämpfung von Terrorismus und organisierter Kriminalität	17 %	22 %
Gleichstellung, Inklusion, Diversität	15 %	6 %
Digitalisierung der europäischen Wirtschaft und Gesellschaft	14 %	6 %

2 Was ist Politik?

2.4 Medien – die vierte Gewalt?

Impuls
Führe eine Woche lang ein Medientagebuch. Halte fest, wie viel Zeit du damit verbringst,
a Videos zu schauen,
b zu lesen,
c zu spielen,
d mit anderen zu kommunizieren.
Schreibe auch auf, welche Geräte du dafür verwendest.

Was sind eigentlich „die Medien"?
Wir können Medien in zwei Gruppen unterscheiden: klassische Medien und neue Medien. Die klassischen Medien gibt es teilweise schon sehr lange. Gemeint sind damit Zeitungen (die Presse), das Radio und das Fernsehen. Der Begriff „neue Medien" bezieht sich auf das Internet. Hier sind besonders die sozialen Medien von Bedeutung.

Welche Bedeutung haben Medien für die Politik?
Die Medien werden oft als die „vierte Gewalt" in einem Staat bezeichnet. Das kommt vom Gedanken der Gewaltenteilung (▶ S. 46). Bei der Gewaltenteilung gibt es drei Gewalten: die Legislative, die Exekutive und die Judikative. Doch auch die Medien haben einen großen Einfluss darauf, wie wir die Welt und politische Ereignisse sehen. Wenn Politiker etwas Falsches tun, erfahren wir es, weil in den Nachrichten darüber gesprochen wird. Die Medien können also die Politiker kontrollieren. Das ist aber nur möglich, weil Medien in Deutschland unabhängig sind. Es herrscht Pressefreiheit. Medienschaffende werden nicht dafür bestraft, wenn sie Politiker kritisieren.

Worterklärungen
die Pressefreiheit: Journalisten können frei ihre Meinung sagen und schreiben.
der Medienschaffende: jemand, der für ein Medienunternehmen arbeitet
der Leserbrief: ein Brief, den jemand an eine Zeitung schreibt, um Artikel zu kommentieren

Was ist das Besondere an sozialen Medien?
Soziale Medien zeichnen sich dadurch aus, dass Menschen durch sie sehr leicht miteinander kommunizieren können. Seit es die sozialen Medien gibt, hat sich einiges geändert. Wenn man eine Anmerkung zu einem Beitrag in einer Zeitung hat, muss man zum Beispiel einen Leserbrief an die Zeitung schreiben. Dieser kann erst in der nächsten Ausgabe abgedruckt werden.

In sozialen Medien geht das viel schneller. Man kann sofort Beiträge kommentieren, und alle sehen es. Außerdem kann jeder ganz leicht Beiträge veröffentlichen. Es gibt nur wenige Regeln dafür, welche Informationen in sozialen Medien verbreitet werden können. Das kann zu Problemen führen, zum Beispiel, wenn es sich um falsche Informationen handelt. Es ist wichtig, immer genau zu prüfen, woher die Angaben stammen.

Zielangabe: Wir untersuchen unsere eigene Mediennutzung und werten diese aus.

Aufgaben
1 Welche Bedeutung haben Medien in deinem Leben (**M1**)?
2 Führt eine Umfrage an eurer Schule zum Thema Mediennutzung durch. Geht dabei in den folgenden Schritten vor:
   a Bestimmt eure Zielgruppe. Das heißt: Wen wollt ihr befragen (Jungen, Mädchen, eine bestimmte Altersgruppe oder Klassenstufe)?
   b Legt fest, wie ihr die Umfrage durchführen wollt, z. B. mit einem Online-Fragebogen, mit einem Fragebogen auf Papier, mit einem Interview.
   c Formuliert Fragen. Ihr könnt Antworten vorgeben (ja/nein, richtig/falsch, Option a/b/c) oder offene Fragen formulieren.
   d Wertet die Umfrage aus. Bei vorgegebenen Antworten könnt ihr Diagramme erstellen. Bei offenen Fragen könnt ihr wichtige Aussagen zitieren.
   e Präsentiert eure Ergebnisse.
3 Vergleicht die Ergebnisse eurer Umfrage mit der Online-Studie **M2**.
4 „Jugendliche verbringen zu viel Zeit im Internet." Nimm zu dieser Aussage Stellung.

Medien – die vierte Gewalt?

M1 Mediennutzung im Alltag

M2 Online-Studie von ARD und ZDF, 2023

Die ARD und das ZDF sind zwei wichtige Fernsehsender in Deutschland.

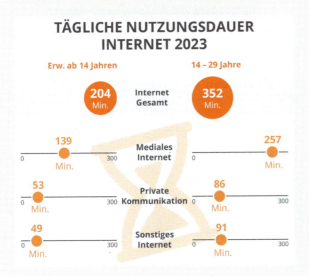

TÄGLICHE NUTZUNGSDAUER INTERNET 2023

	Erw. ab 14 Jahren	14 – 29 Jahre
Internet Gesamt	204 Min.	352 Min.
Mediales Internet	139 Min.	257 Min.
Private Kommunikation	53 Min.	86 Min.
Sonstiges Internet	49 Min.	91 Min.

SOCIAL MEDIA NUTZUNG 2023
mindestens einmal wöchentlich; Ranking nach 14 – 29 Jahre

Erw. ab 14 Jahren		14 – 29 Jahre
35%	Instagram	79%
13%	Snapchat	52%
15%	TikTok	41%
33%	Facebook	34%
11%	Pinterest	23%
4%	BeReal	18%
6%	Twitch	17%

die Presse: Das Wort „Presse" kommt von der Druckerpresse, einem Gerät, mit dem man Text auf Papier druckt. Ursprünglich bezeichnete man alle gedruckten Medien als Presse. Heute sind damit vor allem Zeitungen und Zeitschriften, auch online, gemeint.

die sozialen Medien: Plattformen oder Netzwerke im Internet, in denen Menschen miteinander in Kontakt treten und sich austauschen können.

Was ist Politik?

Die wichtigsten Daten

- 1890: Gründung der SPD
- 1945: Gründung der CDU
- 1948: Gründung der FDP
- 1949: das Grundgesetz tritt in Kraft
- 1993: Zusammenschluss von Bündnis 90 und Die Grünen zur Partei Bündnis 90/Die Grünen
- 2007: Entstehung der Partei Die Linke
- 2013: Gründung der AfD

Die wichtigsten Fachbegriffe

- die Patchworkfamilie
- die Regenbogenfamilie
- der Mehrgenerationenhaushalt
- der Verein
- die Chancengleichheit
- die Grundrechte
- die Bürgerrechte
- die Gewaltenteilung
- die Legislative
- die Exekutive
- die Judikative
- die direkte Demokratie
- die indirekte Demokratie
- das Volksbegehren
- der Bundestag
- die Partei
- die Koalition
- die Fraktion
- die Wahlgrundsätze
- die Europäische Union (EU)
- das EU-Parlament
- die Presse
- die sozialen Medien

Das kannst du

- Du kannst Beispiele dafür nennen, wie wir heute zusammenleben.
- Du kannst erklären, was ein Verein ist und wie man sich darin engagieren kann.
- Du kannst den Begriff Chancengleichheit erklären.
- Du weißt, wo du im Notfall Hilfe findest.
- Du kennst die Grundrechte, die im Grundgesetz stehen, und kannst ihre Bedeutung erläutern.
- Du kannst die Gewaltenteilung in Deutschland beschreiben.
- Du kannst erklären, was man unter direkter und indirekter Demokratie versteht.
- Du kennst die wichtigsten Parteien Deutschlands.
- Du kannst die Wahlgrundsätze nennen und erklären.
- Du weißt, wie die Landtagswahlen in Baden-Württemberg und die Europawahl ablaufen.
- Du kannst erklären, was der Begriff Medien umfasst.
- Du kannst deine eigene Mediennutzung reflektieren.

Projekt: Eine Gemeinderatssitzung besuchen

Was tut der Gemeinderat?
Der Gemeinderat ist die politische Vertretung von Bürgerinnen und Bürgern. Er entscheidet über die Angelegenheiten einer Gemeinde. Das kann zum Beispiel der Bau eines Radwegs sein. Der Bürgermeister oder die Bürgermeisterin hat den Vorsitz des Gemeinderats. Der Gemeinderat kontrolliert die Arbeit des Bürgermeisters oder der Bürgermeisterin.

Eine Gemeinderatssitzung besuchen

Vorbereitung
1 Recherchiert, wann und zu welchem Thema der Gemeinderat eine öffentliche Sitzung durchführt.
2 Informiert euch über …
   a den Ablauf der Sitzung.
   b die Personen und Fraktionen, die an der Sitzung beteiligt sind.

Tipp: Kontaktiert das Rathaus, um euren Besuch anzukündigen.

Durchführung
3 Plant die Anreise so, dass ihr rechtzeitig beim Rathaus seid.
4 Bringt Stift und Block mit, damit ihr euch Notizen machen könnt.
5 Macht euch während der Sitzung Notizen zu …
   a den Punkten in der Tagesordnung.
   b den unterschiedlichen Meinungen.
   c den Ergebnissen der Abstimmung.

Tipp: Ihr könnt Aufgabe 5 innerhalb der Gruppe aufteilen.

Ergebnisse sichern:
Notizen machen und auswerten
6 Gliedert eure Notizen. Nutzt dazu, wenn möglich, die Tagesordnung der Gemeinderatssitzung.
7 Markiert Wichtiges (z. B. Diskussionsergebnisse) mit einer anderen Farbe.
8 Benutzt Symbole (z. B. Ausrufezeichen = wichtig; Pfeil = Ergebnis, Folge).

3 Ist Gewalt legitim? – Revolutionäre und demokratische Aufbrüche

Dass wir heute in Deutschland in einer Demokratie leben, ist nicht selbstverständlich. Es dauerte viele Jahrhunderte, bis die Staaten in Europa demokratisch wurden. Oft wurde diese Entwicklung durch Revolutionen vorangetrieben. Die Menschen wünschten sich mehr Freiheit und die Möglichkeit, ihr Leben in einem Staat aktiv mitzugestalten. Einige der Revolutionen führten zu großen Fortschritten, andere scheiterten. In diesem Kapitel beschäftigen wir uns mit verschiedenen Revolutionen, die in Europa stattgefunden haben.

Bis heute gibt es Staaten, in denen Menschen für mehr Demokratie kämpfen. Autoritäre Regierungen und Diktaturen schränken die Rechte von Menschen ein. Wir beschäftigen uns mit der Geschichte Irans, die auch im 21. Jahrhundert von revolutionären Aufständen geprägt ist.

Projekt: Ein Lapbook gestalten
— Ein Lapbook hilft dabei, Informationen vielfältig und anschaulich zu gestalten. Dafür benötigt ihr Schere, Stift, Papier und ein wenig Kreativität.
— In diesem Kapitel könnt ihr Lapbooks zu den wichtigsten Ereignissen der einzelnen Teilkapitel gestalten.
— Am Ende des Kapitels gibt es eine Projektseite. Dort findet ihr eine Anleitung, um ein Lapbook zu gestalten.

3 Ist Gewalt legitim? – Revolutionäre und demokratische Aufbrüche

3.1 Die Französische Revolution 1789

Ein legitimer Aufstand gegen Unterdrückung – oder sinnlose Gewalt?

Impuls
In der Geschichte haben politische Gruppierungen immer wieder versucht, ihre Ziele gewaltsam durchzusetzen. Wann hältst du Gewalt für ein gerechtfertigtes Mittel, um ein Ziel zu erreichen? Stelle dich auf einer Positionslinie auf und begründe deine Meinung.

Die Französische Revolution von 1789 war ein bedeutendes Ereignis in der Geschichte. Sie zerstörte in Frankreich die alte Ordnung und schuf eine neue.

Ursachen der Französischen Revolution

1. Ein ungerechtes politisches System: Die Bevölkerung war immer noch in drei Stände eingeteilt (▶ S. 26): den ersten Stand (Geistlichkeit), den zweiten (Adel) und den dritten (der Rest der französischen Bevölkerung). Die Mehrheit des dritten Standes lebte in Armut, das waren vor allem Bauern. Nur wenige waren reich, insbesondere Bürger wie Staatsbedienstete, Wissenschaftler oder Kaufleute. Obwohl der dritte Stand 96 Prozent der Bevölkerung ausmachte, hatte er keine politischen Mitspracherechte.
2. König Ludwig XVI. (1754–1793) hatte viele Schulden gemacht, der Staat war bankrott. Dennoch lebte die Gesellschaft am Königshof verschwenderisch. Adlige und Geistliche hatten hohe Ämter und Privilegien, aber keine Pflichten. Dieses Luxusleben finanzierte allein der dritte Stand mit seinen Steuern.
3. Hinzu kamen wirtschaftliche Probleme wie Missernten und Preisanstiege, zum Beispiel für Brot oder Kartoffeln. Viele Menschen hungerten.

Worterklärungen
die Revolution: schnelle und gewaltsame Veränderung der bestehenden politischen Verhältnisse
legitim: berechtigt, vertretbar
bankrott: zahlungsunfähig
die Privilegien: besondere Rechte und Vorteile aufgrund der gesellschaftlichen Position
die Reform: planvolle Veränderung, Verbesserung des Bestehenden

Forderungen des dritten Standes

In dieser Krisensituation forderte der dritte Stand eine gerechte Organisation des Staates, und zwar: politische Mitspracherechte, eine gerechte Verteilung der Steuern, die Abschaffung der Privilegien für Adel und Geistliche. Und mehr Freiheitsrechte, zum Beispiel Meinungsfreiheit. All das sollte in einer Verfassung garantiert werden.

Beginn der Französischen Revolution

Im Mai 1789 berief König Ludwig XVI. eine Versammlung der drei Stände ein. Der dritte Stand erhoffte sich Reformen. Doch stattdessen sollte er mehr Steuern bezahlen, um die Staatsschulden zu reduzieren. Es kam zum Streit. Eine Einigung gelang nicht. Daraufhin erklärten sich die Abgeordneten des dritten Standes am 17. Juni zur Nationalversammlung. Sie, nicht der König, sollte alle Franzosen vertreten. Schließlich erkannte der König die Nationalversammlung an, gleichzeitig ließ er aber Truppen vor Paris zusammenziehen. Steigende Brotpreise verschärften die Lage. Es kam zu Unruhen. Am 14. Juli 1789 stürmte eine wütende Menschenmenge die Bastille in Paris, das Staatsgefängnis. Es galt als Symbol für die ungerechten politischen Verhältnisse. Dieses Ereignis markiert den Beginn der Revolution.

Zielangabe: Wir untersuchen Ursachen und Verlauf der Französischen Revolution.

Aufgaben

1. Nenne die Forderungen des dritten Standes und fasse die Veränderungen seit Mai 1789 zusammen (**Text**).
2. Beschreibe **M1**. Interpretiere, welche Kritik hier zum Ausdruck gebracht wird.
3. Vergleiche die Art der Verbreitung von Nachrichten damals (**M1**) mit heute.
4. Beschreibe **M2** und diskutiert, warum es zu diesem gewaltsamen Ausbruch kam.

Die Französische Revolution 1789

M1 Flugblatt von 1789 mit dem Text (übersetzt): „Es darf gehofft werden, dass das Spiel bald vorbei ist"

Flugblätter waren damals ein wichtiges Massenmedium, um gesellschaftliche und politische Verhältnisse zu kritisieren. Sie konnten günstig hergestellt und schnell verbreitet werden. Die meisten Menschen zu der Zeit konnten weder lesen noch schreiben. Doch sie verstanden die Bilder.

M2 Sturm auf die Bastille am 14. Juli 1789

Beim Sturm auf die Bastille kamen 90 Menschen ums Leben, die meisten aufseiten der Revolutionäre. (Zeichnung von 1789)

die Nationalversammlung: Vertretung aller Bürger. Sie berät über die Grundfragen einer Nation (Staatsvolk) und kann z. B. eine Verfassung beschließen.

die Verfassung: Gesamtheit der Grundsätze und Regeln eines Staates. Darin sind die Rechte und Pflichten der Bürger und Bürgerinnen festgelegt.

3 Ist Gewalt legitim? – Revolutionäre und demokratische Aufbrüche

Brachte die Revolution gleiche Rechte und politische Mitbestimmung für alle?

Impuls
Nenne politische Ziele, für die es sich deiner Meinung nach zu kämpfen lohnt. Einigt euch in 4er-Gruppen auf je drei Ziele. Schreibt eure Begriffe auf je ein Kärtchen und sortiert sie an der Tafel.

1789 kam es nicht nur zu Gewaltausbrüchen in Paris. Auch auf dem Land rebellierten die Bauern gegen die adligen Grundherren. Sie plünderten und brannten Schlösser und Kirchen nieder. Sie wollten keine Leibeigenen mehr sein und keine Steuern und Abgaben mehr bezahlen. Viele Adlige verließen das Land.

In Paris hungerten die Menschen immer noch. Daraufhin kam es dort erneut zu gewalttätigen Protesten. Wie ging es nun weiter? Was erreichten die Revolutionäre? Und wie reagierte der König?

Die wichtigsten Errungenschaften der Revolution

Die Nationalversammlung schaffte noch im August 1789 die Leibeigenschaft der Bauern und die Privilegien von Adel und Klerus ab, wie zum Beispiel die Steuerbefreiung. Außerdem verkündete sie die Menschen- und Bürgerrechte. Bis 1791 arbeiteten die Abgeordneten eine Verfassung aus, die Frankreich zu einer konstitutionellen Monarchie machte. Die Macht des Königs war jetzt durch Gesetze eingeschränkt. Wichtige Funktionen im Staat übernahmen von nun an gewählte Vertreter des Volkes. Das Wahlrecht aber war an ein bestimmtes Vermögen gebunden. Das heißt, Bürger, die keinen Besitz hatten, konnten nicht wählen, Frauen auch nicht.

Worterklärungen
rebellieren: sich auflehnen, widersetzen
die Errungenschaft: mit Mühe erzieltes Ergebnis

Das Ende der Monarchie

Ludwig XVI. akzeptierte den Machtverlust nicht. Er versuchte, mit seiner Familie ins Ausland zu fliehen, wurde aber gefangen genommen und 1793 hingerichtet. Die Revolutionäre warfen ihm vor, er habe sich mit Gegnern der Revolution im Ausland gegen Frankreich verbünden wollen und dadurch die Sicherheit des Staates gefährdet. Nach dem Tod des Königs war Frankreich eine Republik. Außer dem König ließen die neuen Machthaber in den nächsten Jahren ca. 16.000 Gegner oder angebliche Gegner der Revolution hinrichten.

Gewinner und Verlierer der Französischen Revolution

Zu den Gewinnern gehörten die vermögenden Bürger. Sie verdrängten die Adligen und Geistlichen aus wichtigen Positionen in der Regierung, der Verwaltung und im Militär. Zu den Verlierern zählten Geistliche und Adlige. Sie verloren ihre Privilegien und ihren Einfluss. Viele wurden enteignet oder hingerichtet. Aber auch die soziale und politische Lage der städtischen Unterschichten (Arbeiter, Handwerker), der kleinen Bauern und der Frauen verbesserte sich kaum.

Zielangabe: Wir bewerten die Errungenschaften der Französischen Revolution und untersuchen die Rolle der Gewalt.

Aufgaben

1. Analysiere **M1**. Bewerte die Erklärung der Menschenrechte in Bezug auf Freiheit und Gleichheit für alle. Berücksichtige auch die Situation der Frauen.
2. Arbeite heraus, für wen die Revolution ein Erfolg war und für wen nicht (**Text**, **M1**).
3. Diskutiert die Entscheidung der Nationalversammlung, den König hinzurichten (**M2**).
4. „Ein legitimer Aufstand gegen Unterdrückung – oder sinnlose Gewalt?" Nimm Stellung zu dieser Frage.

Die Französische Revolution 1789

M1 Erklärung der Menschen- und Bürgerrechte vom 26. August 1789

Die Menschen- und Bürgerrechte galten nur für Männer. Frauen wurden diese Rechte und Freiheiten nicht gewährt.

Artikel 1: Die Menschen sind und bleiben von Geburt an frei und gleich an Rechten. [...]

Artikel 2: Das Ziel [...] besteht in der Erhaltung der natürlichen und unantastbaren Menschenrechte. Diese Rechte sind Freiheit, Sicherheit und Widerstand gegen Unterdrückung [...].

Artikel 4: Die Freiheit besteht darin, alles tun zu können, was dem anderen nicht schadet. [...]

Artikel 7: Kein Mensch kann anders als in den gesetzlich verfügten Fällen und den vorgeschriebenen Formen angeklagt, verhaftet und gefangen genommen werden. [...]

Artikel 11: Gedanken- und Meinungsfreiheit ist eines der kostbarsten Menschenrechte [...].

Artikel 17: Da das Eigentum ein unverletzliches und heiliges Recht ist, kann es niemandem genommen werden, außer im Falle öffentlicher Notwendigkeit unter der Bedingung einer gerechten und vorherigen Entschädigung.

Zit. nach: Wolfgang Lautemann u. a. (Hrsg.): Geschichte in Quellen, Bd. 4, München (bsv) 1981, S. 199 ff.

M2 Hinrichtung von König Ludwig XVI., 1793 (Kupferstich von 1793)

Nach seiner Gefangennahme wurde der König vor Gericht gestellt. Am Ende des Gerichtsprozesses wurde er mit einer Stimme Mehrheit schuldig gesprochen. Für die Hinrichtung stimmten 361 Abgeordnete des französischen Parlaments, 360 Abgeordnete stimmten dagegen. Ludwig XVI. wurde am 21. Januar 1793 öffentlich durch die Guillotine (Fallbeil) hingerichtet.

---

die Leibeigenschaft: die persönliche und wirtschaftliche Abhängigkeit eines Bauern von einem Grundherrn. Leibeigene waren unfrei und mussten ihrem Herrn Abgaben bezahlen und für ihn arbeiten. Sie durften z. B. ohne Erlaubnis des Grundherrn nicht heiraten oder wegziehen.

die konstitutionelle Monarchie: eine Staatsform, die einen Herrscher als Oberhaupt hat, z. B. einen König oder Kaiser. Dieser ist aber an die Gesetze einer Verfassung gebunden.

die Republik: eine Staatsform. Hier wird die Macht von Personen ausgeübt, die vom Volk oder von Vertretern des Volkes gewählt werden. Die Regierungszeit ist begrenzt.

3 Ist Gewalt legitim? – Revolutionäre und demokratische Aufbrüche

3.2 Die Märzrevolution 1848/49

Impuls
Während der Revolution 1848 verbreiteten die Freiheitskämpfer ihre Ideen über Lieder. Wie würdest du heute mit Gleichgesinnten kommunizieren, wenn das keiner mitbekommen darf?

Ein erfolgreiches Ringen um Freiheit, Einheit und politische Mitbestimmung?

Die Ideen der Französischen Revolution von Freiheit, Gleichheit und einer Herrschaft, die vom Volk ausgeht, verbreiteten sich Anfang des 19. Jahrhunderts in ganz Europa, auch in den Fürstentümern des Deutschen Bundes.

Die Zeit vor der Märzrevolution

Der Deutsche Bund war ein Staatenbund, der 1815 gegründet worden war. Er bestand aus vielen selbstständigen Einzelstaaten. An der Spitze dieser Staaten stand jeweils ein König oder ein Fürst, der absolut regierte. Nun hofften besonders junge und gebildete Menschen auf mehr Freiheitsrechte und politische Mitbestimmung. Auch wünschten sie sich einen einheitlichen deutschen Nationalstaat, keine kleinen, mit Grenzen voneinander getrennte Einzelstaaten. Doch die Könige und Fürsten waren gegen Reformen. Sie unterdrückten weiterhin die Bevölkerung, verboten freie Meinungsäußerungen und lehnten die nationale Einheit ab. Gegen diese Unterdrückung durch die Herrschenden formierte sich eine Bewegung, die vor allem aus Studenten bestand. Ihr schlossen sich immer mehr Männer und Frauen an, darunter waren Professoren, Handwerker, Kaufleute, Arbeiter und Bauern. Sie gründeten trotz des Verbots Vereine und begannen zu demonstrieren und Freiheits- und Grundrechte einzufordern – ohne Erfolg.

Der Ausbruch der Revolution 1848

In den Jahren vor 1848 führten Missernten zu Hungersnöten und Armut. Nahrungsmittel wurden immer teurer. Die Menschen waren verzweifelt, es kam zu Unruhen. Schließlich brachen im März 1848 in ganz Europa Aufstände aus. Deshalb heißt es „Märzrevolution". Auch in deutschen Städten erhoben sich die Menschen gegen die Herrscher. In Berlin kämpften bewaffnete Bürger gegen die Armee. Bei Barrikadenkämpfen starben bis zu 250 Menschen. Auch in Baden gab es gewaltsame Aufstände.

Die Nationalversammlung in der Paulskirche

Unter dem Druck der blutigen Auseinandersetzungen stimmten die Fürsten der Wahl zu einer deutschen Nationalversammlung zu. Diese trat am 18. Mai 1848 in der Paulskirche in Frankfurt am Main zusammen. Ziel der Abgeordneten war die Ausarbeitung einer Verfassung und die Schaffung eines deutschen Nationalstaates.

Zielangabe: Wir beschreiben die Ursachen, die zum Ausbruch der Märzrevolution 1848 führten, und benennen die Träger der Revolution und ihre Ziele.

Worterklärungen
der Deutsche Bund: loser Zusammenschluss von 37 selbstständigen Königreichen und Fürstentümern sowie 4 freien Städten. Er bestand von 1815–1866.
absolut: unumschränkt, keinen Beschränkungen unterworfen
die Barrikade: Schutzwall im Straßenkampf, wird meist aus alltäglichen Gegenständen schnell aufgebaut wie z. B. Tischen oder Stühlen
die Zensur: staatliche Stellen kontrollieren Zeitungen, Briefe oder Bücher auf nicht erwünschte Meinungsäußerungen und verbieten diese

Aufgaben

1 Beschreibe den Deutschen Bund (**M1**). Erschließe, weshalb die Fürsten die Forderung nach einem deutschen Nationalstaat ablehnten (**Text**).

2 Lieder wie **M2** wurden benutzt, um die Zensur zu umgehen (▶ Methode S. 70). Aufgrund der eingängigen Melodie lässt sich die Botschaft leicht merken. Schreibe den Text zu einem aktuellen Rap oder Song um.

3 Beschreibe **M3**. Gehe dabei auch auf die schwarz-rot-goldene Flagge ein. Wie weit waren die Menschen bereit, für ihre Ziele zu gehen?

4 Vergleiche **M4** mit den Forderungen der Revolutionäre (**Text**, **M2**).

Die Märzrevolution 1848/49

M1 Der Deutsche Bund 1815–1866

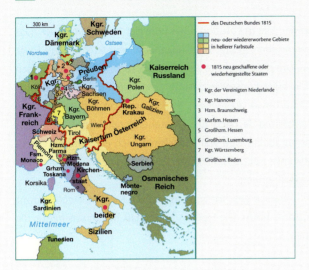

M3 Barrikadenkämpfe in Berlin, 18./19.03.1848

M2 „Die Gedanken sind frei", deutsches Volkslied, 1842 (Auszug)

1. Die Gedanken sind frei,
   wer kann sie erraten,
   sie fliehen vorbei
   wie nächtliche Schatten.
5. Kein Mensch kann sie wissen,
   kein Jäger erschießen,
   es bleibet dabei:
   die Gedanken sind frei. [...]

4. Und sperrt man mich ein
10. im finsteren Kerker,
    das alles sind rein
    vergebliche Werke;
    denn meine Gedanken
    zerreißen die Schranken
15. und Mauern entzwei:
    die Gedanken sind frei.

Zit. nach: http://digital.ub.uni-duesseldorf.de/ihd/content/pageview/2065595 (11.12.2023)

M4 Die Grundrechte des deutschen Volkes in der Verfassung vom 28. März 1849

In der Verfassung wurden die Forderungen der Revolutionäre festgeschrieben. Sie stehen in fast gleicher Form im Grundgesetz der Bundesrepublik Deutschland.

§ 138: Die Freiheit der Person ist unverletzlich. [...]
§ 140: Die Wohnung ist unverletzlich. [...]
§ 142: Das Briefgeheimnis ist gewährleistet. [...]
§ 143: Jeder Deutsche hat das Recht, durch Wort, Schrift, Druck und bildliche Darstellung seine Meinung frei zu äußern [...].
§ 144: Jeder Deutsche hat volle Glaubens- und Gewissensfreiheit. [...]
§ 161: Die Deutschen haben das Recht, sich friedlich und ohne Waffen zu versammeln [...].
§ 164: Das Eigentum ist unverletzlich. [...].

Zit. nach: E. R. Huber (Hrsg.): Dokumente zur deutschen Verfassungsgeschichte, Bd.1, Stuttgart 1961, S. 317–323 (angepasste Rechtschreibung)

---

die Grundrechte: in einer Verfassung festgeschriebene, unantastbare Rechte eines jeden Bürgers gegenüber dem Staat. Sie gehören zu den Menschenrechten.

Schwarz-Rot-Gold: Die Revolutionäre wählten diese Farben als ihr Erkennungszeichen. Ihr Ursprung ist nicht eindeutig geklärt. Möglicherweise gehen sie zurück auf die Farben der Uniform des Lützowschen Freikorps, einer Einheit des Preußischen Heeres.

Historische Lieder analysieren

In der Zeit vor und während der Märzrevolution 1848 übte der Staat Zensur aus. Das hieß, er kontrollierte, was geschrieben, gesagt oder abgebildet wurde. Was dem Staat nicht passte, wurde verboten. Um diese Verbote zu umgehen, dichteten die Menschen Lieder, denn Lieder wurden weniger kontrolliert. Außerdem halfen die Melodien den Menschen dabei, sich die Texte besser zu merken. So konnte man Kritik oder neue politische Ideen heimlich verbreiten. Je nach der Entstehungszeit bilden die Lieder daher eine historische Situation ab. Ein Lied war manchmal auch ein Symbol (Erkennungszeichen) für eine bestimmte politische Gruppe. Für moderne Staaten sind das heute beispielsweise die Nationalhymnen.

Lieder werden wie Gedichte in Versen geschrieben, oft auch in Reimen. Doch kommt bei den Liedern noch die Melodie hinzu. Die Lieder von damals helfen uns heute, die Geschichte besser zu verstehen.

M1 Lied: „Die Gedanken sind frei", 1842, Strophen 1, 2 und 4

Das Lied entstand bereits um 1800, die bekannte Melodie dazu 10 bis 20 Jahre später. Diese hier abgedruckte Fassung[1] wurde im Jahr 1842 in einem Liederbuch veröffentlicht. Das ist auch die Fassung, die bis heute gesungen wird.

1. Die Gedanken sind frei,
wer kann sie erraten,
sie fliehen vorbei
wie nächtliche Schatten.
5 Kein Mensch kann sie wissen,
kein Jäger erschießen,
es bleibet dabei:
die Gedanken sind frei.

2. Ich denke, was ich will
10 und was mich beglücket,
doch alles in der Still
und wie es sich schicket[2].

Mein Wunsch und Begehren
kann niemand verwehren,
es bleibet dabei: 15
die Gedanken sind frei. [...]

4. Und sperrt man mich ein
im finsteren Kerker,
das alles sind rein
vergebliche Werke; 20
denn meine Gedanken
zerreißen die Schranken
und Mauern entzwei:
die Gedanken sind frei.

Zit. nach: http://digital.ub.uni-duesseldorf.de/ihd/content/pageview/2065595 (01.03.2024)

---

1 die Fassung: genauer Wortlaut, sprachliche Form
2 sich schicket: bedeutet hier: sich fügen oder eine unangenehme Lage ertragen, die man nicht ändern kann

Methode: Historische Lieder analysieren

Aufgaben

1 Analysiere das Lied „Die Gedanken sind frei" (**M1**) nach den vorgegebenen Schritten und beurteile seine Wirkung damals wie heute.
2 Ermittle, wann das Lied auch heute noch gesungen wird.

Schritte für die Analyse von historischen Liedern	Textbausteine
Erster Eindruck und erste Informationen über das Lied:	
• Höre dir das Lied genau an. Wie wirkt es auf dich? Notiere dir deine ersten Eindrücke. • Wer hat das Lied geschrieben? Was weißt du über diese Person? • Wann und wo wurde das Lied veröffentlicht?	Meine erster Eindruck ist … Das Lied wirkt auf mich … Das Lied entstand …, die Melodie entstand … Das Lied wurde (*Jahr*) in einem (*Titel*) veröffentlicht.
Beschreibe das Lied:	
• Welche äußere Form hat das Lied? (Achte auf Strophen, Reime, Wiederholungen …) • Worum geht es in dem Lied? • Was ist die wichtigste Aussage von jeder Strophe? • Was fällt dir an der Sprache des Liedes auf? (schwierig, einfach, bildhaft, treffend, verständlich, stimmungsvoll …) • Wie lässt sich die Melodie charakterisieren (schnell, langsam, fröhlich, feierlich, leicht zu merken …)? • Passt die Melodie zum Text?	Der Lied ist gegliedert in … Es hat … In dem Lied geht es um … In der Strophe 1/2/4 ist die wichtigste Aussage, dass … Die Sprache des Liedes ist … Die Melodie des Liedes ist … Sie passt … zum Text.
Deute das Lied:	
• In welcher historischen Situation ist das Lied entstanden? • Welche Botschaft kommt in dem Lied zum Ausdruck? Wen unterstützt das Lied, wen kritisiert es? • An welche politische Gruppe richtete sich das Lied? • Was wollte das Lied damals erreichen?	Das Lied ist (*historischer Zeitraum*) … entstanden. Das Lied will ausdrücken, dass … Es unterstützt die Menschen, die …, und es kritisiert … Das Lied richtet sich an … Das Lied wollte erreichen, dass …
Beurteile das Lied:	
• Wie beurteilst du das Lied hinsichtlich seiner Wirkung damals und heute? • Wie bewertest du das Lied?	Das Lied thematisiert … Seine Wirkung damals war … Seine Wirkung heute ist … Meiner Meinung nach ist das Lied (*gut/schlecht*), weil …

3 Ist Gewalt legitim? – Revolutionäre und demokratische Aufbrüche

Impuls
Freiheitskämpfe: Wann gelingt und wann scheitert aus eurer Sicht ein Freiheitskampf?

Eine „halbe" Revolution?

Die Abgeordneten der deutschen Nationalversammlung mussten schwierige Fragen klären: Wie sollte die Verfassung aussehen? Sollte es einen deutschen Nationalstaat geben? Welche Staatsform sollte gelten? Es gab unterschiedliche Ideen.

Die politischen Gruppierungen in der Nationalversammlung

Es bildeten sich drei politische Gruppen, sie gelten als Vorläufer heutiger Parteien:
1. Die Konservativen orientierten sich am Bestehenden. Sie waren gegen Reformen und unterstützten die Könige und Fürsten.
2. Die Liberalen verlangten Freiheits- und Grundrechte sowie politische Mitsprache. Sie wollten eine Verfassung und eine konstitutionelle Monarchie.
3. Die Demokraten forderten ebenfalls Freiheits- und Grundrechte sowie eine Verfassung. Sie wollten aber die Monarchie abschaffen und stattdessen eine parlamentarische Republik einführen.

Die Ergebnisse der Nationalversammlung

Worterklärungen
parlamentarisch: mit einem Parlament (gewählte Volksvertretung)
debattieren: verhandeln, diskutieren
von Gottes Gnaden: Der König stützt seinen Anspruch, über das Volk zu herrschen, auf die Vorstellung, das sei von Gott so gewollt.
das Bundesheer: die Armee des Deutschen Bundes

Die Abgeordneten debattierten monatelang. Im März 1849 verabschiedete die Nationalversammlung eine Verfassung mit den „Grundrechten des deutschen Volkes" (▶ S. 69, M4). Es sollte auch ein geeinter deutscher Nationalstaat gegründet werden. Als Staatsform entschied man sich für die konstitutionelle Monarchie. Kaiser des Deutschen Reiches sollte der König von Preußen werden. Doch der wollte die Krone aus der Hand des Volkes nicht annehmen, er betrachtete sich als ein König „von Gottes Gnaden" und eine Krone vom Volk als „Dreck".

Das Scheitern der Märzrevolution 1849

Dass der preußische König nicht deutscher Kaiser werden wollte, war ein schwerer Schlag für die Nationalversammlung. Zudem lehnten große Staaten wie Österreich, Hannover oder Bayern die Verfassung ab. Damit war die Revolution gescheitert. Die Nationalversammlung selbst hatte keine Armee, um ihre Ergebnisse durchzusetzen. Die Bevölkerung war enttäuscht. Im Mai und Juni 1849 kam es, vor allem in Baden und der Pfalz, erneut zu Aufständen. Sie wurden von einem fürstlichen Bundesheer unter preußischer Führung gewaltsam niedergeschlagen. Viele Revolutionäre wurden verfolgt, getötet oder wanderten aus. Die Nationalversammlung wurde gewaltsam aufgelöst. Dennoch konnten die Fürsten nicht so weitermachen wie davor. Preußen führte eine Verfassung mit eingeschränkten Grundrechten ein. Auch der Wunsch nach einem Nationalstaat blieb bestehen. 1871 wurde er umgesetzt und das Deutsche Reich gegründet. Vieles, für das die Revolutionäre damals kämpften, ist heute verwirklicht, wie zum Beispiel Demokratie, Grundrechte oder politische Mitbestimmung.

Zielangabe: Wir erläutern die Gründe für das Scheitern der Revolution.

Aufgaben

1. Beschreibe anhand der Karikatur (**M1**) den Verlauf der Revolution.
2. Fasse die Gründe für das Scheitern der Märzrevolution zusammen (**Text**, **M1**, **M2**).
3. Übertrage das Lied (**M3**) Absatz für Absatz in heutiges Deutsch und arbeite aus dem Text heraus: Welche Sorgen hat die Mutter und welche Hoffnungen?
4. Würdest du dein Leben für deine Überzeugung opfern? Was ist wichtiger: Leben oder Freiheit (**M2**)? Diskutiert eure Argumente in einer Streitlinie.

Die Märzrevolution 1848/49

M1 Michel und seine Kappe, Karikatur, 1848

Die Zeitschrift „Eulenspiegel" druckte eine Karikatur von einem unbekannten Autor. Der „Michel" steht für einen typischen Deutschen in dieser Zeit".

M2 Bericht über den Revolutionär Maximilian Dortu aus Potsdam

Aus der Badischen Zeitung vom 30.08.2003.

[...] Johann Ludwig Maximilian Dortu, geboren am 29. Juni 1826 in Potsdam [...], kam 1849 nach Baden, um sich der Revolutionsarmee zur Verfügung zu stellen. Er war aus Berlin geflohen, weil ihm eine Bestrafung wegen Beleidigung des preußischen Kronprinzen Wilhelm drohte. [...] Im badischen Aufstand machte sich Dortu einen Namen als Organisator und unerschrockener Kämpfer. Er zog mit den geschlagenen Truppen über Karlsruhe und Offenburg nach Freiburg und wurde dort am 7. Juli 1849 verhaftet. Das Militär machte kurzen Prozess mit den Besiegten: Ein rein preußisches Kriegsgericht verurteilte Maximilian Dortu schon am 11. Juli wegen „Kriegsverrats" zum Tode. Am 31. Juli um 4 Uhr wurde Dortu auf dem Wiehre-Friedhof exekutiert[1]. [...] In seinem Abschiedsbrief schrieb Max Dortu: „Wer den Muth hat, eine Überzeugung zu bekennen und für dieselbe zu kämpfen, muss auch den Muth haben, für dieselbe zu sterben."

Heinz Siebold: Die Richtstatt der Revolutionäre, https://www.badische-zeitung.de/die-richtstatt-der-revolutionaere--166498484.html (01.03.2024)

1 exekutieren: hinrichten

M3 Badisches Wiegenlied (Auszug)

Ludwig Pfau (1821–1894), Schriftsteller und Revolutionär, schrieb das Lied nach der militärischen Niederschlagung der Revolution 1849 durch vorwiegend preußische Truppen.

1. Schlaf, mein Kind, schlaf leis,
dort draußen geht der Preuß!
Deinen Vater hat er umgebracht,
deine Mutter hat er arm gemacht,
und wer nicht schläft in guter Ruh,
dem drückt der Preuß die Augen zu.
Schlaf, mein Kind, schlaf leis,
dort draußen geht der Preuß!

2. Schlaf, mein Kind, schlaf leis,
dort draußen geht der Preuß!
Der Preuß hat eine blutige Hand,
die streckt er übers badische Land,
und alle müssen wir stille sein,
so wie dein Vater unterm Stein.
Schlaf, mein Kind. [...]

4. Schlaf, mein Kind, schlaf leis,
dort draußen geht der Preuß!
Gott aber weiß, wie lang er geht,
bis dass die Freiheit aufersteht,
und wo dein Vater liegt, mein Schatz,
da hat noch mancher Preuße Platz!
Schrei's, mein Kindlein, schrei's:
Dort draußen liegt der Preuß!

Ludwig Pfau: Badisches Wiegenlied. In: Eulenspiegel (Stuttgart), 8. Dezember 1849, S. 200

3 Ist Gewalt legitim? – Revolutionäre und demokratische Aufbrüche

3.3 Die Revolution 1918/19

Endlich Frieden, aber kein Ende der Gewalt?

Impuls
Stellt euch vor, in eurem Land wurde der bisherige Herrscher vertrieben und es droht Chaos. Welche Regeln würdet ihr festlegen, um das Zusammenleben neu zu organisieren? Bildet Gruppen und einigt euch auf jeweils fünf Regeln.

Seit 1871 gab es einen deutschen Nationalstaat: das Deutsche Reich. Es war eine konstitutionelle Monarchie, an ihrer Spitze stand der deutsche Kaiser. Im Jahr 1914 war ein blutiger Krieg zwischen den europäischen Mächten ausgebrochen. Im Herbst 1918 wurde klar, dass dieser Erste Weltkrieg für das Deutsche Reich und seine Verbündeten verloren war.

Ausbruch der Novemberrevolution 1918
Trotz der Niederlage bekam die deutsche Flotte in Kiel Ende Oktober den Befehl für einen letzten Kriegseinsatz. Daraufhin meuterten die Matrosen. Ihrem Beispiel folgten Soldaten und Arbeiter. Innerhalb einer Woche breiteten sich überall in Deutschland Aufstände aus. Die Bevölkerung wollte endlich Frieden. Die Wut richtete sich auch gegen den Kaiser, er sollte gehen. Immer mehr wünschten sich eine demokratische Republik. Am 9. November 1918 verzichtete der Kaiser auf den Thron und floh nach Holland.

Was folgte auf den Zusammenbruch des Kaiserreiches?
Die größte Partei im Reichstag war die SPD. Ihr Vorsitzender war Friedrich Ebert, er übernahm nach dem Weggang des Kaisers die Amtsgeschäfte. Sein Ziel war die Errichtung einer demokratischen Republik. Er bildete eine provisorische Regierung, den Rat der Volksbeauftragten. Diese Regierung sollte die dringendsten Probleme lösen. Dazu gehörten: Hilfe für die heimkehrenden Soldaten, Versorgung der hungernden Bevölkerung mit Lebensmitteln und die Umstellung der Wirtschaft von Kriegs- auf Friedensproduktion. Daneben rief die Regierung zur Wahl einer verfassungsgebenden Nationalversammlung auf.

Worterklärungen
meutern: sich auflehnen, sich entgegenstellen
der Matrose: Seemann
provisorisch: behelfsmäßig, als zeitweiser Übergang gedacht, vorläufig

Die extreme Linke (Spartakusbund/KPD) lehnte das ab. Sie wollte keine Demokratie, sondern strebte nach der uneingeschränkten Herrschaft der Arbeiter. Auch die rechtsextreme DNVP war gegen einen demokratischen Staat. In dieser Partei sammelten sich Anhänger der Monarchie.

Januaraufstand der KPD 1919
Anfang Januar 1919 versuchten radikale KPD-Anhänger, die Regierung zu stürzen und die Wahlen zur Nationalversammlung zu verhindern. Es kam zu Kämpfen zwischen Regierungstruppen und Aufständischen. Mithilfe rechtsextremer militärischer Freiwilligentruppen schlugen die Regierungstruppen den Aufstand brutal nieder. KPD-Führer wurden ermordet. Die SPD-Regierung duldete dies. Friedrich Ebert hoffte, so die Ordnung wiederherzustellen. Am 19. Januar 1919 konnten die Wahlen zur Nationalversammlung stattfinden.

Zielangabe: Wir untersuchen die Revolution 1918/19 und nennen die wichtigsten Parteien und ihre Einstellung zur Demokratie.

> **Aufgaben**
> 1 Beschreibe die Ursache für die Novemberrevolution 1918 und ihre Folgen (**Text**).
> 2 Arbeite aus **M1** die wichtigsten Aussagen Scheidemanns heraus.
> 3 Nenne die wichtigsten Parteien und ihre politischen Ziele und untersuche, ob alle für die Demokratie waren (**M2**).

Die Revolution 1918/19

M1 Philipp Scheidemann (SPD) ruft gegen 14 Uhr vom Balkon des Reichstagsgebäudes vor einer großen Menschenmenge die Republik aus:

Der unglückselige Krieg ist zu Ende. Das deutsche Volk hat auf der ganzen Linie gesiegt. Das alte Morsche[1] ist zusammengebrochen; [...] Es lebe die deutsche Republik! Der Abgeordnete Ebert [...] ist damit beauftragt worden, eine neue Regierung zusammenzustellen. [...] Jetzt besteht unsere Aufgabe darin, diesen glänzenden Sieg [...] nicht beschmutzen zu lassen, und deshalb bitte ich Sie, sorgen Sie dafür, dass keine Störung der Sicherheit eintrete! [...] Ruhe, Ordnung und Sicherheit, das ist das, was wir jetzt brauchen!

Zit. nach einer 1924 nachgesprochenen Tonaufnahme. Deutsches Rundfunkarchiv, KONF 661606.

Bild oben: Philipp Scheidemann (1889–1926)

Bild unten: Friedrich Ebert (1871–1925)

1 morsch: brüchig, baufällig (*hier:* die Monarchie)

M2 Wichtige Parteien vor der Wahl zur Nationalversammlung, 1919

Partei	Einstellung zur Demokratie
SPD (Sozialdemokratische Partei Deutschlands), Arbeiterpartei, gegründet 1863	setzt sich für die Demokratie ein
Zentrum, gegründet 1881, katholische Partei, Vorläuferpartei der heutigen CDU/CSU	setzt sich für die Demokratie ein
DDP (Deutsche Demokratische Partei), gegründet 1918, liberale Partei, Vorläuferpartei der FDP	setzt sich für die Demokratie ein
DVP (Deutsche Volkspartei), gegründet 1918, nationalliberale Partei	steht der Demokratie zunächst ablehnend gegenüber, nähert sich später dieser Staatsform an
USPD (Unabhängige Sozialdemokratische Partei), Abspaltung der SPD, Arbeiterpartei, besteht von 1917 bis 1922	unterstützt die Wahl zur Nationalversammlung, lehnt aber die Demokratie ab und befürwortet die Alleinherrschaft der Arbeiter
KPD (Kommunistische Partei Deutschlands), gegründet 1919 aus dem Spartakusbund, linksextreme Partei	lehnt die Demokratie ab, will eine Alleinherrschaft der Arbeiter
DNVP (Deutschnationale Volkspartei), gegründet 1918, rechtsextreme Partei	lehnt die Demokratie ab, will wieder eine Monarchie errichten

der Erste Weltkrieg 1914–1918: kriegerische Auseinandersetzung zwischen Deutschland und Österreich-Ungarn auf der einen Seite und Frankreich, Großbritannien, Russland und den USA (ab 1917) auf der anderen Seite. Ca. 10 Millionen Soldaten kamen ums Leben. Es war der bis dahin größte und blutigste Krieg der Geschichte.

die rechte/linke Partei: Die Einteilung in „linke" und „rechte" Parteien geht zurück auf die Sitzordnung in der französischen Nationalversammlung 1814: Links saßen Parteien, die die politischen Verhältnisse verändern wollten, rechts saßen Parteien, die sie erhalten wollten.

die extremen Parteien: linke oder rechte Parteien, die die Demokratie ablehnen und ihre politischen Ziele auch mit Gewalt durchsetzen wollen

3 Ist Gewalt legitim? – Revolutionäre und demokratische Aufbrüche

Wie demokratisch war die Weimarer Republik?

Impuls
Viele Menschen hofften nach dem Ersten Weltkrieg und dem Ende der Monarchie auf einen politischen Neuanfang mit Frieden und politischer Mitbestimmung. Diskutiert die Frage: War ein echter Neuanfang wirklich möglich?

Bei der Wahl zur Nationalversammlung am 19. Januar 1919 bekamen die Parteien die meisten Stimmen, die sich für eine parlamentarische Demokratie einsetzten: SPD, Zentrum und DDP.

Die Nationalversammlung in Weimar

Die gewählten Abgeordneten zogen aufgrund der Unruhen in der Hauptstadt Berlin nach Weimar um. Dort erarbeiteten sie ab Februar 1919 eine Verfassung und wählten Friedrich Ebert zum ersten Reichspräsidenten. Dieser ernannte Philipp Scheidemann (SPD) zum Reichsministerpräsidenten der ersten demokratischen Regierung in Deutschland. Gebildet wurde die Regierung aus einer Koalition der Parteien SPD, Zentrum und DDP. Am 14. August 1919 wurde die Verfassung verkündet. Die schwarz-rot-goldenen Farben der Revolution von 1848 (▶ S. 69) wurden zu Nationalfarben erklärt.

Nach dem Tagungsort Weimar bezeichnet man diese erste deutsche Republik als „Weimarer Republik".

Worterklärungen
das Parlament: Volksvertretung, bestehend aus gewählten Abgeordneten
die Koalition: Bündnis zwischen Parteien, um eine Regierung zu bilden

Errungenschaften der Weimarer Verfassung

Alle Männer und erstmals auch alle Frauen ab 20 Jahren waren wahlberechtigt. Das Wahlrecht entsprach den Grundsätzen allgemein, gleich, geheim, unmittelbar und frei (▶ S. 55). Gewählt wurde nach dem Verhältniswahlrecht. Volksbegehren und Volksentscheid sollten helfen, den Willen des Volkes möglichst direkt abzubilden.

In der Weimarer Verfassung waren umfassende Grundrechte verankert, zum Beispiel das Recht auf freie Meinungsäußerung oder die Gleichheit vor dem Gesetz. Neben den Menschen- und Bürgerrechten gehörten auch soziale Grundrechte und -pflichten dazu, beispielsweise das Recht und die Pflicht zu arbeiten.

Die Stellung des Reichspräsidenten

Der Reichspräsident hatte das höchste Amt in der Weimarer Republik inne. Er wurde alle sieben Jahre direkt vom Volk gewählt und hatte weitgehende Rechte. Er konnte unter bestimmten Bedingungen den Reichstag auflösen. Bei Gefahr für die öffentliche Sicherheit konnte er (nach Artikel 48) per Notverordnung vorübergehend die Grundrechte außer Kraft setzen und selbst Gesetze erlassen.

Zielangabe: Wir beschreiben den Gründungsvorgang der Weimarer Republik und skizzieren die demokratischen Elemente der Weimarer Verfassung.

Aufgaben

1 Plakate (**M2**) waren in der Weimarer Republik verbreitete Mittel des Wahlkampfs oder, um die politische Meinung bekannt zu machen. Nenne Mittel, wie man heute alle Bürger, speziell auch Frauen, zum Wählen motivieren könnte.
2 Erläutere, wie die erste Regierung der Weimarer Republik gebildet wurde (**Text**, **M3**).
3 Beschreibe die Mitbestimmungsmöglichkeiten der Bürger in der Verfassung der Weimarer Republik (**M1**).
4 Arbeite die Aufgaben des Reichspräsidenten (**M1, Text**) heraus. Oft wurde er als „Ersatzkaiser" bezeichnet. Hatte er zu viel Macht? Begründe deine Meinung.

Die Revolution 1918/19

M1 Staatsaufbau nach der Weimarer Reichsverfassung von 1919

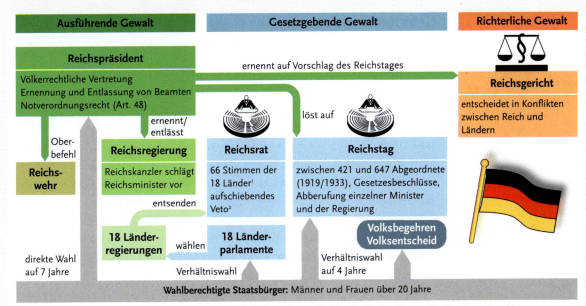

1 Länder: In der Weimarer Republik gab es Länder, ähnlich wie heute die Bundesländer. Das größte Land war Preußen.
2 aufschiebendes Veto: Beschlüsse des Reichsrats und die Durchführung der Beschlüsse können aufgeschoben, aber nicht verhindert werden.

M2 Wahlplakat, 1919

Die deutschen Frauenverbände warben für eine möglichst hohe Wahlbeteiligung der Frauen. Dafür hatte die deutsche Frauenbewegung seit Mitte des 19. Jahrhunderts gekämpft.

M3 Sitzverteilung der Parteien in der verfassungsgebenden Nationalversammlung, 1919

SPD, DDP und Zentrum bildeten die Regierung. Sie wurde als Weimarer Koalition bezeichnet.

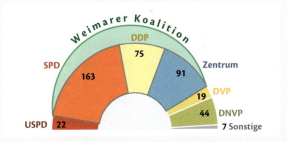

das Verhältniswahlrecht: Bei der Verhältniswahl wird die Zahl der Abgeordneten im Parlament nach der Prozentzahl der Stimmanteile pro Partei vergeben. Wenn Partei A z. B. 20 Prozent der Wählerstimmen erhält, dann bekommt sie 20 Prozent der Sitze.

das Volksbegehren und der Volksentscheid: Das Volksbegehren ermöglicht Bürgern, einen Gesetzesentwurf direkt in das Parlament einzubringen. Per Volksentscheid können die Bürger über eine bestimmte politische Frage abstimmen.

3.4 Die friedliche Revolution 1989/90

Geht Revolution auch ohne Gewalt?

Impuls
Schaut euch im Internet einen Ausschnitt aus der Tagesschau vom 9. November 1989 an und schildert eure Eindrücke.

Nach dem Zweiten Weltkrieg entstanden 1949 aus dem von den Siegermächten besetzten Deutschland zwei deutsche Staaten. Zum einen die Bundesrepublik Deutschland (BRD). Zum anderen die Deutsche Demokratische Republik (DDR). Die DDR war ein sozialistischer Staat, der abhängig war von der Sowjetunion.

Die politische Entwicklung in der DDR

Die DDR ging hervor aus dem von der Sowjetunion besetzten östlichen Teil Deutschlands. Ihr politisches System gründete auf einer Diktatur der Sozialistischen Einheitspartei Deutschlands (SED). Das hieß, die SED bestimmte alles: Es gab keine freien Wahlen, keine Meinungs- und Pressefreiheit. Wer die Regierung kritisierte, konnte im Gefängnis landen. Damit die DDR-Bürger nicht in die BRD flüchteten, baute die Regierung eine stark gesicherte Grenze. Ab 1961 trennte in Berlin eine Mauer den Ost- vom Westteil der Stadt. Das Wirtschaftssystem der DDR war eine Planwirtschaft.

In den 1980er-Jahren war der Lebensstandard verglichen mit der BRD schlechter, die Bürger fühlten sich eingesperrt. Außerdem kontrollierte und unterdrückte sie die Staatssicherheit (Stasi). Ab den 1970er-Jahren entstanden Bürgerrechtsgruppen, die die SED-Diktatur kritisierten. Im Mai 1989 protestierten Bürger öffentlich gegen die Fälschung von Kommunalwahlergebnissen. Etwa zeitgleich baute das „sozialistische Bruderland" Ungarn seine Grenzsperranlagen zu Österreich ab. Tausende DDR-Bürger flohen über Ungarn in den freien Westen.

Die friedliche Revolution im Herbst 1989

Gleichzeitig forderten immer mehr Bürger freie Wahlen, unabhängige Gerichte, Presse- und Versammlungsfreiheit. In Leipzig und anderen Städten demonstrierten ab September 1989 Tausende Menschen friedlich auf den Straßen. Armee und Polizei schritten nicht ein. Ein Grund dafür war auch die neue Politik der Sowjetunion unter Michail Gorbatschow. Er unterstützte Reformen, um soziale und wirtschaftliche Probleme zu lösen. Doch auch nach dem Rücktritt von Erich Honecker, der an der Spitze der DDR-Regierung stand, hörten die Proteste nicht auf. Drei Wochen später, am 9. November 1989, fiel die Berliner Mauer. Aufgrund einer missverständlichen Aussage eines SED-Politikers auf einer Pressekonferenz öffnete die Polizei die Grenzübergänge. Tausende Ostberliner strömten nach Westberlin.

Zielangabe: Wir untersuchen die Revolution von 1989 und arbeiten die Gründe für ihre Gewaltlosigkeit heraus.

Worterklärungen
die Siegermächte des Zweiten Weltkriegs: die USA, Großbritannien, Frankreich und die Sowjetunion
die Diktatur: Eine Person, eine Partei oder eine Gruppe herrscht allein über die Bevölkerung.
die Staatssicherheit (Stasi): Geheimdienst der DDR; verfolgte und verhaftete politisch Andersdenkende
das sozialistische Bruderland: mit der DDR befreundetes sozialistisches Land
die Bürgerrechtsgruppe: Gruppe von Menschen, die für Bürger- und Menschenrechte kämpfen

Aufgaben

1 Analysiere die Forderungen der Demonstranten (**Text**, M1).
2 Untersuche die Rolle der Bürgerrechtsgruppen für die friedliche Revolution (Text, M2).
3 Beschreibe die Situation auf **M3**. Was haben die Menschen erreicht?
4 Analysiere die Gründe für die Gewaltlosigkeit 1989 (**Text**, M4).
5 Vergleiche 1989 mit der Französischen Revolution und der Märzrevolution 1848 und nenne Unterschiede.

M1 Demonstration in Ostberlin, 04.11.1989

Rund eine halbe Million DDR-Bürger forderten unter dem Motto „keine Gewalt" demokratische Reformen.

M2 Bürgerrechtsgruppen in der DDR

Ab den 1970er-Jahren engagierten sich vor allem jüngere Menschen in Friedens-, Bürgerrechts- und Umweltgruppen. Sie forderten Meinungs- und Reisefreiheit oder machten aufmerksam auf die Umweltsünden in der DDR. Oft trafen sie sich in Kirchen, denn dort konnten sie meist offen über Probleme im Land diskutieren. Dennoch mussten sie vorsichtig sein, dass sie nicht von der Stasi verhaftet wurden.

Ab dem Frühjahr 1989 schlossen sich immer mehr Menschen den Protesten der Bürgerrechtsgruppen an. Demonstrierten am 4. September 1000 Menschen, so waren es am 6. November bereits 500.000. Aus den Bürgerbewegungen gründeten sich nun offiziell Vereinigungen oder Parteien wie z. B. das „Neue Forum" (9.9.), „Demokratie Jetzt" (12.9.) oder die SDP (Sozialdemokratische Partei der DDR, 7.10.)

Verfassertext

die Sowjetunion (UdSSR): Der 1922 bis 1991 bestehende Staat war eine sozialistische Diktatur. Der Nachfolgestaat nach dem Ende der UdSSR ist Russland.

der Sozialismus / der Kommunismus: Idee einer Gesellschaftsordnung, in der alle Menschen gleich sind. Es gibt keine Armen und Reichen, der Staat übernimmt das Privateigentum, das allen gehört. Dabei gilt der Sozialismus als Vorstufe des Kommunismus, in der noch nicht alle gesellschaftlichen Ziele erreicht sind.

M3 Silvester 1989 in Berlin – Feier auf der Mauer

M4 Warum ist die Revolution friedlich verlaufen?

Dazu schrieb der Historiker Jan Philipp Wölbern:

Tatsächlich hatten Kirche und Bürgerrechtler [...] einen großen Einfluss auf die Menschen, die sich an den Demonstrationen im Herbst 1989 beteiligten. [...] Insbesondere die montäglichen Friedensgebete [...] spielten dabei eine wichtige Rolle. [...] In den Friedensgebeten sprachen die Geistlichen und Laien die gesellschaftlichen Probleme in außergewöhnlicher Offenheit an, riefen beständig zur Gewaltfreiheit auf [...]. [Außerdem gab es einen] Gewaltverzicht der SED-Funktionäre[1] [...]. Das Hauptmotiv der Machthaber war [...], dass der Preis für Schüsse auf friedliche, mit Transparenten und Kerzen „bewaffnete" Demonstranten einen massiven Legitimitäts- und Gesichtsverlust[2] des SED-Regimes bedeutet hätte.

Jan P. Wölbern: 1989, https://www.kas.de/de/web/geschichte-der-cdu/kalender/kalender-detail/-/content/groesste-der-bis-dahin-abgehaltenen-leipziger-montagsdemonstrationen, (18.12.2023)

1 der SED-Funktionär: Person, die hauptberuflich im Auftrag der SED arbeitet
2 der Legitimitätsverlust: Die Bevölkerung vertraut nicht mehr darauf, dass der Staat gerechtfertigt handelt.

die Planwirtschaft: Wirtschaftsordnung, in der der Staat die Produktion und Verteilung von Gütern und Dienstleistungen plant und Löhne und Preise vorschreibt.

3 Ist Gewalt legitim? – Revolutionäre und demokratische Aufbrüche

Nach der Wiedervereinigung: Sind Freiheit, politische Mitbestimmung und Menschenrechte für alle verwirklicht?

Impuls
Habt ihr die Bezeichnungen „Ossi" und „Wessi" schon einmal gehört? Diskutiert, was diese Bezeichnungen bedeuten könnten.

Während der Demonstrationen im Herbst 1989 gab es auch Forderungen nach einer Wiedervereinigung mit der Bundesrepublik Deutschland. Aus der Parole „Wir sind das Volk" wurde „Wir sind ein Volk".

Die Bundesrepublik war nach dem Zweiten Weltkrieg aus den von den USA, Großbritannien und Frankreich besetzten Zonen hervorgegangen. Ihre Staatsordnung war eine parlamentarische Demokratie: Die Bürger konnten frei wählen, es gab Meinungs- und Pressefreiheit und die Grundrechte wurden gewährleistet. Die soziale Marktwirtschaft, die Wirtschaftsordnung der BRD, sorgte zunehmend für materiellen Wohlstand.

Erste Schritte zur Wiedervereinigung

Im Jahr 1989 war Helmut Kohl (1930–2017) Bundeskanzler der Bundesrepublik. Er stellte Ende November 1989, nach dem Fall der Mauer, in einem „Zehn-Punkte-Plan" die deutsche Einheit in Aussicht. Damit löste er Jubel unter vielen DDR-Bürgern aus. Inzwischen hatte sich in der DDR eine neue SED-Führung gebildet. Anfang Dezember traf sie sich mit Vertretern der Bürgerrechtsbewegung und der Kirchen. Sie besprachen gemeinsam wichtige Reformen und bereiteten die ersten demokratischen Wahlen der DDR vor. Diese fanden am 18. März 1990 statt. Die Mehrheit stimmte für die deutsche Wiedervereinigung. Eine Reform der DDR, wie viele Bürgerrechtler gefordert hatten, wurde abgelehnt.

Worterklärungen
die Zone: Gebiet
die Volkskammer: Parlament der DDR
die neuen Bundesländer: Brandenburg, Mecklenburg-Vorpommern, Sachsen, Sachsen-Anhalt und Thüringen

Herstellung der staatlichen Einheit

Von Mai bis September 1990 handelten die vier Siegermächte des Zweiten Weltkriegs mit den beiden deutschen Staaten den „Zwei-plus-vier-Vertrag" aus. Denn die Zustimmung der ehemaligen Siegermächte war die außenpolitische Voraussetzung für die deutsche Wiedervereinigung.

Am 1. Juli 1990 wurde die DDR-Mark auf die westdeutsche Währung umgestellt und die soziale Marktwirtschaft eingeführt. Grenzkontrollen fielen weg. Am 23. August 1990 beschloss die Volkskammer, dass die neuen Bundesländer der Bundesrepublik am 3. Oktober 1990 beitreten würden. Das Grundgesetz wurde als Verfassung für das vereinigte Deutschland übernommen.

Zielangabe: Wir untersuchen die Folgen der Revolution von 1989.

Aufgaben

1 Erläutere den Weg vom Fall der Mauer bis zur Wiedervereinigung (**Text**).
2 Beschreibe das Wahlplakat (**M1**). Interpretiere Slogan und Farbgebung.
3 Beschreibe und analysiere die Grafik (**M2**). Recherchiert auch aktuelle Zahlen.
4 Die DDR-Bürger haben sich 1989 Demokratie und Wiedervereinigung erkämpft. Diskutiert, wie zufrieden die Menschen 30 Jahre später mit der Demokratie sind (**M2**).

---

die soziale Marktwirtschaft: Wirtschaftsordnung, in der private Unternehmer Güter und Dienstleistungen produzieren, um Gewinn zu erzielen. Angebot und Nachfrage bestimmen den freien Wettbewerb. Der Staat sorgt mit Gesetzen für die soziale Absicherung, z. B. bei Krankheit, Arbeitslosigkeit oder Armut.

Die friedliche Revolution 1989/90

M1 Wahlplakat der CDU mit ihrem Spitzenkandidaten Lothar de Maizière, 18. März 1990

Die CDU führte 1990 ein Wahlbündnis namens „Allianz für Deutschland" an. Sie wollte die deutsche Einheit verwirklichen. In einem vereinten Deutschland sollten das Grundgesetz und die soziale Marktwirtschaft gelten. Das Zitat auf dem Plakat: „Wohlstand für alle" war von Ludwig Erhard (1897–1977). Das war ein deutscher CDU-Politiker. Er gilt als Begründer der sozialen Marktwirtschaft.

Die „Allianz für Deutschland" gewann die Wahlen am 18. März 1990 mit 48,15 Prozent der abgegebenen Stimmen.

M2 30 Jahre nach dem Mauerfall: Wie zufrieden sind die Deutschen mit der Demokratie, 2019

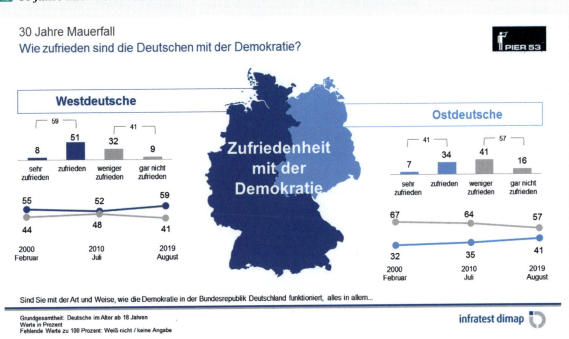

Die Fragestellung der Umfrage lautete: „Sind Sie mit der Art und Weise, wie die Demokratie in der Bundesrepublik Deutschland funktioniert, alles in allem …

3 Ist Gewalt legitim? – Revolutionäre und demokratische Aufbrüche

3.5 Der revolutionäre Aufstand im Iran 2022

Impuls
Was weißt du über den Iran? Recherchiere mithilfe eines Online-Lexikons, wo sich das Land befindet, wie die Hauptstadt heißt, welche Sprache dort gesprochen wird, welche Staatsform es dort gibt und wie das Staatsoberhaupt heißt.

Für welche Rechte kämpfen die Menschen im Iran?

Im Jahr 1979 wurde die Islamische Republik Iran gegründet. Seither kam es immer wieder zu Protesten gegen die Regierung. Viele Iranerinnen und Iraner forderten unter anderem mehr Freiheitsrechte und Gerechtigkeit. Als besonders ungerecht wird das Regierungs- und Rechtssystem empfunden.

Das Rechtssystem im Iran

In einigen islamischen Staaten gibt es keine Trennung zwischen Staat und Religion. Das heißt, ein Teil der Gesetze orientiert sich an den religiösen Gesetzen des Islam. Diese Gesetze nennt man „Scharia". In der Scharia gibt es Vorschriften, die sich auf die Religionsausübung beziehen wie Beten und Fasten. Sie regelt aber auch das Handeln der Menschen untereinander z. B. in der Ehe oder der Familie. Wegen ihrer teils harten Strafen wird die Scharia international kritisiert. Beispiele hierfür sind: das Abschlagen einer Hand für Diebstahl, die Todesstrafe für Homosexualität. Frauen werden durch die Scharia in fast allen Bereichen benachteiligt und unterdrückt.

Das Regierungssystem

Das Regierungssystem im Iran besteht aus einer Verbindung von religiösen und politischen Autoritäten. Der religiöse Führer, der auf Lebenszeit ernannt wird, besitzt die wichtigste Machtposition im Land. Er regiert autokratisch (unumschränkt). Außerdem gibt es im Iran einen auf vier Jahre gewählten Präsidenten. Seine Macht ist jedoch eingeschränkt. Er muss nach der Wahl die Vorgaben des religiösen Führers ausführen.

Protestbewegungen im 21. Jahrhundert

Ab 2009 kam es im Iran vermehrt zu Protesten, die von der Regierung gewaltsam beendet wurden. Die Proteste richteten sich gegen die autokratische Regierung. Sie soll Wahlen manipuliert haben. Auch protestierten die Menschen gegen die schlechte wirtschaftliche Lage und gegen die Verletzung zahlreicher Menschenrechte und sie forderten zum Beispiel das Recht auf Presse- und Meinungsfreiheit sowie das Recht auf körperliche Unversehrtheit.

Andersdenkende und politische Gegner werden oftmals verhaftet und hingerichtet. Hinzu kommt, dass die Medien unter Kontrolle der Regierung stehen, sodass meist nicht objektiv berichtet wird. Bei einer Protestbewegung im Jahr 2019 kamen schätzungsweise 1.500 Demonstranten ums Leben, nachdem die Regierung die Proteste gewaltsam niedergeschlagen hatte.

Zielangabe: Wir beschreiben das Regierungs- und Rechtssystem im Iran und untersuchen die Gründe für die Proteste im 21. Jahrhundert.

Worterklärungen
das Rechtssystem: alle Regeln und Gesetze eines Staates und ihre Einrichtungen, z. B. Gerichte
das Regierungssystem: Staatsform, Regierungsform
die Autorität: allgemein anerkannte Persönlichkeit
die Unversehrtheit: unberührter, unverletzter Zustand von jemandem
objektiv: sachlich, unparteiisch

Aufgaben

1. Erkläre die Gründe für die Protestbewegungen im Iran im 21. Jahrhundert (**Text**).
2. Erläutere das Regierungssystem im Iran (**Text**, **M1**).
3. Beurteile mithilfe von **M1** und **M2**, ob das Regierungssystem im Iran als demokratisch bezeichnet werden kann.
4. Vergleiche mithilfe von **M2** die Rechte von Frauen im Iran mit den Rechten von Frauen in der Bundesrepublik Deutschland.

M1 Das Regierungssystem im Iran

(Schaubild: Bundeszentrale für politische Bildung, dpa·106823)

Revolutionsführer Ajatollah Ali Chamenei – ernennt und/oder kontrolliert: Streitkräfte, Schlichtungsrat*, Wächterrat (6 Geistliche, 6 Juristen), Justiz, Nationaler Sicherheitsrat. Der Wächterrat wählt aus und überprüft die Kandidaten vor Wahlen und schlägt vor. Präsident, Parlament (wählt Kabinett), Expertenrat. Der Expertenrat wählt, kontrolliert, kann absetzen (Revolutionsführer). Präsident wählt alle 4 Jahre, Parlament wählt alle 4 Jahre, Expertenrat wählt alle 8 Jahre. Volk wählt vom Wächterrat ausgewählte Kandidaten.

*vermittelt zwischen Parlament und Wächterrat

M2 Dr. Shirin Ebadi über Frauenrechte im Iran, 2011

Shirin Ebadi (geboren 1947) ist eine iranische Juristin. Sie setzt sich für Menschen- und Frauenrechte ein. 2003 wurde sie als erste muslimische Frau mit dem Friedensnobelpreis ausgezeichnet. Seit 2009 lebt sie im Exil[1] in Großbritannien.

Mehr als 65 Prozent der Studierenden im Iran sind Frauen. Sehr viele Lehrende unserer Universitäten sind Frauen. Frauen sind an sehr vielen gesellschaftlichen und politischen Aktivitäten beteiligt. Sie sind im iranischen Parlament seit über 50 Jahren vertreten – länger als die Frauen in der Schweiz. Trotz dieses hohen Bildungsniveaus [...] wurden nach der Iranischen Revolution [im Jahr 1979] Gesetze eingeführt, die den Frauen Grenzen und Hindernisse setzten. [...]

Ich nenne ein paar Beispiele dieser Gesetze: Das Leben der Frau ist weniger wert als das Leben des Mannes. Wenn beispielsweise eine Frau und ein Mann zusammen über die Straße laufen, ein unzureichend sicher gebautes Haus passieren und unglücklicherweise ein Ziegelstein dieses Hauses auf sie fällt und sie sich verletzen, ist der Schadensersatz, der dem Mann zugesprochen wird, doppelt so hoch wie der für die Frau. Dies verdeutlicht den Wert des Lebens der Frau. Der Wert der Zeugenaussage von zwei Frauen wird gleichgesetzt mit der Zeugenaussage eines einzigen Mannes. Einem Mann ist es erlaubt, vier Frauen gleichzeitig als Ehefrauen zu haben.

Zit. nach: https://www.igfm.de/interview-mit-dr-shirin-ebadi-zu-frauenrechten/(01.03.2024)

[1] das Exil: Menschen, die in einem anderen Land als ihrem Heimatland leben. Meist sind sie vor Verfolgung geflohen.

3 Ist Gewalt legitim? – Revolutionäre und demokratische Aufbrüche

„Frau, Leben, Freiheit" – Was bewirkte der Tod von Jina Mahsa Amini?

Impuls
Sieh dir das folgende Youtube-Video des iranischen Sängers Shervin Hajipour an (https://www.youtube.com/watch?v=z8xXiqyfBg0 oder Suchbegriffe: Shervin Hajipour – Baraye): Wie wirkt das Video auf dich?

Am 16. September 2022 wurde die Iranerin Jina Mahsa Amini von der iranischen „Sittenpolizei" verhaftet, da sie angeblich ihren Hidschab nicht ordnungsgemäß trug. Die 22-jährige Studentin wurde in der Polizeihaft mehrfach brutal geschlagen. Wenige Tage später starb sie in einem Krankenhaus in Teheran an den Folgen der Misshandlung. Die Brutalität und Ungerechtigkeit dieses Ereignisses lösten eine große Protestbewegung in der Bevölkerung aus. Nach Schätzungen gingen Anfang November, auf dem Höhepunkt des Aufstands, bis zu 700.000 Menschen auf die Straßen.

Forderungen der Aufständischen

Im Gegensatz zu früheren Aufständen nahmen viele verschiedene gesellschaftliche Gruppen an den Protesten teil. Besonders Frauen, Jugendliche im Alter zwischen 15 und 25 Jahren und Studenten und Studentinnen forderten einen Regimewechsel. Darüber hinaus bekam die Protestbewegung auch international große Unterstützung.

Die Demonstranten äußerten ihre Kritik durch Arbeiterstreiks, Demonstrationen auf den Straßen und durch zivilen Ungehorsam. Viele Frauen legten beispielsweise ihr Kopftuch ab, um ihren Ärger gegen die Unterdrückung durch das Regime zu zeigen. Iranische Männer solidarisierten sich mit dieser Form des Protests, indem sie ihre Haare abschnitten und den mutigen Frauen applaudierten. Vor allem die Rechte der Frauen stehen im Vordergrund der Protestbewegung, ihre Parole ist: „Frau, Leben, Freiheit".

Worterklärungen
die Hidschab: arabischer Begriff für eine Art des Kopftuchs, das Haare, Ohren, Hals und meistens auch die Schultern bedeckt
das Regime: meist negativ gemeinte Bezeichnung für eine Regierung, die nicht demokratisch ist
der zivile Ungehorsam: absichtlicher (meist gewaltfreier) Gesetzesbruch, um Gesetze oder die Politik der Regierung zu ändern

Reaktion des Regimes

Die iranische Regierung reagierte mit brutaler Gewalt auf den Aufstand. Bis November 2022 wurden mindestens 15.000 Frauen und Männer inhaftiert. Viele von ihnen wurden im Gefängnis misshandelt und gefoltert. Hunderte Demonstranten wurden getötet, darunter auch viele Minderjährige. Seit November 2022 erlaubt die Regierung, die Todesstrafe gegen Demonstranten auszuführen. Bis heute fordern die Demonstranten ein Ende der Unterdrückung durch die Regierung und stehen für die Einhaltung grundlegender Menschenrechte ein.

Zielangabe: Wir untersuchen den revolutionären Aufstand im Iran und analysieren die Ziele der Demonstranten.

Aufgaben

1. Erläutere die Ursachen für die erneuten Proteste im Iran (**Text**, **M1**).
2. Nenne mithilfe von **M2** die Forderungen der Revolutionäre.
3. Erkläre mithilfe von **M3** den Begriff „ziviler Ungehorsam".
4. Interpretiere die Karikatur **M4**.
5. Den Sturz des Regimes haben die Aufständischen bisher nicht erreicht. Beurteile ihre Erfolgsaussichten für die Zukunft.

....

die Sittenpolizei: eine Unterabteilung der iranischen Polizei. Sie soll Personen festnehmen, die sich nicht an die geltende Kleiderordnung halten. Hauptsächlich werden Mädchen und Frauen kontrolliert. Ab dem 7. Lebensjahr ist es Mädchen bzw. Frauen im Iran nicht erlaubt, eine Jeans oder Make-up zu tragen. Dagegen besteht die Pflicht, ein Kopftuch zu tragen.

M1 Jina Mahsa Amini

Sie stirbt am 16. September 2022 im Alter von 22 Jahren an den Folgen der Misshandlungen durch die iranische Polizei.

M3 Ziviler Ungehorsam in einer iranischen Schule, 6. Oktober 2022

Iranische Schülerinnen ohne Hidschab, oben an der Wand das Bild von Ajatollah Ali Chamenei, dem obersten iranischen Führer.

M2 Liedtext: Shervin Hajipour – Baraye, 2022

Der Liedtext ist hier sinngemäß ins Deutsche übersetzt. Das Lied verbreitete sich schon kurz nach der Veröffentlichung im September 2022 auf Youtube und Instagram und wurde als Protest gegen die Islamische Republik gedeutet.

Für das Tanzen auf den Straßen
Für die Angst, deine Liebe öffentlich zu küssen
Für meine Schwester, deine Schwester, unsere Schwestern
5 Für die Veränderung dieser eingerosteten Hirne
Für die Scham der Armut
Für die Sehnsucht nach einem normalen Leben
Für die Kinder, die im Müll ihre Träume suchen
[…]
10 Für die Männer, das Land und das Wachstum
Für das Mädchen, das sich wünschte, ein Junge zu sein
Für Frauen, Leben, Freiheit
Für Freiheit

Zit. nach: https://www.youtube.com/watch?v=z8xXiqyfBg0 (übersetzt hier vom Autor) (01.03.2024)

M4 Karikatur von Mani Neyestani, 2022

3 Zusammenfassung

Ist Gewalt legitim? – Revolutionäre und demokratische Aufbrüche

Die wichtigsten Daten

- 1789: Beginn der Französischen Revolution
- 1791: Frankreich wird zu einer konstitutionellen Monarchie
- 1793: Hinrichtung Ludwig XVI.; Frankreich wird eine Republik
- 1815: Gründung des Deutschen Bundes
- 1848: Beginn der Märzrevolution 18.05.: Nationalversammlung in der Paulskirche
- 1849: Auflösung der Nationalversammlung; Märzrevolution scheitert
- 1871: Gründung des Deutschen Reiches
- 1914-1918: Erster Weltkrieg
- 1918: Novemberrevolution und Ausrufung der Republik in Deutschland
- 1919: Gründung der Weimarer Republik
- 1939–1945 Zweiter Weltkrieg
- 1949: Gründung der Bundesrepublik Deutschland (BRD, 23.5.) und der Deutschen Demokratischen Republik (DDR, 7.10.)
- 1961: Bau der Berliner Mauer
- 1979: Gründung der Islamischen Republik Iran
- 1989: (09.11.) friedliche Revolution in der DDR Fall der Berliner Mauer
- 1990: (03.10.) Wiedervereinigung Deutschlands
- 2009: ab da vermehrt Demonstrationen im Iran gegen die Regierung
- 2022: Protestwelle nach dem Tod von Jina Mahsa Amini

Die wichtigsten Fachbegriffe

- ✓ die Nationalversammlung
- ✓ die Verfassung
- ✓ die Leibeigenschaft
- ✓ die konstitutionelle Monarchie
- ✓ die Republik
- ✓ die Grundrechte
- ✓ Schwarz-Rot-Gold
- ✓ der Erste Weltkrieg
- ✓ das Verhältniswahlrecht
- ✓ das Volksbegehren und der Volksentscheid
- ✓ die Sowjetunion
- ✓ der Sozialismus / der Kommunismus
- ✓ die Planwirtschaft
- ✓ die soziale Marktwirtschaft
- ✓ die Sittenpolizei

Das kannst du

- ■ Du kannst Ursachen und Verlauf der Französischen Revolution erklären.
- ■ Du kannst die Errungenschaften der Französischen Revolution bewerten.
- ■ Du kannst erörtern, welche Bedeutung Gewalt für die Französische Revolution hatte.
- ■ Du kannst Ursachen für den Ausbruch der Märzrevolution 1848 beschreiben.
- ■ Du kennst die Ziele der Märzrevolution.
- ■ Du kannst die Gründe für das Scheitern der Märzrevolution erläutern.
- ■ Du kannst die Revolution von 1918/19 in Grundzügen beschreiben.
- ■ Du kannst die wichtigsten Parteien in den Jahren 1918/1919 nennen und ihre Einstellung zur Demokratie charakterisieren.
- ■ Du kannst darlegen, wie die Weimarer Republik gegründet wurde.
- ■ Du kannst die demokratischen Elemente der Weimarer Verfassung wiedergeben.
- ■ Du kannst erläutern, wie es zur friedlichen Revolution 1989 in der DDR und zur Wiedervereinigung Deutschlands kam.
- ■ Du kannst das Regierungs- und Rechtssystem im Iran beschreiben.
- ■ Du kannst Gründe für die Proteste im Iran im 21. Jahrhundert nennen.
- ■ Du kannst erklären, wie es 2022 zum revolutionären Aufstand im Iran kam.

Projekt: Ein Lapbook gestalten

Ein Lapbook ist eine aufklappbare Mappe, in der „Minibücher" zu unterschiedlichen Fragestellungen eines Themas gesammelt werden. Ein Zeitstrahl und aussagekräftige Bilder ergänzen das Lapbook.
Ihr benötigt Bastelmaterial und farbigen Karton. Für die Recherche braucht ihr euer Schulbuch und einen Internetzugang.
Auf dieser Seite lernt ihr, wie ein Lapbook zur Französischen Revolution gestaltet wird.

Organisiert euch und plant euer Projekt. Das sind die einzelnen Schritte:

1. Bildet Zweier-Teams. Jedes Team bekommt eine Impulskarte.
2. Plant und recherchiert die Inhalte eures Minibuchs mithilfe eurer Impulskarten.
3. Bastelt euer Minibuch.
4. Stellt euer Minibuch in einem Kurzvortag vor.
5. Baut das Lapbook aus verschiedenen Minibüchern zusammen.
6. Ergänzt das Lapbook mit einem Zeitstrahl und aussagekräftigen Bildern zu wichtigen Ereignissen.
7. Präsentiert gemeinsam das ganze Lapbook.
8. Reflektiert gemeinsam: Was habt ihr dazugelernt, wie habt ihr es gelernt?

M1 Impulskarten zum Thema Französische Revolution

Impulskarte 1: Die Ursachen	Impulskarte 2: Die Forderungen
Die Ursachen der Französischen Revolution können in wirtschaftliche, finanzielle und politische Probleme gegliedert werden. Beschreibt für jede Bevölkerungsgruppe (drei Stände) diese Probleme.	Analysiert insbesondere die Forderungen des dritten Standes. Nennt dazu mindestens je eine Forderung der städtischen und der ländlichen Bevölkerung.
Impulskarte 3: Die Ergebnisse	**Impulskarte 4: Gewinner und Verlierer**
Recherchiert die Errungenschaften der Französischen Revolution.	Diskutiert einerseits die Rechte der Frauen. Vergleicht andererseits die Ergebnisse für die ärmere Bevölkerung mit denen für das reichere Bürgertum.

M2 Vorlagen für Minibücher

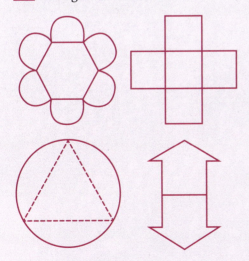

M3 Beispiel für ein fertiges Lapbook

4 Das Ende der Weimarer Republik und die nationalsozialistische Diktatur

Dieses Foto wurde am 1. Mai 1939 in Freiburg aufgenommen. Es zeigt Menschen, die anlässlich des Feiertages auf dem Münsterplatz zusammengekommen sind. Überall wehen Fahnen mit dem Hakenkreuzsymbol. 1939 befand Deutschland sich unter der Herrschaft der nationalsozialistischen Diktatur.
Im Nationalsozialismus galten die demokratischen Grundrechte, wie es sie in der Weimarer Republik von 1919 bis 1932 gegeben hatte, nicht mehr.
Wie konnten die Nationalsozialisten an die Macht kommen und die erste deutsche Demokratie so einfach abschaffen? Wodurch zeichnete sich ihre Herrschaft aus? Was können wir aus der Geschichte für die Demokratie heute lernen? Mit diesen Fragen beschäftigt sich dieses Kapitel.

Projekt: : Archive erkunden
— In Archiven und Online-Archiven findet ihr historisches Quellenmaterial. Diese Quellen könnt ihr, ganz wie Historiker, untersuchen. Dafür braucht ihr oft Spürsinn und ein gutes Auge.
— Im Projekt lernt ihr Archive und Online-Archive kennen.
— Am Ende des Kapitels gibt es die Projektseite. Dort findet ihr eine Anleitung zur Arbeit mit Archiven.

4 Das Ende der Weimarer Republik und die nationalsozialistische Diktatur

4.1 Von der Weimarer Republik zur NS-Diktatur

Impuls
Was macht für euch eine Demokratie aus? Listet gemeinsam von A–Z Begriffe auf, die euch zum Thema Demokratie einfallen.

Worterklärungen
der Putsch: Umsturzversuch
emanzipiert: unabhängig, befreit
radikal: extrem

Die Weimarer Republik – standhaft, stabil und beständig?

Die Weimarer Republik war die erste parlamentarische Demokratie in Deutschland. Wahlberechtigte Männer und Frauen konnten das Parlament und ihr Staatsoberhaupt direkt wählen. Doch in den ersten Jahren gab es in der Republik viele Probleme. Zum einen waren es wirtschaftliche Probleme, die als Folge des Ersten Weltkriegs entstanden. Zum anderen stellten sich manche gegen die Regierung. Adolf Hitler und seine Partei, die NSDAP, wollten 1923 die Regierung stürzen. Dies gelang ihnen nicht, doch wir kennen das Ereignis seitdem als „Hitlerputsch".

Die „Goldenen Zwanziger"

In den 1920er-Jahren gab es eine Phase der Stabilität in der Weimarer Republik. Dadurch veränderte sich das gesellschaftliche Leben. Vor allem in den Städten war das spürbar. Die Hauptstadt Berlin entwickelte sich zu einer Metropole (Großstadt) und zu einem Zentrum der Kultur. Neue Freizeitangebote entstanden, unter anderem das Kino. Die Menschen besuchten auch Sportveranstaltungen wie Boxwettkämpfe oder das Sechstagerennen (ein mehrtägiges Radrennen).

Auch die Situation für Frauen änderte sich. Es gab, nicht zuletzt durch das Frauenwahlrecht, mehr Gleichberechtigung. Frauen aus dem Bürgertum konnten eine Vielzahl von Berufen ergreifen. So entstand ein neues, emanzipierteres Frauenbild.

Gefahren für die Demokratie

In der Weimarer Republik gab es viele Parteien, die unterschiedliche Bevölkerungsgruppen und Meinungen vertraten. Neben staatstragenden Parteien (z. B. der SPD) gab es auch rechts- und linksradikale Parteien. Es war oft schwierig, im Parlament einen Kompromiss zu finden. Ein großer Streitpunkt war die wirtschaftliche Situation des Landes. Da Deutschland den Ersten Weltkrieg verloren hatte, musste es Geld als Wiedergutmachung an die Siegerländer bezahlen. Die rechtsradikale NSDAP zum Beispiel lehnte das ab. Sie gab den demokratischen Parteien zu Unrecht die Schuld am verlorenen Krieg. Die linksradikale KPD wollte für Deutschland eine kommunistische Revolution nach russischem Vorbild. Alle radikalen Parteien lehnten die neue Demokratie ab und wollten einen Sturz der Regierung. Dadurch wurde die Demokratie geschwächt.

Zielangabe: Wir analysieren sowohl die positiven Entwicklungen als auch die Probleme, mit denen die Weimarer Republik von Anfang an zu kämpfen hatte.

Aufgaben

1 Beschreibe anhand von **M1** das Lebensgefühl der Menschen in der Großstadt Berlin in den „Goldenen Zwanzigern".
2 Arbeite aus der Statistik (**M2**) heraus, wie unterschiedlich rechtsradikale und linksradikale Täter bestraft wurden. Diskutiert, warum es diese Unterschiede gab.
3 Ordne den Figuren in **M3** Berufe zu: Soldat, Arbeiter, Priester, Großunternehmer, Beamter und Bauer. Interpretiere, wie der Karikaturist (Zeichner) die Stabilität der Weimarer Republik einschätzt.
4 Analysiere und bewerte Hitlers Plan zum Umsturz der Demokratie (**M4**).

Von der Weimarer Republik zur NS-Diktatur

M1 Symbolisch für die „Goldenen Zwanziger": Männer und Frauen tanzen ausgelassen den Charleston, ca. 1926

M3 „Sie tragen die Buchstaben der Firma – wer aber trägt den Geist?" Karikatur von Th. Heine, 1927

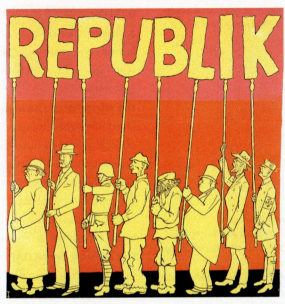

M2 Umgang mit politischen Morden im Jahr 1921

Durch ...	Linke	Rechte
Zahl der Morde	22	354
Zahl der Verurteilungen	38	24
Geständige Täter freigesprochen	–	23
Geständige Täter befördert	–	3
Dauer der Haft je Mord	15 Jahre	4 Monate
Zahl der Hinrichtungen	10	–

Eigene Darstellung nach: Die Zerstörung der deutschen Politik. Dokumente 1871–1933, hrsg. und kommentiert v. Harry Pross, Fischer TB, 1983, S. 145

M4 Adolf Hitlers Pläne

Hitler, der Anführer der rechtsradikalen NSDAP, kam 1924 in Haft, weil er versuchte, die Regierung zu stürzen. Dieses Ereignis wird heute „Hitlerputsch" genannt. Im Gefängnis begann er, sein Buch „Mein Kampf" zu schreiben. Ursprünglich sollte er fünf Jahre im Gefängnis bleiben (das war das Minimum für Hochverrat). Doch schon nach wenigen Monaten wurde Hitler wieder freigelassen.

Wenn ich meine Tätigkeit wiederaufnehme, werde ich eine neue Politik befolgen müssen. [...] Zwar mag es länger dauern, sie [die Abgeordneten im Reichstag] zu überstimmen als sie zu erschießen, am Ende aber wird uns ihre eigene Verfassung den Erfolg zuschieben. Jeder legale Vorgang ist langsam [...], doch werden wir früher oder später die Mehrheit haben – und damit Deutschland.

Zit. nach Joachim Fest: Das Gesicht des Dritten Reiches, München 1963, S. 54

die parlamentarische Demokratie: eine Demokratie, in der das Parlament die wichtigsten politischen Entscheidungen trifft. Das Parlament wird vom Volk gewählt.

4 Das Ende der Weimarer Republik und die nationalsozialistische Diktatur

Die Weltwirtschaftskrise – bekommt die junge Demokratie Risse?

Impuls
Diskutiert: Wer ist verantwortlich, wenn Menschen heute in Armut geraten?

Ende 1929 stürzte die Welt in eine große wirtschaftliche Krise. Der Ursprung der Krise lag in den USA. Da die Weimarer Republik von der US-Wirtschaft abhängig war, kam es auch hier zu einer Krise. Viele Fabriken mussten schließen. Die Menschen bekamen fast keinen Lohn mehr oder wurden entlassen. Im Jahr 1929 waren 8,5 Prozent der Menschen arbeitslos, 1932 bereits 29,9 Prozent. Fast jeder Dritte war somit ohne Arbeit und Einkommen.

Die Wirtschaftskrise in der Weimarer Republik

Durch die Arbeitslosigkeit litten viele Menschen und Familien große Not. Sie wurden obdachlos, weil sie ihre Mieten nicht mehr bezahlen konnten, verarmten und mussten hungern. Soziale Hilfsmaßnahmen kamen oft zu spät und reichten nicht aus. Anstatt die Menschen finanziell zu unterstützen, wollte die Regierung Geld sparen. Sie kürzte die Arbeitslosenunterstützung, die Kranken- und Rentenversicherung. So verschlimmerte sich das Leid der Bevölkerung. Viele Bürger verloren das Vertrauen in die Demokratie. Sie fühlten sich von der Regierung im Stich gelassen.

Worterläuterungen
die Volkspartei: eine Partei mit Anhängern aus allen Bevölkerungsschichten
der Rassismus: die Vorstellung, dass Menschen bzw. Bevölkerungsgruppen mit bestimmten äußerlichen oder kulturellen Merkmalen anderen von Natur aus über- bzw. unterlegen sind

Der Aufstieg der NSDAP

Extreme Parteien wie die linke KPD oder die rechte NSDAP stellten sich als Retter für Deutschland dar. Adolf Hitlers Partei, die NSDAP, wollte die parlamentarische Republik abschaffen und stattdessen einen „Führer" an die Spitze des Reiches setzen. Damit überzeugte sie immer mehr Menschen aus fast allen Bevölkerungsgruppen. Weitere Merkmale der Ideologie (Weltanschauung) der NSDAP waren Rassismus, Nationalismus und Antisemitismus. Den Juden sprach die NSDAP ab, Staatsbürger zu sein, da sie nicht „deutschen Blutes" seien. Darüber hinaus behauptete die NSDAP, dass Juden an der Wirtschaftskrise schuld seien. Gleichzeitig versprach sie mehr Arbeit für Deutsche. Damit gewann sie ebenfalls Wählerstimmen. Die anfangs kleine NSDAP wurde schnell zu einer Volkspartei.

Zielangabe: Wir untersuchen, welche Auswirkungen die Weltwirtschaftskrise auf die Bevölkerung hatte.

Aufgaben

1. Beschreibe Merkmale der Weltwirtschaftskrise und deren Auswirkungen auf die Bevölkerung (**Text**, **M1**, **M2**, **M3**).
2. Erstelle je eine Sprechblase für drei Personen aus Abbildung **M1** (z. B. eine Mutter, ein Bauarbeiter, ein Auszubildender). Beschreibe darin ihre Ängste und Nöte.
3. Arbeite heraus, wem die Menschen die Schuld an der Weltwirtschaftskrise gaben und warum (**Text**, **M2**).
4. Beschreibe, wie sich die Wählerstimmen für die extremen Parteien NSDAP und KPD entwickelt haben (**M3**).
5. Analysiere, warum die NSDAP vielen Wählern attraktiv erschien (**Text**, **M1**, **M3**).
6. Diskutiert in Kleingruppen, warum die Demokratie durch die Weltwirtschaftskrise geschwächt wurde.

Von der Weimarer Republik zur NS-Diktatur 4

M1 Vor dem Arbeitsamt in Hannover, 1930

M2 In der Zeitung „Der Tag" vom 22. September 1932 äußert sich ein junger Arbeitsloser:

[...] Der Hunger ist noch lange nicht das Schlimmste. Aber seine Arbeit verlernen, bummeln müssen und nicht wissen, ob man jemals wieder in seine Arbeit kommt, das macht kaputt.

5 Man ist rumgelaufen nach Arbeit, Tag für Tag. Man ist schon bekannt bei den einzelnen Fabriken, und wenn man dann immer das eine hört: Nichts zu machen – da wird man abgestumpft.

Ich hasse diesen Staat, und ich habe als Arbeitsloser
10 das Recht und die Pflicht, den deutschen Besitzenden zu hassen. [...]

„Der Tag" vom 22.09.1932, Scherl Verlag

M3 Ergebnisse der Reichstagswahlen von 1928 bis 1933

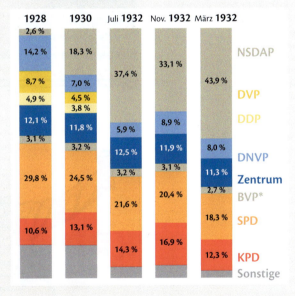

* BVP: Bayerische Volkspartei; Informationen zu den anderen Parteien → S. 75

---

der Antisemitismus: seit Ende des 19. Jahrhunderts Begriff für „Judenhass" oder „Judenfeindlichkeit"

die NSDAP: 1919 als DAP (Deutsche Arbeiterpartei) gegründet, wurde sie 1920 in Nationalsozialistische Deutsche Arbeiterpartei umbenannt. Hitler war ihr Vorsitzender. Ihre Ideologie basierte u. a. auf Antisemitismus, Rassismus und Nationalismus.

Wahlplakate untersuchen

In der Weimarer Republik wurden viele Wahlen durchgeführt. Um die Wähler von sich zu überzeugen, erstellten die damaligen Parteien Wahlplakate. So konnten sie ihre Botschaft an die Wählerschaft bringen. Gestalterische Mittel hierfür waren kurze Formulierungen (Slogans), große Bilder und Symbole, unterschiedliche Farben und Schriftgrößen, die Darstellung von Personen oder Politikern usw. Die Wahlplakate von damals können uns heute helfen, Geschichte zu verstehen. Daher untersuchen wir auf dieser Doppelseite Wahlplakate und analysieren ihre Aussage und Bedeutung.

M1 Wahlplakat der SPD, 1932

M3 Wahlplakat des Zentrums, 1932

M2 Wahlplakat der KPD, 1932

M4 Wahlplakat der NSDAP, 1932

Methode: Wahlplakate untersuchen

Aufgabe

1 Analysiere die vier Wahlplakate **M1** bis **M4** mithilfe der vorgegebenen Schritte.
Arbeite heraus, wie die Parteien zur Weimarer Republik standen.

Schritte der Wahlplakatanalyse	Textbausteine
1. Erster Eindruck und Informationen über das Plakat:	
• Schau dir das Plakat genau an und notiere dir deine ersten Eindrücke. • Wer hat das Wahlplakat in Auftrag gegeben? • Wann und für welchen Anlass wurde das Wahlplakat erstellt?	Das Plakat ist (*Jahr*) erschienen und wurde von (*Partei*) für (*Anlass*) veröffentlicht.
2. Beschreibe das Wahlplakat:	
• Wer oder was ist auf dem Plakat dargestellt? • Welche Bilder und/oder Texte werden abgebildet? • Welche Farben werden verwendet? • Welche Schriftart, Größe und Farbe hat die Schrift? • Welche Elemente des Wahlplakats sind im Vordergrund/Hintergrund/Zentrum? • Welche Gestik und Mimik der Personen erkennst du?	Auf dem Plakat ist dargestellt … Im Vordergrund/Hintergrund/Zentrum des Plakats sieht man … Die verwendeten Farben stellen … dar. … wird besonders klein/groß dargestellt. Auffällig ist …
3. Deute das Wahlplakat:	
• Welche Bedeutung haben die abgebildeten Symbole, Bilder, Texte …? • Was will das Plakat aussagen? • Welche Argumente, Feindbilder, Emotionen werden angesprochen? • In welchem historischen Zusammenhang ist das Plakat entstanden?	Das (*Symbol*, *Bild* …) soll darstellen, … Das Plakat soll … Gefühle beim Wähler auslösen. Das Plakat will damit aussagen, … In der Entstehungszeit des Plakats war die politische/wirtschaftliche Situation …
4. Beurteile das Wahlplakat:	
• Was soll beim Wähler ausgelöst werden? • Welche Gesamtaussage soll vermittelt werden? • Was sagt das Plakat über die Partei und ihre Ziele aus? • Wie bewertest du das Plakat?	Das Plakat thematisiert … Das Plakat erweckt den Eindruck … Meiner Meinung nach ist das Plakat gut/schlecht, da …

4 Das Ende der Weimarer Republik und die nationalsozialistische Diktatur

Die Machtübernahme Hitlers – wie konnte die Demokratie zusammenbrechen?

Impuls
Warum scheitern Demokratien? Diskutiert in Kleingruppen darüber und schreibt eure Erklärungen auf ein Plakat.

Bis 1930 hatte die NSDAP in Wahlen nur wenige Stimmen bekommen. Das änderte sich, als die Lage in der Weimarer Republik aufgrund der Wirtschaftskrise immer schlechter wurde. Die Parteien in der Regierung zerstritten sich. Es wurde unmöglich, politische Entscheidungen zu treffen. Deswegen löste der Reichspräsident, Paul von Hindenburg, mehrere Male nacheinander das Parlament auf und ließ ein neues wählen. Bei jeder Wahl bekam die NSDAP mehr Stimmen. 1932 befand sich die Krise auf ihrem Höhepunkt. Die meisten Wähler stimmten bei den Reichstagswahlen für die NSDAP.

Wie konnte Hitler Reichskanzler werden?

Obwohl viele Menschen 1932 für die NSDAP stimmten, hatte die Partei nicht die absolute Mehrheit. Um regieren zu können, musste sie eine Koalitionsregierung mit anderen rechten Parteien und konservativen Politikern bilden. Auch der Reichspräsident von Hindenburg unterstützte Hitler, wenn auch nur widerwillig.

Als Hindenburg Hitler am 30.01.1933 zum Reichskanzler ernannte, dachten viele Mitglieder der neuen Regierung, sie könnten Hitler kontrollieren. Doch sobald Hitler und die NSDAP an der Macht waren, wandelten sie die Demokratie in eine Diktatur um.

Worterläuterung
die Koalitionsregierung: Eine Regierung besteht aus unterschiedlichen Parteien, sie bilden eine Koalition (Bündnis).
vereinnahmen: für die eigenen Ziele benutzen
exekutiv: ausführend

Wie bauten Hitler und die NSDAP ihre Macht aus?

Die Nationalsozialisten gingen gezielt gegen ihre Gegner vor. Männer, die zuvor Mitglieder der SS und SA gewesen waren, wurden zu Polizisten. So konnte die NSDAP die Polizei vereinnahmen und die Polizei (die exekutive Gewalt) für ihre Zwecke nutzen.

Am 27. Februar 1933 brannte der Reichstag, der Sitz des Parlaments. Bis heute ist unklar, wer den Brand gelegt hat. Hitler gab den Kommunisten die Schuld. Er nutzte den Brand als Grund, um seine politischen Gegner zu verfolgen. Es kann aber auch sein, dass die NSDAP den Brand selbst gelegt hat.

Nach dem Brand erließ die Regierung eine Reihe von Verordnungen. Diese schränkten die Demokratie immer weiter ein. Am Ende des Jahres 1933 war die NSDAP die einzige Partei des Deutschen Reiches. Ein Jahr später, nach dem Tod Paul von Hindenburgs, übernahm Hitler auch die Funktion des Reichspräsidenten.

Zielangabe: Wir analysieren, wie es Adolf Hitler gelang, aus einer parlamentarischen Demokratie eine Diktatur zu machen.

Aufgaben

1 Beschreibe die Etappen von Hitlers Machtübernahme (**Text**, **M3**).
2 Beschreibe das Bild **M1**. Welchen Eindruck macht es auf dich?
3 Vergleiche **M1** und **M2**. Wie wirkte der 30.01.1933 auf die Menschen?
4 Erkläre, wie die NSDAP das Ermächtigungsgesetz durchsetzte (**M3**, **M4**).

die SA (Sturmabteilung): Die SA entstand aus einer Sportgruppe der NSDAP. Die Mitglieder waren Männer mit militärischer Erfahrung. Die SA wurde als Sicherheitsdienst auf Veranstaltungen der NSDAP eingesetzt.
die SS (Schutzstaffel): Die SS hatte ähnliche Aufgaben wie die SA. Viele Mitglieder kamen aus der SA. Die SS übernahm die Aufgaben der Polizei und war für die Verwaltung der Konzentrationslager zuständig.

Von der Weimarer Republik zur NS-Diktatur 4

M1 Fackelzug der Nationalsozialisten durch Berlin am 30. Januar 1933 zur Feier von Hitlers Kanzlerschaft

Die Situation wurde 1935 für das Foto nachgestellt.

M2 Melita Maschmann beschreibt, wie sie als 15-Jährige den Aufmarsch der Nationalsozialisten in einer Kleinstadt erlebte:

[...] Am Abend des 30. Januar nahmen meine Eltern uns Kinder mit in das Stadtzentrum. Dort erlebten wir den Fackelzug, mit dem die Nationalsozialisten ihren Sieg feierten. Etwas Unheimliches ist mir von dieser Nacht her gegenwärtig geblieben. Das Hämmern der Schritte, die düstere Feierlichkeit roter und schwarzer Fahnen, zuckender Widerschein der Fackeln auf den Gesichtern und Lieder, deren Melodien aufpeitschend und sentimental zugleich klangen. Stundenlang marschierten die Kolonnen vorüber [...].

Melita Maschmann: Fazit – kein Rechtfertigungsversuch, Stuttgart (DVA) 1963, S. 17 f.

M3 Gesetze, die im Jahr 1933 erlassen wurden

Gesetz	Datum	Was besagte das Gesetz?
Reichstagsbrandverordnung	28.02.1933	Viele Grundrechte der Weimarer Verfassung waren nicht mehr gültig. Darunter fielen das Recht auf freie Meinungsäußerung, die Pressefreiheit, das Versammlungs- und Vereinsrecht. Die persönliche Freiheit durfte nun eingeschränkt werden, d. h., Menschen durften grundlos verhaftet werden.
Ermächtigungsgesetz	23.03.1933	Das Gesetz ermächtigte die Regierung, ohne Zustimmung von Reichstag und Reichsrat Gesetze zu erlassen. Der Reichstag stimmte diesem Gesetz mit der nötigen 2/3-Mehrheit zu (KPD-Abgeordnete waren bereits verhaftet oder geflohen). Dies bedeutete die Entmachtung des Parlaments und die Aufhebung der Gewaltenteilung.
Verbot der freien Gewerkschaften	02.05.1933	Die freien Gewerkschaften, die die Interessen der Arbeitnehmer vertreten hatten, wurden aufgelöst. Es gab nur noch die „Deutsche Arbeitsfront" (DAF). Streiks wurden verboten.
Gesetz zur Neubildung von Parteien	14.07.1933	Alle Parteien bis auf die NSDAP wurden verboten.

M4 Einmarsch der SA und SS in den Reichstag, 23. März 1933

Die SA und die SS marschieren am Tag der Verabschiedung des Ermächtigungsgesetzes als „Saalschutz" in die Berliner Kroll-Oper ein. Hier tagte nach dem Brand des Reichstagsgebäudes der Reichstag.

4 Das Ende der Weimarer Republik und die nationalsozialistische Diktatur

Der Machtausbau – wie sicherten die Nationalsozialisten ihre Herrschaft?

Impuls
Sammelt im Plenum, welche Grundrechte Adolf Hitler bis zum Jahr 1933 bereits verletzt hat.

Das Verbot aller Parteien bis auf die NSDAP war das Ende der parlamentarischen Demokratie. Hitler hatte sein Ziel erreicht und die Republik zerstört.

Wie wurde Hitler zum Führer?
Hitlers Diktatur beruhte auf dem „Führerprinzip". An der Spitze des Staates stand Hitler als Diktator bzw. als „Führer". Die gesamte „Volksgemeinschaft" musste ihm gehorchen. Alle Bereiche der Politik, des Staates und der Gesellschaft wurden von der NSDAP kontrolliert. Die Nationalsozialisten nannten das „Gleichschaltung". Im Bereich der Medien bedeutete das zum Beispiel: Es gab keine Pressefreiheit mehr. Auch die Kultur und die Kunst wurden von der NSDAP kontrolliert. Die Werke von Künstlerinnen und Künstlern, Autorinnen und Autoren, die der Ideologie der Nationalsozialisten widersprachen, wurden verboten. 1933 wurden überall im Deutschen Reich Bücher verbrannt. Die größte dieser Bücherverbrennungen geschah in Berlin am 10.05.1933.

Was passierte, wenn man sich widersetzte?

Worterläuterung
das Konzentrationslager: Bezeichnung für ein Netz von Haftstätten in Deutschland und nach Kriegsbeginn (1939) in Osteuropa. In den Konzentrationslagern wurden die Häftlinge misshandelt und viele ermordet.

Wer sich widersetzte, wurde verfolgt. Dies galt nicht nur für die politischen Gegner der Nationalsozialisten, zum Beispiel Sozialisten und Kommunisten. Es galt auch für Menschen, die aufgrund ihrer „Rasse" ausgeschlossen wurden, beispielsweise Juden. Die Polizei, die SA und die SS nahmen Menschen ohne rechtlichen Grund fest. Das nannten sie „Schutzhaft". Es herrschte ein System des Terrors. Sehr viele Menschen gerieten in kürzester Zeit in Gefangenschaft oder wurden ermordet.

Im ganzen Land errichteten die SA und die SS Konzentrationslager. Das erste wurde schon am 20.03.1933 in Dachau bei München fertiggestellt. In Baden-Württemberg gab es zum Beispiel das KZ Oberer Kuhberg bei Ulm für politische Häftlinge. In den ersten Jahren wurden vor allem die politischen Gegner der Nationalsozialisten in Konzentrationslagern gefangen gehalten. Später wurden Menschen, die aufgrund der „Rassenlehre" verfolgt wurden, in die Lager gebracht, viele ermordet.

Zielangabe: Wir untersuchen, wie Hitler seine Macht ausbaute und sicherte.

Aufgaben
1 Beschreibe Hitlers Maßnahmen zur Festigung der Diktatur (**Text**, **M1** und **M2**).
2 Erläutere, welche Grundrechte durch die Gleichschaltung verletzt wurden (**M2**).
3 Analysiere die Karte **M3**. Diskutiert die mögliche Wirkung von KZs auf die Bevölkerung.
4 Beschreibe die Rolle der Bücherverbrennung bei der Gleichschaltung (**M4**).

---

die „Rassenlehre": Die Nationalsozialisten sahen die Deutschen als anderen Menschen überlegen. Das begründeten sie, indem sie die Menschheit in „Rassen" einteilten und diesen aufgrund von äußeren Merkmalen bestimmte Eigenschaften zuschrieben. Die „Arier", zu denen angeblich die Deutschen gehörten, waren aus Sicht der Nationalsozialisten dazu bestimmt, über alle anderen Menschen zu herrschen. Die wissenschaftlich falsche „Rassenlehre" war bereits Ende des 19. Jahrhunderts weit verbreitet. Heute wissen wir: es gibt keine menschlichen Rassen.

Von der Weimarer Republik zur NS-Diktatur

M1 Auf dem NSDAP-Parteitag in Nürnberg wird Hitler von einer Menschenmenge begrüßt, 1933

M3 Konzentrationslager 1933–1945 in Baden-Württemberg

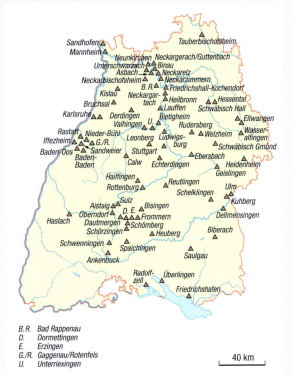

B.R. Bad Rappenau
D. Dormettingen
E. Erzingen
G./R. Gaggenau/Rotenfels
U. Unterriexingen

▲ Orte in Baden-Württemberg, die dem KZ-Lagerkomplex angehörten

M2 Was bedeutet „Gleichschaltung"?

Schule/Universität	Jugend und Vereine	Polizei
Nationalsozialistische Lehrpläne und Lehrende	Auflösung aller Vereine, nur noch NS-Jugend (HJ[1] und BDM[2])	wird der SS unterstellt

Justiz		Reichswehr
Nationalsozialistische Richter; Wille des Führers ist Gesetz	**Gleichschaltung**	muss einen Eid auf Hitler leisten[3]

Medien/Presse	Kultur	Bürokratie
Zulassung von Journalisten durch NSDAP; Zensur[4]	wird von der NSDAP kontrolliert; Bücherverbrennung	Politisch Andersdenkende und jüdische Beamte werden entlassen.

M4 Bücherverbrennung in Berlin (nachkoloriert), 1933

1 die HJ: die Hitlerjugend
2 der BDM: der Bund Deutscher Mädel
3 einen Eid leisten: jemandem die Treue schwören
4 die Zensur: die Überprüfung und das Verbot von Büchern und Zeitungen; etwas zensieren

4.2 Leben in der NS-Diktatur

Impuls
Wann habt ihr schon einmal erlebt, dass Menschen ausgegrenzt wurden? Überlegt zu zweit Gründe für die Ausgrenzung. Wie würdet ihr reagieren?

Wer gehörte zur nationalsozialistischen „Volksgemeinschaft"?

Seit 1933 lebten die Deutschen in einer Diktatur. Alle demokratischen Grundrechte und Freiheiten hatten die Nationalsozialisten abgeschafft. Stattdessen herrschte das Führerprinzip, das den blinden Gehorsam der deutschen „Volksgemeinschaft" gegenüber dem Führer Adolf Hitler forderte.

Was ist die „Volksgemeinschaft"?
Ziel der Nationalsozialisten war es, eine Gemeinschaft zu schaffen ohne gesellschaftliche Unterschiede. Das heißt, Bildung, familiäre Herkunft oder Einkommen sollten keine Rolle spielen. Alle Mitglieder der Gemeinschaft sollten mit dem „Führer" zusammenarbeiten und sich gegenseitig helfen. Das nannten sie „Volksgemeinschaft". Zum Beispiel propagierten sie sogenannte „Eintopfsonntage": Einmal im Monat sollten alle Deutschen auf ihren Sonntagsbraten verzichten und das Geld spenden. Auf diese Weise wurden jedes Jahr Hunderte Millionen Reichsmark gesammelt. Viele Menschen glaubten dem Versprechen einer sozialen Gemeinschaft und folgten den Nationalsozialisten. Doch dieses Versprechen war nur eine Fassade. Dahinter gab es Ausgrenzung, Gewalt, Verfolgung und Mord. Denn in Wirklichkeit bestimmten die Nationalsozialisten, wer zur „Volksgemeinschaft" dazugehören durfte und wer nicht.

Wer gehörte zur „Volksgemeinschaft"?
Nach der nationalsozialistischen „Rassenlehre" gehörten zur Volksgemeinschaft die Deutschen als Angehörige der „arischen Rasse". Wichtig war den Nationalsozialisten aber vor allem, wer aus ihrer Sicht nicht dazugehörte: Das waren Menschen, die sie aus „rassischen" Gründen als „Untermenschen" ablehnten, wie Juden, Sinti und Roma oder die Bevölkerung Osteuropas wie Russen oder Polen. Auch Homosexuelle, Bettler und Menschen, die nach ihrer Auffassung eine Beeinträchtigung hatten, hielten sie für „minderwertig". Politische Gegner galten als „Volksverräter".

Ausgegrenzt aus der „Volksgemeinschaft"
All diese Menschen wurden radikal aus der Gemeinschaft ausgegrenzt. Juden wurden aus Vereinen ausgeschlossen und durften nicht mehr in Freibäder oder Bibliotheken. Sie durften auch nicht mehr als Beamte arbeiten, so verloren jüdische Lehrer oder Richter ihre Arbeit. In den folgenden Jahren wurde das Leben der Ausgegrenzten immer schlimmer. Ihnen drohte Verfolgung und Ermordung.

Zielangabe: Wir analysieren die Funktion der „Volksgemeinschaft" sowie die politischen und gesellschaftlichen Folgen der NS-Ideologie.

Worterklärungen
propagieren: Werbung für etwas machen, sich für etwas einsetzen
die Fassade: sichtbare Außenseite eines Gebäudes; was dahinter ist, kann man nicht sofort erkennen
ausgrenzen: ausschließen
der Beamte: beim Staat angestellte Personen

Aufgaben

1 Arbeite aus dem Text heraus, was die Nationalsozialisten unter dem Begriff „Volksgemeinschaft" verstanden.
2 Bestimme das Verhältnis von Führer und Volk im Nationalsozialismus und vergleiche damit die Rolle der Bürger in der Demokratie.
3 Beschreibe das Plakat **M1**. Wie bewertest du den „Eintopfsonntag" (**Text**)?
4 Diskutiert in Kleingruppen die Folgen der Ausgrenzung für die betroffenen Menschen und die Reaktion der Deutschen (**M2–M4**).

Leben in der NS-Diktatur

M1 Postkarte des Winterhilfswerks, 1933/34

Das Winterhilfswerk des Deutschen Volkes (WHW) war eine NS-Organisation. Es sollte Spenden für Arme und Arbeitslose sammeln und so die „Volksgemeinschaft" stärken. Doch Teile der Spende waren nicht freiwillig, sondern wurden vom Monatseinkommen abgezogen.

M3 Ausgestoßen aus der „Volksgemeinschaft", Berlin Anfang der 1940er-Jahre

Frauen werden öffentlich die Haare abgeschnitten. n. Sie halten Schilder mit der Aufschrift: „Ich bin aus der Volksgemeinschaft ausgestoßen." Diese Demütigung erfolgte aufgrund einer verbotenen Beziehung der Frauen mit Ausländern oder Kriegsgefangen.

M2 Ausgrenzung aus dem öffentlichen Leben

1988 berichtete Ruth Vaziri-Elahi, geb. Reiss (geb. 1918). Ihr Vater war Abteilungsleiter in einem Karlsruher Kaufhaus:

„Zunächst musste ich aus dem Sportverein ‚MTV', austreten, ebenso aus dem Schwimmverein ‚Neptun', dem ich [...] fünf Jahre angehörte. Diese Vereine bekamen anonyme Briefe, in denen behauptet wurde,
5 dass sie noch eine Jüdin als Mitglied hätten (mit meinem Namen). [...] Auf der Straße wurde mir oft nachgerufen ‚Jud' oder ‚ein blonder Jud'. [...] Da mein Vater in Karlsruhe eine bekannte Persönlichkeit war [...] und dadurch die ganze Familie bekannt war,
10 konnte auch ich nirgends mehr hin, wo das Schild ‚Juden unerwünscht' hing. [...] Wir durften auch keine [...] Hausangestellte mehr beschäftigen [...]."

Stadtarchiv Karlsruhe, 8/StS 17/171–4

M4 Die Einstellung der Deutschen zu den Ausgegrenzten

Der britische Historiker Ian Kershaw schrieb dazu:

Die meisten [Deutschen] ließen sich gern daran erinnern, zu einer einigen Volksgemeinschaft zu gehören, mit der Aussicht auf eine wunderbare Zukunft [...]. Die meisten vergossen keine Tränen über die „Au-
5 ßenseiter", über die aus der „Gemeinschaft" Ausgeschlossenen, am wenigsten über die Juden. [...] Es wurde weithin akzeptiert, dass die Juden keinen Platz in der [...] Volksgemeinschaft hatten und Deutschland verlassen sollten [...]. Und es gab keinen Mangel
10 an „Volksgenossen" (wie Deutsche jetzt genannt wurden), die nur darauf warteten, sich jüdische Geschäfte zu Spottpreisen [= sehr billig] unter den Nagel zu reißen, jüdisches Eigentum ergattern, verlassene jüdische Wohnungen übernehmen zu können.

Ian Kershaw: Höllensturz. Europa 1914–1949, München (DVA) 2016, S. 400 f.

---

die Ideologie (Weltanschauung): Darunter versteht man bestimmte Vorstellungen, die den Menschen, die Politik und die Gesellschaft betreffen. Sie gibt vor, die richtigen Lösungen für alle gesellschaftlichen und politischen Probleme zu haben.

4 Das Ende der Weimarer Republik und die nationalsozialistische Diktatur

Jugend und Erziehung im Nationalsozialismus – wie und warum wurde die Jugend beeinflusst?

Impuls
Stellt euch vor, jeder Jugendliche muss Mitglied in einem Verein sein, weil der Staat das vorschreibt. Führt in Partnerarbeit eine Diskussion. Vertretet dabei jeweils die Pro- und eine Kontra-Position.

Die Nationalsozialisten wollten möglichst großen Einfluss auf das Denken und Handeln der Kinder und Jugendlichen haben. Sie sollten in der Schule und auch in ihrer Freizeit nach der NS-Ideologie erzogen werden, damit sie später gute Mitglieder der „Volksgemeinschaft" werden.

Schule und Arbeitsdienst
In der Schule wurde dazu in einigen Fächern der Lernstoff verändert. Im Fach Geschichte etwa wurde die deutsche Geschichte als besonders großartig dargestellt. Im Fach Biologie wurde die „Rassenlehre" unterrichtet. So sollten die Jugendlichen lernen, dass sie als „Arier" von Natur aus besser waren als andere. Der Schulsport für Jungen diente hauptsächlich einer vormilitärischen Ausbildung. Es wurden auch Propagandafilme gezeigt mit Jungen in Uniform und traditionell gekleideten Mädchen, wie sie Hitler zujubeln. Sie sollten als „Hitlerjugend" allen Jugendlichen ein Vorbild sein. Nach Abschluss der Schule mussten die Jugendlichen zum Arbeitsdienst.

Die Hitlerjugend
Die Hitlerjugend (HJ) war die Jugendorganisation der NSDAP, die HJ-Abteilung der Mädchen hieß Bund deutscher Mädel (BDM). Dort mussten ab 1939 alle 10- bis 18-Jährigen Mitglied sein. Andere Jugendverbände waren schon 1936 verboten worden.

Die HJ war nach dem Führerprinzip organisiert und trug Uniform. In der Hitlerjugend verbrachten die Jugendlichen einen Teil ihrer Freizeit: in Zeltlagern, bei Geländespielen oder Paraden. Dabei sollten sie Werte wie Gehorsam, Disziplin und Opferbereitschaft lernen. Sie machten auch viel Sport und Schießübungen. Das alles sollte sie darauf vorbereiten, später als Soldaten in den Krieg zu ziehen. Den Mädchen wurde beigebracht, wie sie einen Haushalt führen und gute Ehefrauen und Mütter werden.

Worterklärungen
die Parade: Aufmarsch, Umzug
die Disziplin: Einhaltung bestimmter Vorschriften und Regeln
der Lebensstil: Lebensweise, Art und Weise der Lebensführung
die Autorität: eine Person oder Gruppe, die Einfluss oder Macht über andere Personen hat

Freiwillige Teilnahme oder Zwang?
Nicht alle Jugendlichen fanden die HJ gut. Um Strafen zu entgehen, taten einige zwar weiter ihren Dienst. Gleichzeitig hatten sie aber auch Kontakte zu Gruppen, die sich heimlich trafen. In diesen Gruppen teilten sie die Begeisterung für Musik und andere Lebensstile, Autoritäten lehnten sie ab. Manche dieser Jugendlichen wollten einfach nur selbst bestimmen, wie sie ihre Freizeit verbringen. Andere lehnten Hitler ab und beteiligten sich später am Widerstand gegen das NS-Regime.

Zielangabe: Wir setzen uns damit auseinander, wie die NS-Diktatur die Jugendlichen beeinflusst hat, und beurteilen Möglichkeiten, sich dem zu widersetzen.

Aufgaben
1. „Gute Mitglieder der Volksgemeinschaft" – beschreibe, was damit gemeint sein könnte.
2. Arbeite die Ziele der nationalsozialistischen Erziehung heraus (**M1–M3**). Gehe dabei auf die Unterschiede zwischen Mädchen und Jungen ein.
3. Beurteile die Rolle von Vereinen in einer Diktatur (**M1–M2**). Erläutere die Unterschiede zu Vereinen in einer Demokratie.
4. Diskutiert über Möglichkeiten, sich nicht der HJ anzuschließen (**M4**).

Leben in der NS-Diktatur

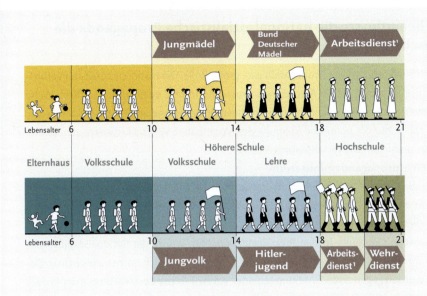

M1 Der Lebensweg der Jugendlichen in der NS-Diktatur

1 Arbeitsdienst: Junge Männer (18–25 Jahre) mussten für ein halbes Jahr z. B. beim Autobahnbau mitarbeiten, junge Frauen hauptsächlich in der Landwirtschaft oder z. B. im Krankenhaus.

M2 Nationalsozialistische Propagandaplakate

M3 Eine Aufgabe im Mathematikunterricht

Der jährliche Aufwand des Staates für einen Geisteskranken beträgt im Durchschnitt 766 RM [RM = Reichsmark]; ein Tauber oder Blinder kostet 615 RM, ein Krüppel 600 RM. In geschlossenen Anstalten werden auf Staatskosten versorgt: 167.000 Geisteskranke, 8.300 Taube und Blinde, 20.600 Krüppel.
Wie viel Mill. [= Millarden] RM kosten diese Gebrechlichen jährlich? Wie viele erbgesunde Familien könnten bei 60 RM durchschnittlicher Monatsmiete für diese Summe untergebracht werden?

Zit. nach: Kurt-Ingo Flessau: Schule der Diktatur, Lehrpläne und Schulbücher des Nationalsozialismus, Frankfurt/M. (Fischer Verlag) 1984, S. 201

M4 Jugendliche gegen Hitler

Ein NSDAP-Leiter schrieb im Juli 1943:

Mir wird gemeldet, dass sich […] Ansammlungen Jugendlicher in der Ostparkanlage stärker denn je bemerkbar machen. Diese Jugendlichen von 12–17 Jahren flegeln[1] sich bis in die späten Abendstunden mit Musikinstrumenten und weiblichen Jugendlichen hier herum. Da dieses Gesindel[2] zum großen Teil […] eine ablehnende Haltung zu dieser Organisation einnimmt, bilden diese eine Gefahr für die übrige Jugend. […] Es besteht der Verdacht, dass diese Jugendlichen diejenigen sind, welche die Wände […] beschreiben mit „Nieder mit Hitler" […], „Nieder mit der Nazi-Bestie" usw. Diese Anschriften können so oft beseitigt werden, wie man will, innerhalb weniger Tage sind die Wände wieder neu beschrieben.

Zit. nach: Falk Wiesemann: Nationalsozialistische Staatsjugend in Düsseldorf. In: Unerwünschte Jugend im Nationalsozialismus, Essen (Klartext-Verlag) 2005, S. 48

1 flegeln: besonders nachlässig sitzen
2 Gesindel: sehr abfälliger Ausdruck für Menschen

4 Das Ende der Weimarer Republik und die nationalsozialistische Diktatur

Wie beeinflusste die nationalsozialistische Propaganda die Menschen?

Impuls
Überlegt, wozu ihr Medien (Fernsehen, Internet, Social Media) benutzt. Sammelt gemeinsam Aufgaben von Medien in einer Demokratie wie Deutschland.

In der NS-Diktatur spielte Propaganda eine große Rolle. Die Nationalsozialisten verbreiteten ihre Ideologie durch Medien wie Presse, Rundfunk oder Film. Auf diese Weise wollten sie die Bevölkerung in ihrem Sinne beeinflussen. Denn anders als in einer Demokratie zählte nur die politische Meinung der Machthaber. Wer sie kritisierte, der konnte verfolgt und in ein KZ verschleppt werden.

Das Reichspropagandaministerium
Die Medien waren 1933 gleichgeschaltet worden (▶ S. 98). Welche Nachrichten veröffentlicht wurden, welche Filme in die Kinos kamen, welche Musik im Radio lief – alles kontrollierte das neu geschaffene Reichspropagandaministerium und sein mächtiger Leiter Joseph Goebbels. In den Propagandaberichten wurde die nationalsozialistische Politik immer nur gelobt und ihre Anführer machten angeblich immer alles richtig. Dagegen wurden gegen andere Meinungen oder unerwünschte Bevölkerungsgruppen, wie Juden oder politische Gegner, Vorurteile geschürt, falsche Behauptungen aufgestellt und gehetzt.

Der „Volksempfänger"
Für die schnelle Verbreitung der NS-Propaganda sorgte der „Volksempfänger". Das war ein billiges Radiogerät, das sich fast jeder leisten konnte. Es wurde zum Massenmedium. In den Schulen, Betrieben, Organisationen und zu Hause sollten die Menschen zum Beispiel gemeinsam Reden von Hitler anhören. So wollten die Machthaber möglichst viele erreichen. Das Hören von ausländischen Sendern war verboten.

Massenveranstaltungen
Ein weiteres Propagandamittel waren aufwendig durchgeführte Massenveranstaltungen wie Fahnenzüge der HJ, jubelnde Menschen, die den Hitlergruß zeigten, und Tausende Soldaten, die in Reih und Glied standen. Dies sollte bei den Menschen Machtgefühle erzeugen und gleichzeitig sollten sie sich mit dem „Führer" und dem NS-Staat identifizieren. Veranstaltungen zu verschiedenen Anlässen, zum Beispiel zum „Geburtstag des Führers", wurden in den Kinos und im Radio übertragen.

Diese ständige Propaganda, aber auch die Angst, bei Kritik verhaftet zu werden, sorgte dafür, dass die Nationalsozialisten auf geringen Widerstand stießen, als sie das gesellschaftliche und politische Leben grundlegend veränderten.

Zielangabe: Wir analysieren, wie die Nationalsozialisten die Menschen durch Propaganda beeinflussten, und beurteilen die Bedeutung der Propaganda für die NS-Herrschaft.

Worterklärungen
hetzen: Hass auf jemanden verbreiten, Stimmung gegen jemanden machen
das Massenmedium: Kommunikationsmittel (TV, Radio, Zeitung), das sehr viele Menschen in der Bevölkerung erreicht
identifizieren: mit jemandem oder einer Sache völlig übereinstimmen
das Machtgefühl: das Gefühl, vor allem in einer Gruppe, besonders große Macht zu haben

Aufgaben
1 Beschreibe in eigenen Worten, welches Ziel Joseph Goebbels formuliert (**Text**, **M1**).
2 Untersuche die Wirkung von **M3** und **M4** auf dich. Erläutere die Ziele, die damit erreicht werden sollten.
3 Arbeite die Aufgaben der Medien im Nationalsozialismus heraus im Vergleich zu heute (**Text**, **M1–M4**).
4 Erkläre, gegen welche demokratischen Werte sich die NS-Propaganda gerichtet hat.

Leben in der NS-Diktatur 4

M1 Joseph Goebbels spricht zur Presse anlässlich des neu gegründeten Reichspropagandaministeriums am 15. März 1933:

[...] wir wollen die Menschen so lange bearbeiten, bis sie uns verfallen[1] sind, bis sie auch ideenmäßig einsehen, dass das, was sich heute in Deutschland abspielt, nicht nur hingenommen werden muss, sondern auch hingenommen werden kann. [...] Das ist ja das Geheimnis der Propaganda, den[jenigen], den die Propaganda erfassen will, ganz mit den Ideen der Propaganda zu durchtränken, ohne dass er überhaupt merkt, dass er durchtränkt wird.

Zit. nach: https://ghdi.ghi-dc.org/docpage.cfm?docpage_id=2430&language=german (01.03.2024)

1 verfallen: völlig abhängig werden von jemandem
2 durchtränken: *hier:* stark beeinflussen

M2 Propagandafoto: eine Familie mit ihrem Volksempfänger im Garten, 1930er-Jahre

M3 Hetze gegen Juden

Die Zeitung „Der Stürmer" verbreitete Hass gegen Juden. Das Blatt hing in öffentlichen Schaukästen aus.

M4 Aufmarsch von NS-Organisationen in Nürnberg, 1936

die Propaganda: starke Beeinflussung der Bevölkerung durch die Verbreitung von bestimmten politischen Ideen. Dabei werden einseitige Informationen und falsche Behauptungen verbreitet, um die Bevölkerung zu manipulieren, d.h. ihre Meinung zu steuern.

4.3 Verfolgung und Vernichtung in der NS-Diktatur

Impuls
Notiert Gründe, die euch dazu bewegen könnten, auszuwandern.

Mit welchen Maßnahmen verfolgte das NS-Regime die Juden?

Von Anfang an machten die Nationalsozialisten den Juden das Leben schwer. Sie wollten ihre rassistische Ideologie verwirklichen und die jüdische Bevölkerungsgruppe aus der Gesellschaft vertreiben.

Juden verlieren ihre wirtschaftliche Lebensgrundlage

Die nichtjüdischen Deutschen wurden aufgefordert, Juden zu meiden. Sie sollten nicht mehr zu jüdischen Ärzten gehen oder sich von jüdischen Anwälten vertreten lassen. Banken gaben Juden keinen Kredit mehr oder kündigten bestehende Kredite. Dadurch kamen viele jüdische Händler in Geldnot und mussten ihre Geschäfte schließen. Die Nationalsozialisten riefen auch dazu auf, jüdische Geschäfte, Kinos oder Theater zu boykottieren. Durch Gesetze drängten sie jüdische Angestellte und Beamte aus dem öffentlichen Dienst.

Worterklärungen
boykottieren: jemanden oder etwas bewusst meiden
der Kredit: Geld, das sich jemand für eine bestimmte Zeit leiht
der öffentliche Dienst: Tätigkeit für den Staat wie Lehrer, Richter oder Verwaltungsangestellte

Viele Menschen glaubten, diese antisemitische Politik sei nur vorübergehend, und verharmlosten das Vorgehen. Es gab auch Befürworter, die diese Aktionen gut fanden und die sich dadurch wirtschaftliche Vorteile versprachen.

Juden verlieren ihre Rechte

1935 wurden in Nürnberg die sogenannten Nürnberger Gesetze beschlossen. Die Juden verloren dadurch wichtige Rechte, sie durften z. B. nicht mehr wählen. In den folgenden Jahren wurde ihre rechtliche Stellung durch weitere Gesetze und Verordnungen immer weiter eingeschränkt. Fast alle Lebensbereiche waren davon betroffen. Im Jahr 1933 besuchten zum Beispiel 75 Prozent der jüdischen Kinder öffentliche Schulen. Ende 1937 waren es nur noch knapp 40 Prozent. Bis 1938 verloren die Juden fast alle Grundrechte.

Novemberpogrom 1938 und Auswanderung

Am 9. November 1938 kam es zur Reichspogromnacht. In ganz Deutschland zerstörten SA- und SS-Trupps jüdische Geschäfte, Wohnungen und brannten Synagogen nieder. Mindestens 30.000 Juden wurden in Konzentrationslager gebracht, ca. 100 getötet. Nach sechs Jahren Ausgrenzung und Terror war das jüdische Leben in Deutschland weitgehend zerstört: Lebten 1933 ca. 520.000 Juden in Deutschland, so waren es 1941 nur noch 163.000. Viele waren ausgewandert oder sind geflohen. Nach einem Ausreiseverbot 1941 konnten nur noch wenige Juden Deutschland verlassen. Sie sollten nun nicht mehr vertrieben, sondern ermordet werden.

Zielangabe: Wir untersuchen die Maßnahmen der Nationalsozialisten, um die jüdische Bevölkerung aus der deutschen Gesellschaft zu verdrängen.

Aufgaben

1. Nenne Gründe, warum die Nationalsozialisten so mit den Juden umgingen.
2. Arbeite aus **M1** und **M2** heraus, wie das Leben der jüdischen Bevölkerung eingeschränkt wurde.
3. Untersucht in **M3**, wer Täter, Opfer und Zuschauer ist, und bezieht Stellung zum Verhalten der Zuschauer.

das Pogrom: Gewalttätige Ausschreitungen gegen Mitglieder einer Minderheit

Verfolgung und Vernichtung in der NS-Diktatur

M1 Juden in Buttenhausen auf der Schwäbischen Alb nach 1933

Trotz der antisemitischen Einflussnahme änderten viele Buttenhausener ihr Verhalten gegenüber ihren jüdischen Nachbarn zunächst nicht. Ein deutlicher Hinweis auf die Grundhaltung im Dorf ist die Wiederwahl des vermögenden und angesehenen Gemeinderats Salomon Löwenthal am 5. Mai 1933 [...]. Auch die erste reichsweite antijüdische Aktion, der sogenannte Judenboykott am 1. April 1933, fand in Buttenhausen weder Beifall noch Ausführende. [...] Am 12. Juli 1933 wurde die Auflösung der israelitischen Volksschule schriftlich angeordnet und der jüdische Oberlehrer Naphtali Berlinger in den Ruhestand versetzt. Er musste mit seiner Familie die Wohnung im ersten Stock des Schulgebäudes räumen. Nach dem Umzug in das Rabbinatsgebäude[1] setzte er dort den Unterricht auf privater Basis [...] fort.

„Wir als Juden können diese Zeit nie vergessen".
Die Juden von Buttenhausen – Vom Leben und Untergang einer Landgemeinde in Württemberg, Landeszentrale für politische Bildung Baden-Württemberg (Hrsg.) 2013 S. 13, T8

1 der Rabbiner: jüdischer Geistlicher

M3 Das Novemberpogrom in Baden-Baden, 1938

In Baden-Baden werden die männlichen jüdischen Bürger am Morgen des 10. November 1938 aus ihren Häusern geholt und von der SS an pöbelnden Zuschauern vorbei in einem zweistündigen Zwangsmarsch zur Synagoge gebracht. Gegen 12:00 Uhr erreichen sie [die Synagoge], wo sich eine große Menschenmenge versammelt hat. Die jüdischen Männer werden angespuckt, geschlagen und misshandelt und in die Synagoge gedrängt. [...] Etwa 50 von ihnen werden [...] in das Konzentrationslager Dachau verschleppt.

Zit. nach: https://irg-baden.de/de/geschichte-der-juden (01.03.2024)

Der Zwangsmarsch zur Synagoge, Foto 1938.

M2 Zeittafel: Verfolgung der Juden 1933–1941

1. April 1933	Aufruf zum Boykott jüdischer Geschäfte: „Kauft nicht bei Juden".
April 1933	Jüdische Ärzte dürfen nicht mehr im Krankenhaus arbeiten; jüdische Rechtsanwälte werden nicht mehr bei Gericht zugelassen.
Mai 1933	Jüdische Professoren sowie jüdische Arbeiter und Angestellte im öffentlichen Dienst verlieren ihre Arbeit.
Oktober 1935	Nürnberger Gesetze: Juden verlieren das Wahlrecht und können in kein politisches Amt mehr gewählt werden. Eheschließungen mit Deutschen („Ariern") sind verboten.
November 1938	• Juden dürfen nicht mehr studieren. Sie werden gezwungen, ihre Geschäfte im Handel und Handwerk aufzugeben. • 9./10. November: Reichspogromnacht (Terroraktion gegen Juden)
Dezember 1938	Juden dürfen keine Autos oder Motorräder mehr fahren.
Januar 1939	Berufsverbot für jüdische Zahnärzte, Tierärzte und Apotheker.
Februar 1939	Juden müssen ihren persönlichen Besitz aus Gold, Silber und Platin beim Staat abliefern.
1941	Alle Juden müssen in der Öffentlichkeit einen gelben Stern, den „Judenstern", sichtbar an ihrer Kleidung tragen.
Oktober 1941	Juden wird die Auswanderung verboten.

4 Das Ende der Weimarer Republik und die nationalsozialistische Diktatur

Impuls
Überlegt in einem Zweiergespräch, warum bei Mobbing oft mehrere Täter beteiligt sind. Was bedeutet das für die Verantwortung und die Schuld der Täter?

Worterklärungen
die „Landesheilanstalt": Krankenhaus für behinderte Menschen
systematisch: einem Plan folgen, gezielt vorgehen
die Sterbeurkunde: amtliche Urkunde über Ort, Tag und Stunde des Todes einer Person
die Überdosis: zu starke Menge (Dosis) eines Medikaments

Wer wurde noch Opfer nationalsozialistischer „Rassenpolitik"?

Neben den Juden gab es noch andere Personengruppen, die Opfer der NS-Diktatur wurden.

„Euthanasie" und „lebensunwertes Leben"

Die Nationalsozialisten betrachteten u. a. Menschen mit Beeinträchtigungen oder psychischen Erkrankungen als „lebensunwertes Leben" und als eine Gefahr für die „gesunde Volksgemeinschaft". Nach 1933 wurde ein Gesetz erlassen, das es ermöglichte, diese Menschen zwangsweise unfruchtbar zu machen, damit sie keine Kinder bekommen konnten. Später begann das NS-Regime dann damit, Menschen mit Beeinträchtigungen zu töten: In sechs „Landesheilanstalten" wurden zwischen 1940 und 1941 etwa 70.000 Personen systematisch ermordet. Eine dieser „Landesheilanstalten" war Grafeneck bei Münsingen auf der Schwäbischen Alb. Dort fielen im Jahr 1940 mehr als 10.000 Menschen diesem Verbrechen zum Opfer. Fast aus ganz Süddeutschland wurden Menschen aus Heilanstalten in Bussen nach Grafeneck gebracht. Ihnen wurde erzählt, sie müssten duschen gehen, tatsächlich aber wurden sie oft noch am Tag ihrer Ankunft in eine Gaskammer geführt und dort ermordet. Die Leichen wurden verbrannt.

Die Angehörigen der Getöteten bekamen Briefe, die sie über den plötzlichen Tod ihres Verwandten informierten. Auf den Sterbeurkunden wurde der Grund des Todes gefälscht. Das NS-Regime versuchte, diesen Massenmord geheim zu halten, aber das gelang ihm nicht: Nach Protesten von Angehörigen der Opfer und von Geistlichen der Kirchen wurden die Tötungen im Sommer 1941 eingestellt. Bis 1945 starben in Krankenhäusern dennoch weiterhin als „lebensunwert" eingestufte Menschen durch Unterernährung oder eine Überdosis von Medikamenten. Insgesamt kamen 200.000 Menschen durch die NS-„Euthanasieprogramme" ums Leben.

Der Mord an den Sinti und Roma

Um 1930 lebten 30.000 Sinti und Roma in Deutschland. Sie wurden von den NS-Machthabern als „rassisch minderwertig" angesehen und immer stärker ausgegrenzt. Auf der Grundlage der „Nürnberger Gesetze" verloren sie wie die Juden ihre Bürgerrechte. Sie durften keine „Arier" heiraten und viele Berufe nicht mehr ausüben. Tausende wurden später während des Zweiten Weltkriegs getötet. In Deutschland überlebten nur 5.000 Sinti und Roma das Ende der NS-Herrschaft.

Zielangabe: Wir untersuchen, mit welchen Maßnahmen die Nationalsozialisten ihre „Rassenlehre" in die Tat umsetzten.

Aufgaben

1. Beschreibe die Maßnahmen der Nationalsozialisten gegen Menschen mit Beeinträchtigungen oder psychischen Erkrankungen (**Text**).
2. Ermittle, was „unwertes" Leben meinen könnte (**Text**). Arbeite heraus, mit welcher Begründung die Nationalsozialisten gegen ihre Opfer vorgingen (**M1**).
3. Notiere, wer alles an der Tötung der Menschen in Grafeneck beteiligt war, und überlege, inwiefern sie sich an diesem Mord beteiligen mussten (**M2**, **M3**).
4. Recherchiere im Internet das Schicksal der Familie Guttenberger (**M4**) und erläutere den Grund und die Methoden der Verfolgung.

Verfolgung und Vernichtung in der NS-Diktatur 4

M1 NS-Propaganda gegen kranke Menschen, 1936

M2 Die Morde von Grafeneck

Der Massenmord von Grafeneck war ein Verbrechen, das von staatlichen Behörden angeordnet und durchgeführt wurde. Das heißt, viele Personen aus Behörden, Organisationen und Krankenhäusern arbeiteten dabei zusammen.

Die Patienten und Heimbewohner wurden mithilfe von Fragebögen erfasst [...]. [Gutachter] [...] bestimmten die Opfer. [...] Der Vorschlag, Grafeneck als die reichsweit erste Vernichtungsstätte auszuwählen,
5 stammte [...] von den Beamten des württembergischen Innenministeriums. [...]. Für die Durchführung und die Organisation des Transports nach Grafeneck waren ca. einhundert Täter und Täterinnen zuständig. Im Schloss Grafeneck war ein Polizei- und Son-
10 derstandesamt untergebracht, das die Sterbeurkunden vor Ort ausstellte. In allen Fällen war die Todesursache und das Datum des Todes gefälscht [...]. Dies diente dazu, die Angehörigen [...] zu täuschen, um etwaige Nachfragen oder Nachforschun-
15 gen zu verhindern.

https://www.gedenkstaetten-bw.de/geschichte-grafeneck#c39012 (01.03.2024)

M3 Abtransport von Patienten aus Liebenau bei Meckenbeuren am Bodensee, ca. 1940

Links prüft der Arzt der Anstalt anhand einer Liste die Identität der beiden vor ihm stehenden Männer. Rechts bringt ein Angehöriger des Transportpersonals einen Stempelabdruck auf den Unterarm eines vor ihm stehenden Mannes.

M4 Die Sinti- und Roma-Familie Guttenberger

Die Familie Guttenberger lebte in Schorndorf und war in der evangelischen Kirche aktiv. Der Vater Anton war Händler und Musiker. Die jüngeren Kinder gingen in die örtliche Schule, die älteren arbeiteten in Handwerksbetrieben und Firmen am Ort. Von zehn Kindern überlebten vier die Verfolgung und Vernichtung im NS.

....

„Euthanasie": (griech.: guter, leichter Tod). Das NS-Regime verwendete diesen Begriff als Vorwand für den Mord an Menschen mit Beeinträchtigungen oder psychischen Krankheiten verschleiern.

die Sinti und die Roma: Bezeichnung für eine Minderheitengruppe, die ursprünglich aus Indien stammt und ab dem Mittelalter nach Europa eingewandert ist

4 Das Ende der Weimarer Republik und die nationalsozialistische Diktatur

Holocaust: Wie kam es zum systematischen Mord an den europäischen Juden?

Impuls
Sammelt in Kleingruppen euer Vorwissen zum Holocaust. Was wisst ihr und woher habt ihr diese Informationen?

Am 1. September 1939 überfiel die Wehrmacht Polen. So begann der Zweite Weltkrieg. Bis Ende 1941 eroberten deutsche Truppen fast ganz Europa und Teile der Sowjetunion. Die eroberten Länder wurden besetzt, das heißt, die Macht dort übernahmen die Nationalsozialisten.

Vernichtungslager und Massenerschießungen

Hitler hatte am 30. Januar 1939 gesagt, in einem bevorstehenden Krieg würde die „jüdische Rasse" vernichtet. Tatsächlich begann das NS-Regime bald nach Kriegsbeginn damit, jüdische Frauen, Kinder und Männer zu ermorden. Etwa 2,7 Millionen Juden wurden ab 1942 in Vernichtungslagern getötet. Insgesamt sechs solche Lager errichteten die Deutschen im besetzten Polen. In Viehwaggons wurden die Juden eng zusammengedrängt aus Deutschland und den besetzten europäischen Ländern in diese Lager deportiert. Nach der Ankunft dort untersuchten Ärzte der SS die Juden und „selektierten" sie: Wer arbeiten konnte, wurde mit Tausenden anderen in Baracken untergebracht und musste in Arbeitslagern Schwerstarbeit leisten. Wer nicht arbeitsfähig war, wurde sofort in Gaskammern ermordet. Das betraf vor allem Frauen, Kinder und alte Menschen. Viele Juden kamen auch bei Massenerschießungen (Massakern) ums Leben: Sie wurden von speziellen SS-Einheiten in den besetzten Gebieten der Sowjetunion erschossen. Insgesamt ermordeten die Nationalsozialisten bis zum Kriegsende 1945 ca. 6 Millionen Juden.

Worterklärungen
die Wehrmacht: Bezeichnung für die deutsche Armee in der NS-Zeit
deportieren, die Deportation: unter Zwang wegbringen
die Baracke: einfache Unterkunft aus Brettern
selektieren: auswählen

Ab 1943 wurden auch geschätzt 220.000 bis 500.000 Sinti und Roma aus ganz Europa in Vernichtungslagern und bei Massenerschießungen getötet.

Mitwirkung und Mitschuld

Am Holocaust wirkten viele Menschen und Behörden mit. Stadtverwaltungen gaben die Wohnadressen an die Polizei. Die Polizei verhaftete die Juden und brachte sie zu Sammelstellen. Von dort aus transportierte die Reichsbahn sie in Zügen in die Vernichtungslager. Widerstand in Deutschland gegen diesen Massenmord war die Ausnahme. Die meisten schwiegen, obwohl sie etwas wussten.

Die Täter waren nicht nur überzeugte Nationalsozialisten, sondern oft „ganz normale" junge Soldaten oder Polizisten. Sie gehorchten den Befehlen ihrer Vorgesetzten. Die Mitwirkung war unterschiedlich: Manche halfen als Bewacher in den KZs, andere durch Materiallieferungen bis hin zur aktiven Beteiligung an den Morden. Nur sehr wenige widersetzten sich den Befehlen.

Zielangabe: Wir analysieren die Methoden des Völkermords an den Jüdinnen und Juden in Europa durch das NS-Regime.

Aufgaben

1 Sieh dir **M2** an und beschreibe die Wirkung, die das Bild auf dich hat.
2 Analysiere das Vorgehen der Nationalsozialisten bei der Ermordung der Juden (**Text**, **M1**, **M3**).
3 Diskutiert über die beteiligten Täter am Holocaust: Vergleiche **M2** und **M3**. Überlegt dabei aus verschiedenen Perspektiven, wer wie hätte anders handeln können.

Verfolgung und Vernichtung in der NS-Diktatur

M1 Holocaust: vom Einsperren in Ghettos bis zum Mord in Vernichtungslagern

Bildung von Ghettos	Ab Oktober 1939: In Polen und anderen Teilen Osteuropas sperrten die deutschen Besatzer die jüdische Bevölkerung in Ghettos ein. Das waren enge, meist ummauerte Wohnbezirke. Die Juden lebten dort unter schrecklichen Bedingungen.
Massenerschießungen	Im Juni 1941 überfiel die Wehrmacht die Sowjetunion. In den eroberten Gebieten verübten spezielle SS-Einheiten geplante Massenerschießungen oder töteten Juden mit Gas in umgebauten Lkws. Bis Ende 1941 starben auf diese Weise ca. 500.000 Juden.
Deportationen nach Polen	Im Oktober 1941 begannen die Deportationen von Juden überall aus den in Europa besetzten Gebieten nach Polen: Die Juden wurden in Ghettos gebracht und später von dort direkt in Vernichtungslager.
Organisation des Judenmords: die Wannsee-Konferenz	Am 20. Januar 1942 trafen sich in einer Villa in Berlin-Wannsee wichtige Beamte und SS-Offiziere zu einer geheimen Besprechung. Ziel des Treffens war es, den Mord an den Juden besser zu organisieren, z. B. den Transport in die Vernichtungslager.
Vernichtungslager	Nach der Wannsee-Konferenz bauten deutsche Behörden auf polnischem Gebiet Vernichtungslager mit Gaskammern, um viele Juden in möglichst kurzer Zeit zu ermorden. Zuständig für Planung und Durchführung des Holocausts war die SS.

M2 Ankunft in Auschwitz, Zeichnung

Die Darstellung zeigt, wie Juden bei ihrer Ankunft in Auschwitz von SS-Männern behandelt werden: Ein alter Mann wird weggezogen, Vater und Sohn werden getrennt. Im Hintergrund werden Mutter und Tochter abgeführt. Sie kommen direkt in die Gaskammer.

M3 „Selektion" ungarischer Juden in Auschwitz, Mai/Juni 1944

Ein SS-Arzt untersucht einen älteren jüdischen Mann auf dem Ankunftsbahnsteig in Auschwitz. Die meisten Juden wurden sofort nach ihrer Ankunft in die Gaskammern geschickt.

der Holocaust: Bezeichnung für den systematischen Massenmord der Nationalsozialisten an Juden. Der Begriff aus dem Griechischen bedeutet Brandopfer.

der Zweite Weltkrieg: militärische Auseinandersetzung zwischen Deutschland, Japan, Italien gegen Großbritannien, die UdSSR, USA und Frankreich. Deutschland begann 1939 den Krieg. Der Krieg endete am 8. Mai 1945 mit der bedingungslosen Kapitulation Deutschlands. In diesem bisher größten Krieg der Geschichte kamen insgesamt ca. 65 Millionen Menschen ums Leben.

das Vernichtungslager: von den Nationalsozialisten im besetzten Polen errichtete Lager, um Menschen fabrikmäßig mit Gas zu ermorden. Diese Lager waren: Chelmno, Belzec, Sobibor, Treblinka, Majdanek und Auschwitz.

4 Das Ende der Weimarer Republik und die nationalsozialistische Diktatur

Wie lebten die Juden in den Ghettos?

Impuls
Hast du schon einmal den Begriff Ghetto gehört? Notiere Begriffe, die dir dazu einfallen.

An vielen Orten in den besetzten osteuropäischen Ländern befahlen die Nationalsozialisten den Juden, in Ghettos zu leben. In diesen engen, meist völlig überbevölkerten Wohnbezirken herrschten unmenschliche Bedingungen. Die Menschen hungerten und starben an Krankheiten. Es fehlten hygienische Einrichtungen und Strom. Ab 1941 war es unter Androhung der Todesstrafe verboten, das Ghetto zu verlassen.

Das Warschauer Ghetto
Das größte Ghetto war in der polnischen Hauptstadt in Warschau. In dem Stadtbezirk, umgeben von hohen Mauern, waren bis zu 450.000 Juden auf engem Raum eingesperrt. Sie waren von der Außenwelt fast völlig abgeschottet. Die Ausgänge wurden von der Polizei streng bewacht.

Geschichte der Ghettobewohner
Wir können das Leben im Ghetto teilweise rekonstruieren, weil die jüdischen Bewohner vieles über ihren Alltag aufgeschrieben haben. Zum Beispiel schrieben sie Tagebuch. Dort kann man nachlesen, wie verzweifelt sie oft waren und wie allein sie sich gefühlt haben. Trotz der furchtbaren Bedingungen bemühten sich viele, ein halbwegs normales Leben im Ghetto zu führen. Dabei waren sie der Willkür und der brutalen Gewalt der SS ausgeliefert. Unter Lebensgefahr organisierten sie Schulunterricht, lebten nach ihren religiösen Traditionen, musizierten, malten oder spielten Theater. Die Beschäftigung mit Kunst war auch ein Weg, um mit den Schrecken des Alltags und der Angst umzugehen. Viele, auch Kinder, riskierten ihr Leben, um das Leben anderer zu retten, indem sie zum Beispiel Essen in das Ghetto schmuggelten. Es gab auch soziale Einrichtungen wie Kleidersammlungen oder Suppenküchen.

Die Überlieferungen aus dem Ghetto in Warschau zeigen, dass die Handlungsspielräume, um zu überleben, sehr klein waren. Oft ging es darum, zu entscheiden, wer versorgt werden sollte und wem man nicht mehr helfen konnte.

Insgesamt starben im Warschauer Ghetto mehr als 80.000 Menschen.

Zielangabe: Wir untersuchen die Lebenssituation der Juden im Warschauer Ghetto und beurteilen ihre Handlungsspielräume.

Worterklärungen
rekonstruieren: genau wiedergeben, darstellen
die Willkür: oft spontan und nur nach eigenen Interessen handeln, ohne bestimmte Regeln zu beachten; die Rechte anderer missachten
der Handlungsspielraum: die Möglichkeiten, die jemand hat, um zu handeln und Entscheidungen zu treffen
das Dilemma: Situation, in der jemand zwischen zwei in gleicher Weise schwierigen oder unangenehmen Dingen wählen soll oder muss

Aufgaben
1 Nenne drei Adjektive, die die Gefühle der im Ghetto eingesperrten jüdischen Bevölkerung beschreiben könnten (**Text**, **M1**, **M2**, **M3**).
2 Arbeite die Möglichkeiten heraus, wie die Juden im Ghetto versucht haben, ihr Überleben zu organisieren, und welche Probleme sie dabei hatten (**Text**, **M2**, **M3**).
3 Diskutiert das in **M4** von Emanuel Ringelblum dargestellte Dilemma.
4 Recherchiert anhand von **M5** den Aufstand im Warschauer Ghetto (z. B. auf der Website der Holocaust-Gedenkstätte Yad Vashem: www.yadvashem.org/de).
5 Recherchiert das Schicksal von Emanuel Ringelblum und Rachel Auerbach (**M4**).

das Ghetto: Bezeichnung für abgetrennte Wohngebiete für die jüdische Bevölkerung eines Ortes. Ghettos entstanden in Europa im späten Mittelalter und verbreiteten sich im 17. und 18. Jahrhundert. Mit der rechtlichen Gleichstellung der Juden im 19. Jahrhundert lösten sie sich auf.

M1 Das Warschauer Ghetto, 1942

Mit einer hohen Mauer abgeriegelt von der Umwelt: die Bewohner des Ghettos am Marktplatz.

M2 Eine öffentliche Suppenküche im Warschauer Ghetto

M3 Bücherverkauf im Warschauer Ghetto, 1941

Menschen suchen sich Bücher aus, die in einem Kinderwagen angeboten werden.

M4 Berichte aus dem Warschauer Ghetto

Rachel Auerbach: „Wir müssen uns endlich selbst eingestehen, dass wir niemanden vor dem Tod bewahren können; wir haben nicht die Mittel dazu. Wir können es nur hinauszögern […], aber nicht verhindern. In meiner ganzen [Zeit] in der Suppenküche ist es mir nicht gelungen, auch nur einen Menschen zu retten – keinen! […]." (Februar 1942)

Emanuel Ringelblum: „[…] Wir stehen somit vor einem tragischen Dilemma. Was sollen wir tun? Sollen wir versuchen, alle Leute mit Teelöffeln zu ernähren, was niemanden retten wird, oder sollen wir versuchen, ein paar wenige zu retten?" (Mai 1942)

Zit. nach: S. D. Kassow: Ringelblums Vermächtnis. Das geheime Archiv des Warschauer Ghettos, Reinbek (Rowohlt) 2010, S. 226

M5 Aufstand im Warschauer Ghetto, 1943

Nach dem Beginn des Holocausts wurden 1942 240.000 Bewohner des Ghettos zusammengetrieben und in das Vernichtungslager Treblinka gebracht. Dort wurden sie ermordet. Im April 1943 kam es zum bewaffneten Aufstand, als die letzten 60.000 Juden des Ghettos nach Treblinka deportiert werden sollten. Vier Wochen lang kämpften jüdische Widerstandsgruppen erbittert gegen die militärisch überlegenen Deutschen. Am Ende zerstörten Polizei- und SS-Einheiten das Ghetto, die aufständischen Juden wurden getötet oder in KZs gebracht.

Deutsche Soldaten bedrohen während der Niederschlagung des Aufstandes Frauen und Kinder mit Waffen, 1943.

4.4 Welchen Widerstand gegen die NS-Diktatur gab es?

Impuls
Überlege, wann du zuletzt eine Situation erlebt hast, in der ein anderer Mensch Hilfe brauchte. Wer hat geholfen und wie? Welche Alltagssituationen fallen dir noch ein?

In Deutschland bildete sich kein breiter Widerstand trotz der menschenverachtenden Gewaltverbrechen der Nationalsozialisten. Die meisten Deutschen waren lange Zeit mit der nationalsozialistischen Herrschaft einverstanden. Nur wenige lehnten sich gegen die Diktatur auf. Diejenigen, die es taten, riskierten dabei ihr Leben. Denn gegen jede Form von Widerstand ging die Gestapo mit brutaler Gewalt vor.

Warum leisteten die Menschen Widerstand?
Die Männer und Frauen, die Widerstand gegen das NS-Regime leisteten, kamen aus allen Schichten der Bevölkerung: Es waren Arbeiter, Jugendliche, Pfarrer, Handwerker, Soldaten oder Professoren. Sie hatten unterschiedliche Motive, manche handelten aus politischer oder religiöser Überzeugung, andere waren entsetzt über die unmenschlichen Verbrechen der Nationalsozialisten.

Worterklärungen
das Motiv: der Grund, um etwas Bestimmtes zu tun
das Attentat: Versuch, eine bekannte Person zu töten, z. B. einen Politiker
der Partisan: bewaffneter Kämpfer, der nicht zur regulären Armee des Landes gehört

Formen des Widerstands
Die Geschichtswissenschaft unterscheidet verschiedene Formen des Widerstands: Es gab den Widerstand mit dem Ziel, das Regime mit Gewalt zu beseitigen, etwa durch Attentatsversuche auf Hitler. Es gab Gruppen oder Einzelne, die im Untergrund den Verfolgten halfen oder verbotene Zeitungen und Flugblätter verteilten. Einige Kirchenvertreter protestierten in Predigten öffentlich gegen Mord an Kranken und Behinderten. Und es gab diejenigen, die durch Formen des zivilen Ungehorsams protestierten, etwa indem sie den Hitlergruß verweigerten oder verbotene Musik hörten.
Einige Widerstandsgruppen und Personen sind sehr bekannt, wie die „Weiße Rose" mit den Geschwistern Scholl, Georg Elser oder die Gruppe um Oberst Graf Schenk von Stauffenberg. Doch gab es auch viele unbekannte „Helden", die Verfolgte versteckten oder sie mit Lebensmitteln versorgten.

Widerstand außerhalb Deutschlands
Auch in den von Deutschen besetzten Gebieten in Europa gab es verschiedene Formen des Widerstands. So wurden zum Beispiel Verkehrswege sabotiert oder Attentate auf deutsche Soldaten verübt. Es gab Menschen, die den verfolgten Juden halfen und sie vor den Nationalsozialisten retteten. In der Sowjetunion und in Jugoslawien kämpften Partisanengruppen gegen die Wehrmacht. Und im Warschauer Ghetto setzten sich die Juden und Jüdinnen mit einem Aufstand zur Wehr (▶ S. 113).

Zielangabe: Wir untersuchen anhand von ausgewählten Beispielen Möglichkeiten und Folgen des Widerstands gegen das NS-Regime.

Aufgaben
1. Analysiert die Materialien (**M1**, **Text**) arbeitsteilig und arbeitet folgende Punkte heraus: widerständige Handlung, Motiv für die widerständige Handlung und Folgen für die Person oder Gruppe.
2. Ordne die Widerstandsaktionen (**M1**) den verschiedenen Stufen von Widerstand (**M2**) zu.
3. Diskutiert mögliche Gründe dafür, dass an manche Personen aus dem Widerstand mehr erinnert wird als an andere.

M1 Beispiele für Menschen, die Widerstand gegen den Nationalsozialismus geleistet haben

Georg Elser (1903–1945)

Der Schreiner aus Königsbronn bei Heidenheim unternahm am 8. November 1939 ein Attentat auf Hitler. In einer Münchner Gaststätte, in der Hitler eine Rede hielt, brachte er eine selbst gebaute Bombe an. Das Attentat scheiterte, weil Hitler den Raum früher verließ. Georg Elser kam ins KZ Dachau und wurde dort im April 1945 ermordet. Sein Motiv: Er wollte einen Krieg und weiteres Blutvergießen verhindern.

Hans Scholl (1918–1943), Sophie Scholl (1921–1943)

Die Geschwister, geboren in Forchtenberg bei Heilbronn, waren Mitglieder der Studentengruppe „Weiße Rose". Sie setzten sich ein für Menschlichkeit und Demokratie. An der Universität in München verteilten sie Flugblätter, die zum Widerstand gegen die NS-Diktatur aufriefen. Sie wurden verraten, im Februar 1943 verhaftet und vier Tage später hingerichtet.

Julius von Jan (1898–1989)

Er war evangelischer Pfarrer in Oberlenningen bei Kirchheim/Teck. In einer Predigt am 16. November 1938 kritisierte er das Pogrom gegen die Juden (▶ S. 106). Am 25. November wurde er von einem SA-Trupp bewusstlos geschlagen und in Stuttgart ins Gefängnis gesperrt. Er wurde zu 16 Monaten Haft verurteilt und danach in den Krieg geschickt.

Lime Balla (1910–?)

Lime Balla und ihr Ehemann Destan, beides Muslime, lebten in einem kleinen Dorf in Albanien. Als die Deutschen 1943 in Albanien einmarschierten, versteckte das Ehepaar fünf Mitglieder der jüdischen Familie Lazar in ihrem Haus. Sie sorgten auch dafür, dass weitere dreizehn Mitglieder der Familie Lazar bei anderen Dorfbewohnern unterkamen und so überlebten.

Widerstandsgruppe um Oberst Claus Schenk Graf von Stauffenberg (1907–1944)

Stauffenberg war Offizier der Wehrmacht. Er war zunächst ein Anhänger Hitlers. Später wandte er sich vom Nationalsozialismus ab. Gemeinsam mit anderen Offizieren plante er ein Attentat auf Hitler. Sie wollten die verbrecherische NS-Diktatur stürzen. Das Attentat am 20. Juli 1944 scheiterte jedoch, Hitler wurde nur leicht verletzt. Die Attentäter und zahlreiche Mitwisser wurden hingerichtet.

M2 Formen des Widerstands

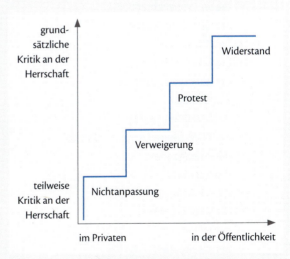

Nach einem Modell von Detlev Peukert (1981)

Das Ende der Weimarer Republik und die nationalsozialistische Diktatur

Die wichtigsten Daten

- 1929: Weltwirtschaftskrise
- 30.01.1933: Hitler wird zum Reichskanzler ernannt
- 27.02.1933: Brand des Reichstags
- 20.03.1933: Fertigstellung des ersten Konzentrationslagers
- 23.03.1933: Ermächtigungsgesetz
- 10.05.1933: Tag der Bücherverbrennung (in Berlin)
- 1935: Nürnberger Gesetze
- 1940–1941: Mord an geistig und körperlich Behinderten
- Juni 1941: Beginn des Holocaust
- 1943: Aufstand im Warschauer Ghetto
- 1943: Verhaftung und Hinrichtung von Sophie und Hans Scholl

Die wichtigsten Fachbegriffe

- ✓ die parlamentarische Demokratie
- ✓ der Antisemitismus
- ✓ die NSDAP
- ✓ die SA (Sturmabteilung)
- ✓ die SS (Schutzstaffel)
- ✓ die „Rassenlehre"
- ✓ die Gleichschaltung
- ✓ die „Volksgemeinschaft"
- ✓ die Ideologie
- ✓ die HJ (Hitlerjugend)
- ✓ der BDM (Bund Deutscher Mädel)
- ✓ die Propaganda
- ✓ das Pogrom
- ✓ die NS-Euthanasie
- ✓ die Sinti und Roma
- ✓ der Holocaust
- ✓ der Zweite Weltkrieg
- ✓ das Vernichtungslager
- ✓ das Ghetto
- ✓ der Widerstand

Das kannst du

- ■ Du kannst die positiven Entwicklungen, aber auch die Probleme in der Weimarer Republik skizzieren.
- ■ Du kannst beschreiben, welche Auswirkungen die Weltwirtschaftskrise auf die Weimarer Republik hatte.
- ■ Du kannst erklären, wie aus der parlamentarischen Demokratie in der Weimarer Republik eine Diktatur unter Adolf Hitler wurde.
- ■ Du kannst erläutern, wie Hitler und die NSDAP ihre Macht ausbauten.
- ■ Du kannst die Ideologie des Nationalsozialismus in Grundzügen beschreiben und erklären, mit welchen Mitteln sie durchgesetzt wurde.
- ■ Du kannst beschreiben, mit welchen Maßnahmen die Nationalsozialisten ihre „Rassenlehre" umsetzten.
- ■ Du kannst Methoden der Verfolgung und Vernichtung von Jüdinnen und Juden beschreiben.
- ■ Du kannst Beispiele für den Widerstand gegen das NS-Regime nennen. Du kannst erklären, wie Widerstand möglich war, welche Formen es gab und welche Folgen er hatte.

Projekt: Arbeiten mit Archiven

Die Aufgabe von Archiven ist es, wichtige Informationen für die Zukunft aufzubewahren. Es gibt unterschiedliche Arten von Archiven, wie Landesarchive, Kirchenarchive oder Archive von wissenschaftlichen Einrichtungen. Sie archivieren unterschiedliche Quellen, zum Beispiel wichtige Schriftstücke, Urkunden, Verträge oder Fotos und Briefe. Viele Archive sind zur Forschung und Recherche öffentlich zugänglich. Viele von ihnen haben bereits eine digitale Datenbank, auf die man online zugreifen kann. Außerdem kann man Archive besuchen.
Auf dieser Seite erfahrt ihr, wie ihr Online-Archive erforschen könnt und wie ihr einen Besuch bei einem Archiv organisiert.

Die Arbeit mit Online-Archiven

1 Wählt ein Thema, zu dem ihr forschen wollt, beispielsweise:
  - Welche Widerstandsbewegungen gegen NS gab es in Baden-Württemberg?
  - Gibt es Zeitzeugenberichte aus der Zeit des NS in eurer Region?
  - Wie sah jüdisches Leben in eurer Region zu Beginn des 20. Jahrhunderts aus?
2 Führt eine Internetrecherche zu Online-Archiven durch.
  a Notiert euch, welche Art von Informationen und Quellen im Archiv aufbewahrt werden.
  b Notiert euch, ob es eine digitale Sammlung gibt.
  c Erstellt eine Übersicht.
3 Wählt das Archiv aus, das für euer Thema geeignet ist. Führt eine Suche in der Online-Datenbank durch.

> **Tipps:**
> Auch Museen können digitale Sammlungen haben.
> Ihr könnt eure Suche hier beginnen:
> https://www.landesarchiv-bw.de/
> https://arolsen-archives.org/
> https://www.hdgbw.de/

Ein Archiv besuchen

Archive bieten meist Führungen an. Organisiert mit eurer Klasse einen Ausflug zu einem Archiv eurer Wahl.

4 Informiert euch über Öffnungszeiten, angebotene Führungen und Ansprechpartner.
5 Kontaktiert das Archiv und legt einen Termin für euren Besuch fest.
6 Bereitet Fragen vor, die ihr den Mitarbeitenden des Archivs stellen könnt.
7 Nehmt Blöcke und Stifte mit, damit ihr euch am Tag des Besuchs Notizen machen könnt.

Auswertung

8 Stellt die Quellen, die ihr bei der Online-Recherche gefunden habt, vor. Was habt ihr herausgefunden? Was ist besonders interessant?
9 Schreibt eine Anleitung zur Benutzung von Online-Archiven.
10 Schreibt einen Bericht über euren Besuch im Archiv.

5 Gefahren für die Demokratie – und wie wir sie schützen

„Nationalität Mensch" – das steht auf einem Plakat, das jemand für eine Demonstration in Stuttgart im Januar 2024 gestaltet hat. An diesem Tag demonstrierten viele Menschen für die demokratischen Werte und gegen rechtsradikale und rechtsextreme Kräfte. Die Demokratie ist Gefahren ausgesetzt. In Kapitel 4 haben wir gesehen, wie schnell Adolf Hitler das demokratische System der Weimarer Republik durch eine Diktatur ersetzte. Damit so etwas nicht noch einmal geschehen kann, wurden im Grundgesetz Möglichkeiten festgehalten, wie die Demokratie sich gegen Gefahren wehren kann. Doch auch im Alltag können wir stets unsere Mitmenschen unterstützen und darauf achten, dass niemand ein Opfer von Diskriminierung wird.

Projekt: Expertinnen und Experten befragen
- Experten zu befragen, ist eine gute Möglichkeit, um sich intensiv mit einem Thema auseinanderzusetzen.
- Im Projekt führt ihr ein Interview mit einer Expertin oder einem Experten zu einem Thema eurer Wahl durch.
- Am Ende des Kapitels ist die Projektseite. Dort findet ihr Hinweise für die Vorbereitung und Durchführung des Interviews.

5 Gefahren für die Demokratie – und wie wir sie schützen

5.1 Antidemokratische Entwicklungen in Deutschland

Fake News und Verschwörung – wie behalten wir den Durchblick?

Impuls
Ein Beispiel für Fake News ist die Behauptung, dass der ehemalige US-Präsident Barack Obama nicht in den USA geboren wurde und daher nicht berechtigt sei, das Amt des Präsidenten auszuüben. Obwohl seine Geburtsurkunde bestätigt, dass er in Hawaii geboren wurde, hielten einige Verschwörungserzähler weiterhin an dieser falschen Behauptung fest. Diskutiert, woran es liegen könnte, dass eine Korrektur von Falschnachrichten so schwierig ist.

Worterklärungen
rasant: sehr schnell
manipulieren: jemand wird von außen gesteuert, ohne es zu merken
provozieren: jemanden zu einer Reaktion zwingen
die Polarisierung: spalten, auseinanderbringen, Gegensätze schaffen

Dass die Demokratie in Deutschland heute keine selbstverständliche Sache ist, wissen wir aus der Geschichte. Unser demokratisches System hat eine lange Entwicklung hinter sich. Auch in der heutigen Zeit gibt es Herausforderungen für die Demokratie.

Fake News – ein Problem der modernen Medien?
Falschmeldungen und Verschwörungserzählungen gibt es schon seit langer Zeit, doch noch nie waren sie so verbreitet wie heute. Da ist es oft gar nicht so leicht, zwischen Wahrheit und Täuschung zu unterscheiden. Durch die rasante Entwicklung im Bereich der sozialen Medien und künstlicher Intelligenz (KI) nimmt die Verbreitung von gefälschten Nachrichten, Bildern und Videos zu. Anhänger von Verschwörungserzählungen behaupten oft, dass Gruppen (zum Beispiel Regierungen, Organisationen oder bestimmte Gruppen von Personen) im Geheimen handeln und dabei die Öffentlichkeit täuschen oder manipulieren. Es gibt keine Beweise für diese Behauptungen.

Warum sind Fake News so gefährlich?
Fake News sind gezielte Falschmeldungen. Sie dienen meist dazu, die öffentliche Meinung zu beeinflussen. Das Problem dabei ist, dass die angeblichen „Fakten" entweder anders dargestellt werden, als sie tatsächlich passiert sind, oder gleich ganz erlogen sind. Fake News provozieren oft absichtlich Streit und tragen zur Polarisierung der Gesellschaft bei. Sie können Angst verursachen und Menschen gegeneinander aufbringen. Durch sie wird der soziale Frieden in der Gesellschaft gefährdet. Sie können über verschiedene Medien verbreitet werden, wie zum Beispiel durch soziale Medien, Nachrichtenwebseiten oder durch Gespräche. Es ist wichtig, vorsichtig zu sein und Informationen zu überprüfen, bevor man sie glaubt oder teilt.

Zielangabe: Wir beschreiben verschiedene Formen moderner Meinungsbeeinflussung, besonders im digitalen Bereich. Wir entwickeln Strategien zum Umgang mit Fake News und Verschwörungserzählungen.

> **Aufgaben**
>
> 1 Beschreibe das Bild **M1**. Nimm Stellung und begründe deine Meinung: Sind Bilder dieser Art noch lustig oder schon gefährlich?
> 2 Überlegt gemeinsam, wie ihr Fake News entlarven könnt. Welche der Möglichkeiten aus **M2** habt ihr schon benutzt?
> 3 Erstellt in Gruppenarbeit eine Sammlung von Fake News, die ihr kennt. Überlegt gemeinsam, welche dieser Fake News ihr als besonders gefährlich einschätzt.
> 4 Erzeuge selbst mit einer KI ein Bild zu einem Thema aus Kapitel 5. Nutze z. B. https://schulKI.de/ oder Fobizz Tools oder Craiyon.
>   a Stelle das Bild deiner Klasse vor.
>   b Sammelt gemeinsam Merkmale, anhand derer man die Fälschung erkennt.
> 5 Formuliere in eigenen Worten, welche Gefahren von Fake News ausgehen. Lies dazu **M3**.

Antidemokratische Entwicklungen in Deutschland

M1 Die „Verhaftung" von Donald Trump

Donald Trump war von 2017 bis 2021 Präsident der USA. Er ist der erste US-Präsident, der von einem Gericht angeklagt wurde, und zwar wegen Geldbetrugs. In den sozialen Medien wurden daraufhin Bilder geteilt, auf denen angeblich zu sehen ist, wie Trump verhaftet wird. Das war ein Scherz seiner Kritiker, wie z. B. des Journalisten Eliot Higgins. Die Bilder sind mit einer frei verfügbaren KI erstellt worden. Higgins schreibt: „Ich mache Bilder von der Verhaftung Trumps, während ich darauf warte, dass Trump verhaftet wird."

M3 Warum sind Fake News und Verschwörungserzählungen ein Problem für die Demokratie?

Fake News sind dann gefährlich, wenn sie dazu führen, dass Bürgerinnen und Bürger kein Vertrauen in die Demokratie mehr haben. Denn durch Fake News verbreiten sich Verschwörungserzählungen sehr schnell. Das verunsichert die Menschen und kann zu Politikverdrossenheit[1] führen.

Eine weitere Gefahr ist die Verbreitung von Hass und Hetze durch Fake News. Viele Fake News verbreiten gezielt Lügen über Minderheiten. Diskriminierung, z. B. Rassismus und Antisemitismus, nehmen so zu. Das kann zu Gewalt führen. Bei den Anschlägen von Halle und Hanau[2] spielten Fake News eine Rolle.

Je mehr Fake News verbreitet werden, desto mehr gewöhnt man sich an sie. Es wird also immer schwieriger, die Wahrheit von den Fake News zu unterscheiden.

Verfassertext

1 die Politikverdrossenheit: ein Ausdruck dafür, dass man keine Lust hat, sich mit Politik zu beschäftigen
2 ▶ S. 125, M2

M2 Wie kann ich Fake News erkennen?

Von wem stammt die Nachricht?	Steht kein Klarname unter der Nachricht, sollte man genauer hingucken.
Quelle der Webseite beachten!	Ist als Impressum nur ein Postfach oder eine rätselhafte Adresse angegeben, ist es ein erster Hinweis auf eine unseriöse Quelle.
Inhalt der Nachricht überprüfen!	Sollte das Thema in anderen Medien nicht auffindbar sein, ist eine Falschmeldung wahrscheinlich.
Bild prüfen!	Oft werden Fotos aus dem Zusammenhang gerissen oder manipuliert. Mit der Google-Bildersuche kann man die Herkunft des Bildes prüfen.
Ist das Video echt?	Mit dem YouTube DataViewer erfährt man, ob das Video zu einem früheren Zeitpunkt oder zu einem anderen Thema im Netz veröffentlicht wurde.
Auf den Bauch hören!	Besonders wenn die Nachricht hetzerisch, überspitzt und stark emotional ist, ist Vorsicht geboten.

Aus: Landeszentrale für politische Bildung Mecklenburg-Vorpommern (Hrsg.): Hate Speech und Fake News. 20 Fragen und Antworten (Broschüre), 2019

die Verschwörungserzählung: Bei einer Verschwörungserzählung wird behauptet, dass eine Gruppe von Menschen im Geheimen handelt, um die Bevölkerung zu beeinflussen oder politische Entscheidungen zu lenken.

die Fake News: falsche Informationen, die verbreitet werden, um Menschen zu täuschen oder zu manipulieren. Sie können erfunden sein oder verzerrte Fakten enthalten, um eine bestimmte Meinung zu unterstützen.

Künstliche Intelligenz im Klassenzimmer

Habt ihr schon einmal von künstlicher Intelligenz gehört? Das ist ein sehr schlauer Computer, der wie ein Mensch denken und lernen kann. Künstliche Intelligenz wird auch als „KI" abgekürzt.

Die Idee von künstlicher Intelligenz gibt es schon seit vielen Jahren. Aber wer hat sie erfunden? Es gibt viele kluge Menschen, die dazu beigetragen haben, aber der Begriff „künstliche Intelligenz" wurde erstmals in den 1950er-Jahren von einem US-Amerikaner namens John McCarthy verwendet.

KI kann unabhängig von Menschen lernen, Muster erkennen und Entscheidungen treffen. Computerprogramme für Spracherkennung nutzen KI. Auch in der Medizin wird KI eingesetzt, um Krankheiten zu erkennen und zu behandeln. Und in der Autoindustrie wird KI verwendet, um selbstfahrende Autos zu entwickeln.

Im Alltag wird KI meist dazu verwendet, Bilder, Texte oder Videos zu erstellen. Aber wie kann KI in der Schule eingesetzt werden?

M1 Möglichkeiten, KI in der Schule einzusetzen

Inzwischen gibt es mehrere KIs, die online zugänglich sind. Jede hat ihre eigene Spezialität und kann in unterschiedlichen Situationen eingesetzt werden. In der folgenden Übersicht findest du Möglichkeiten, wie KI in der Schule eingesetzt werden kann.

Einsatzmöglichkeit	Beispiele	Tools
Dialoge mit einer KI	Vokabeln trainieren, Sprachübungen durchführen, Interviews (auch mit historischen Zeitzeugen)	ChatGPT, Fairchat, Gemini
Textarbeit mit einer KI	Texte zusammenfassen, Analysen und Interpretationen, Texte verfassen (Erörterungen, Briefe, Geschichten usw.), Texte verbessern und überarbeiten	ChatGPT, Fairchat, Gemini Deepl (www.deepl.com/de/write)
Recherchieren mit einer KI	Fragen stellen, Quellen finden, Informationen zusammenfassen	ChatGPT, Fairchat, Gemini
Bildbearbeitung und Bilderstellung mit einer KI	Bilder für Präsentationen, Flyer, Plakate usw. erstellen	Fobizz Tools, Midjourney
Aufgaben lösen mit einer KI	Hilfe bei der Erstellung von Lösungen, eigene Lösung überprüfen	ChatGPT, Fairchat, Gemini
Übungen zur Nutzung einer KI	selbst Prompts verfassen	

Aufgaben

1. Bildet Gruppen. Wählt pro Gruppe eine Einsatzidee für KI im Schulalltag.
2. Blättert im Kapitel 5. Wählt ein Thema aus, zu dem ihr mit der KI arbeitet.
3. Macht euch mit dem jeweiligen Programm vertraut. Notiert euch, …
   a in welchen Schritten ihr vorgeht.
   b welche Fehler passiert sind.
   c wie ihr Fehler gelöst habt.
4. Speichert das Ergebnis sowie die von euch verwendeten Prompts ab.
5. Präsentiert das Ergebnis vor der Klasse und erklärt dabei kurz, wie ihr die KI verwendet habt.
6. Tauscht euch in der Klasse aus. Inwieweit war der Einsatz von KI eine Hilfe? Was sind Probleme? Wo seht ihr Gefahren?

Tipps für das Erstellen von Prompts	Textbeispiele
Der Prompt ist der Befehl, den man der KI gibt, damit sie etwas tut. Viele KIs sind aufgebaut wie Chats. Wie in einem Gespräch teilt man der KI mit, was sie tun soll.	
Prompt für eine Textzusammenfassung:	Fasse den Text in drei verschiedenen Schwierigkeitsgraden zusammen: leicht, mittel und schwer. Verwende bei der leichten Version einfache Sprache, bei der mittleren Version detaillierte Informationen und bei der schweren Version komplexe Argumente und Fachbegriffe. *(füge nun den Text ein)*
Prompt für Diskussionen oder Debatten:	Bereite zwei Sets mit unterschiedlichen Argumenten zu folgender These vor: *(füge hier die These ein)*. Das erste Set soll Argumente beinhalten, die die These unterstützen. Das zweite Set soll Argumente beinhalten, die der These widersprechen.
Prompt für eine Recherche:	Ich suche Informationen zu folgendem Thema: *(füge hier das Thema ein)*. Stelle die Ergebnisse chronologisch geordnet dar. Nenne deine Quellen. Erstelle daraus *(Anzahl)* Präsentationsfolien.

M2 Beispiel für einen Prompt mit OpenAI

Zuwanderung nach Deutschland: Ursachen March 8, 2024

Anonymous Ich suche Informationen zu folgendem Thema: Ursachen für die Zuwanderung nach Deutschland. Stelle die Ergebnisse chronologisch geordnet dar. Nenne deine Quellen. Erstelle daraus 5 Präsentationsfolien.

ChatGPT
Präsentationsfolie 1:
Titel: Ursachen für die Zuwanderung nach Deutschland
Präsentationsfolie 2:
Chronologische Übersicht:
1. Nach dem Zweiten Weltkrieg (1945–1950)
2. Gastarbeiterprogramm (1950er–1970er Jahre)
3. Bürgerkriegsflüchtlinge und Asylsuchende (1980er–1990er Jahre)
4. EU-Erweiterung (2004 und 2007)
5. Flüchtlingskrise (2015–2016)

Präsentationsfolie 3:
1. Nach dem Zweiten Weltkrieg (1945–1950)
- Zerstörung und wirtschaftliche Not in vielen europäischen Ländern
- Deutschland als wichtigstes Ziel für Arbeitsmöglichkeiten und Wiederaufbau

Quelle: Bundeszentrale für politische Bildung (bpb)

5 Gefahren für die Demokratie – und wie wir sie schützen

Populismus – Radikalisierung – Extremismus: Was bedeuten diese Begriffe?

Impuls
Manche Politiker behaupten, sie seien die „Stimme des Volkes". Was bedeutet das?

In der Demokratie ist es normal, dass Kritik an Personen, Parteien und Gesetzen geäußert wird. Doch nicht immer dient die Kritik dazu, das Zusammenleben in der Gesellschaft zu verbessern.

Populismus oder Meinungsäußerung?

Populismus ist eine politische Strategie, die darauf abzielt, die Öffentlichkeit gegen einzelne Menschen oder Gruppen aufzubringen. Populisten versprechen oft einfache Lösungen für komplexe Probleme. Dabei benutzen sie Argumente, die stark polarisieren. Sie rufen die Bevölkerung dazu auf, politisch aktiv zu werden – natürlich nur für die Meinung der Populisten. Populisten behaupten, für das ganze Volk zu sprechen und genau zu wissen, wer dazugehört und wer nicht.

„Das wird man wohl noch sagen dürfen!" – Dieser Satz fällt oft, wenn Populisten sich gegen Kritik verteidigen. Sie behaupten, in ihrer Meinungsfreiheit eingeschränkt zu werden. Das stimmt in den meisten Fällen aber nicht.

Wie radikalisieren Menschen sich?

Sich zu radikalisieren bedeutet, immer extremere Meinungen zu vertreten. Radikalisierung ist ein längerer Prozess. Wenn Menschen sich ausgegrenzt fühlen, schließen sie sich schneller Gruppen an, die ihnen das Gefühl geben, dazuzugehören. Menschen, die von politischen Institutionen oder Parteien enttäuscht sind, können anfälliger sein für Ideen, die Veränderung oder Revolution versprechen. Auch persönliche Krisen können zu einer Radikalisierung führen.

Wann spricht man von Extremismus?

Extremismus bedeutet, dass Menschen Meinungen haben, die weit außerhalb der akzeptierten Normen unseres Grundgesetzes liegen. Von Extremismus wird auch gesprochen, wenn Menschen ihre Ziele mit Gewalt durchsetzen wollen. Die aggressivste Form des Extremismus ist der Terrorismus. In der Politik ist eine Meinung extremistisch, wenn die bestehende Ordnung gestürzt werden soll. Extremisten wollen die Demokratie einschränken oder ganz abschaffen.

In Deutschland werden extreme Gruppen vom Verfassungsschutz (▶ S. 128) beobachtet. Wenn er eine Gefahr für die Demokratie erkennt, kann er die Behörden warnen. Der Verfassungsschutz gibt einen jährlichen Bericht heraus. In diesem Bericht werden unter anderem der Rechtsextremismus, der Linksextremismus und der Islamismus behandelt.

Zielangabe: Wir untersuchen die Begriffe Populismus, Radikalisierung, Extremismus.

Worterklärungen
die Strategie: die Taktik, der Plan
komplex: vielschichtig, kompliziert
sich auf etwas berufen: sich auf etwas beziehen
die Institution: die Einrichtung
die Norm: die Regel
das Phänomen: die Besonderheit

Aufgaben

1 Untersuche, welche der Aussagen in **M1** populistisch sind. Begründe deine Entscheidung.

2 Formuliere die Aussagen in **M1** so um, dass auch andere Meinungen respektiert werden.

3 Gruppenarbeit: Stellt eine Form des Extremismus (**M2**) vor.
   a Recherchiert Informationen zu eurem Beispiel. Erste Informationen findet ihr zum Beispiel hier: https://www.lpb-bw.de/was-ist-extremismus.
   b Präsentiert eure Ergebnisse in Form einer Sketchnote.

Antidemokratische Entwicklungen in Deutschland

M1 Das sagen Populisten über sich

- Zu unserem Volk gehören nur bestimmte Menschen.
- Auf der einen Seite stehen wir. Auf der anderen Seite stehen die anderen. Die anderen sind unsere Feinde.
- Wir sprechen aus, was das Volk will.
- Es gibt für alle Probleme einfache Lösungen.
- Wir tun euch nichts, wenn ihr tut, was wir für richtig halten.
- Glaubt nicht, was die Politiker da oben sagen. Sie vertreten nicht die Meinung des einfachen Volks.

M2 Formen von Extremismus

Ideologie	Mittel
Rechtsextremismus	
Antisemitismus, Rassismus, Fremdenfeindlichkeit Teilweise Verherrlichung des Nationalsozialismus Wunsch nach einem autoritären Staat („Führerstaat")	Gewalt gegenüber Migranten (z. B. NSU-Morde; Mordanschlag in Hanau 2019) Anschläge auf öffentliche Personen (z. B. Mord an Walter Lübcke, 2019) Angriffe auf jüdische Einrichtungen (z. B. Schmierereien auf jüdischen Friedhöfen; Anschlag auf Synagoge in Halle, 2019)
Linksextremismus	
Kapitalismus wird als Grund allen Übels gesehen, muss beseitigt werden Wunsch nach Anarchie (herrschaftsfreie Gesellschaft) oder Kommunismus Wunsch nach einer (gewaltvollen) Revolution	Gewalt gegenüber Polizei und Staat, meist im Rahmen von Protesten (z. B. während des G20-Gipfels in Hamburg, 2017) Besetzung von Häusern und Grundstücken Gewalt gegenüber Rechtsextremisten
Islamismus / islamistischer Terror	
Islam steht über allen „menschengemachten" Werten und Gesetzen Wunsch nach einem konservativen Gottesstaat Teilweise gewaltbereit Oft mit antisemitischer Einstellung	Anschläge auf Zivilbevölkerung, meist durch Einzeltäter oder Gruppierungen (z. B. Weihnachtsmarkt an der Gedächtniskirche, Berlin, 2016) Weltweit Anschläge durch islamistische Terrororganisationen (z. B. Al-Qaida, IS)

der Populismus: Das ist eine politische Strategie, bei der jemand vorgibt, die Meinung des Volkes zu vertreten, um möglichst viele Menschen zu überzeugen. Menschen, die nicht der Meinung der Populisten sind, werden von diesen oft als Feinde der Gesellschaft dargestellt.

die Radikalisierung: Radikalisierung ist ein Prozess, in dem Menschen immer extremere Ansichten entwickeln. Durch den Kontakt zu anderen radikal denkenden Menschen, aber auch durch populistische Aussagen, wird der Prozess vorangetrieben.

der Extremismus: Ablehnung des demokratischen Staates und der demokratischen Verfassung. Das bestehende politische System soll (mit Gewalt) gestürzt werden.

5 Gefahren für die Demokratie – und wie wir sie schützen

Impuls
In den USA stürmten nach den Präsidentschaftswahlen 2021 aufgebrachte Anhänger des abgewählten US-Präsidenten Donald Trump das Kapitol, nachdem dieser sie dazu in einer Rede ermutigt hatte. Wäre es denkbar, dass in Deutschland Menschen den Bundestag stürmen?

Worterklärungen
stürmen: erobern, mit Gewalt einnehmen

Rechtspopulismus – Stimme des „einfachen Volkes"?

Rechtspopulismus – für traditionelle Werte?
Wir leben heute in einer pluralistischen Gesellschaft. Das bedeutet, dass viele verschiedene Lebensentwürfe mit unterschiedlichen Meinungen, Interessen, Zielen und Hoffnungen gleichzeitig existieren. Im Pluralismus haben alle Respekt vor anderen Menschen und erkennen die Vielfalt in der Gesellschaft an.
Populismus lässt Meinungsvielfalt nicht zu. Viele Populisten in der heutigen Zeit stehen auf der politisch rechten Seite. Man nennt das Rechtspopulismus. Dieser zeichnet sich dadurch aus, dass bestehende Traditionen und Werte befürwortet werden (zum Beispiel Volksfeste, deutsche Schlagermusik, die traditionelle Familie). Rechtspopulisten argumentieren oft, dass Vielfalt in der Gesellschaft die Kultur des eigenen Landes schwächt.

Die AfD – eine rechtspopulistische Partei?
Die AfD ist eine relativ neue Partei. Es gibt sie erst seit 2013. Im Parlament steht sie auf der politisch rechten Seite. Die AfD spricht sich gegen Einwanderung und gegen die Europäische Union aus; sie fordert, dass die einheimische Bevölkerung den Vorrang vor eingewanderten Menschen bekommt.
Innerhalb weniger Jahre konnte die AfD bei Wahlen viele Stimmen für sich gewinnen. Sie wird als populistische Partei bezeichnet. Kritiker sagen, dass einige Positionen und Aussagen der AfD vereinfacht oder manipulativ sind. Seit 2023 wird die AfD in drei Bundesländern (Sachsen, Sachsen-Anhalt, Thüringen) vom Verfassungsschutz (▶ S. 128) sogar als rechtsextrem eingestuft.

Protest oder Radikalisierung?
2020 gab es ein Ereignis, über das in ganz Deutschland berichtet wurde: Während der Proteste im Zusammenhang mit der Coronapandemie versuchte eine Gruppe Menschen, den Reichstag (das Gebäude, in dem der Deutsche Bundestag sitzt) zu stürmen. Anführer der Gruppe waren Populisten, Verschwörungsgläubige und Rechtsextreme.
Zielangabe: Wir untersuchen die Auswirkungen von Rechtspopulismus auf die Demokratie und Gesellschaft.

Aufgaben
1. Analysiere den Text **M1**.
2. Erörtere mithilfe von **M1**, **M2** und **M4**, warum die AfD eine populistische Partei ist.
3. Beschreibe das Bild **M3**.
   a Welche Symbole (z. B. Flaggen) erkennst du?
   b Welchen Zusammenhang könnte es zwischen Populismus und dem „Sturm auf den Reichstag" geben.
4. Warum passen Populismus und Pluralismus nicht zusammen? Formuliere mithilfe des Textes und **M1** auf S. 125 Sätze nach folgendem Muster: *Populismus und Pluralismus passen nicht zusammen, weil …*
5. Lest die Nachricht **M4**. Diskutiert, ob diese Forderung nach „Remigration" populistisch ist.

Antidemokratische Entwicklungen in Deutschland

M1 Wie populistisch sind die Menschen in Deutschland? Studie von 2023

Knapp jeder Fünfte in Deutschland hat einer Studie zufolge ein rechtspopulistisches Weltbild[1]. Besonders im Osten ist rechtes Denken demnach überdurchschnittlich verbreitet: Die Wissenschaftler attestie-
5 ren[2] 23 Prozent der Befragten aus den ostdeutschen Ländern einen eher starken bis sehr starken Rechtspopulismus. In Westdeutschland sind es 17 Prozent, der gesamtdeutsche Durchschnitt liegt damit bei 18 Prozent. Leicht überproportional vertreten
10 sind Menschen über 45 Jahre und solche mit niedriger formaler Bildung. Jüngere und gebildetere Menschen denken seltener rechts.
Anhänger der AfD vertreten mit 79 Prozent am häufigsten ein rechtspopulistisches Weltbild. [...]. Unter
15 Anhängern von CDU und CSU kommen rechtsgerichtete Inhalte bei 17 Prozent gut an, unter Anhängern der Grünen lediglich bei einem Prozent.

Christoph Koopmann: Ein Fünftel der Deutschen denkt rechtspopulistisch, https://www.sueddeutsche.de/politik/ rechtspopulismus-umfrage-afd-deutschland-1.6174640 (02.04.2024)

1 das Weltbild: die Art und Weise, wie jemand die Welt sieht
2 attestieren: bescheinigen, zugestehen

M2 Wer ist das Volk?
„AfD Demo", Karikatur von Martin Erl, 2018.

M3 Der sogenannte „Sturm auf den Reichstag", 29. August 2020

M4 Die Debatte um „Remigration", 15. Februar 2024

Enthüllungen über ein Geheimtreffen, bei dem Rechte über „Remigration" gesprochen haben sollen, lösen eine bundesweite Protestwelle gegen die AfD aus. Doch die Partei lässt sich von der Idee nicht abbringen. [...]
5 Die Thüringer AfD will weniger Flüchtlinge in Deutschland und dafür an einer sogenannten „Remigration" von Menschen festhalten. [...]
Über den Begriff „Remigration" gibt es seit Wochen eine Debatte. Wenn Rechtsextremisten den Begriff
10 verwenden, meinen sie in der Regel, dass eine große Zahl von Menschen ausländischer Herkunft das Land verlassen soll – auch unter Zwang. Auslöser der Debatte über den Begriff waren Enthüllungen über ein Treffen radikaler Rechter in Potsdam, an dem AfD-
15 Politiker [...] teilgenommen hatten. [...] Die Thüringer AfD wird vom Landesverfassungsschutz als gesichert rechtsextremistisch eingestuft und beobachtet.

https://www.n-tv.de/politik/Thueringer-AfD-Vize-Remigration-ist-unser-Ziel-article24736973.html (02.04.2024)

---

der Pluralismus: Pluralismus bedeutet die Anerkennung und Akzeptanz von Vielfalt in einer Gesellschaft, einschließlich verschiedener Meinungen, Interessen und Lebensweisen.

5 Gefahren für die Demokratie – und wie wir sie schützen

Impuls
Rechte Gruppen sind stark in den sozialen Medien vertreten. Kennst du Beispiele? Tausche dich mit deinen Mitschülern aus.

Worterklärungen
extrem: äußerst, außerordentlich

Rechtsextremismus – die derzeit größte Gefahr für unsere Demokratie

Was sind Merkmale von Rechtsextremismus?

In Deutschland gibt es viele kleinere und größere Gruppierungen, die als rechtsextrem gelten. Sie haben gemeinsame Merkmale: Meistens wollen sie die Demokratie durch einen autoritären „Führerstaat" ersetzen. Als Vorbild dient dafür unter anderem die nationalsozialistische Diktatur. Rechtsextremismus ist gekennzeichnet durch Antisemitismus, Rassismus und Fremdenfeindlichkeit.

Viele rechtsextreme Gruppierungen werden vom Verfassungsschutz beobachtet. Im Verfassungsschutzbericht, der jedes Jahr erscheint, werden die wichtigsten Erkenntnisse des Verfassungsschutzes veröffentlicht.

Immer wieder kommt es zu Gewalttaten, die durch Rechtsextreme verübt werden. Eine der schwersten Gewalttaten in der letzten Zeit war die Mordserie des sogenannten Nationalsozialistischen Untergrunds (NSU). Diese rechtsextremistische Terrororganisation verübte zwischen den Jahren 2000 und 2007 mehrere Anschläge und tötete insgesamt zehn Menschen, neun davon mit Migrationshintergrund.

Wie machen Rechtsextremisten Werbung für sich?

Extremismus fängt schon im Kleinen an. Rechtsextreme Gruppen suchen nach Gleichgesinnten und werben im Alltag neue Mitglieder an. Für die Verbreitung ihrer Ideen nutzen sie inzwischen auch das Internet und die sozialen Medien. Es gibt rechtsextreme Modelabels, Musik, Filme und so weiter. Extremisten geben sich gern modern und jung, um Jugendliche anzusprechen. Deswegen ist es umso wichtiger, stets zu hinterfragen, wer Nachrichten und Medien erstellt hat und aus welcher Quelle sie stammen.

Zielangabe: Wir beschreiben verschiedene Formen von Rechtsextremismus und bewerten die Gefahren, die von ihm ausgehen.

Aufgaben

1 Beschreibe **M1** und fasse die wichtigsten Aussagen der Grafik zusammen.
2 Reconquista 21 ist der Gruppe der Identitären Bewegung zuzuordnen. Folgendes Video erklärt diese Bewegung: https://www.bpb.de/embed/182883. Nenne die im Video genannten Ziele der Identitären Bewegung.
3 Fasse zusammen, was die Reconquista 21 ist (**M2**). Was macht die Bewegung besonders für Jugendliche gefährlich?
4 Führe eine Umfrage in der Klasse durch. Wie findet ihr die Idee der „Remigration"? Vergleicht eure Positionen mit folgenden Äußerungen prominenter Menschen in Baden-Württemberg (**M3**).

der Verfassungsschutz: Eine Behörde, die extreme Gruppierungen in Deutschland beobachtet.

der Verfassungsschutzbericht: Ein jährlicher Bericht über die wichtigsten Formen von Extremismus und Straftaten, die von Extremisten verübt wurden.

die Identitäre Bewegung: Eine rechtsextreme Gruppierung, die in mehreren Ländern Europas existiert. Sie vertritt islamfeindliche, demokratiefeindliche und rassistische Meinungen. Diese verbreitet sie vor allem über die Sozialen Medien.

M1 Extremistische Straftaten in Deutschland

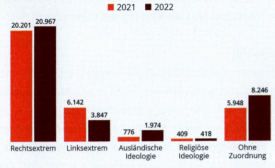

M2 „Identitäre Bewegung": Ermittlungen gegen „Reconquista 21", 26. Januar 2024

Mehrere Polizeipräsidien in Baden-Württemberg ermitteln gegen die Gruppe „Reconquista 21", die vom Landesamt für Verfassungsschutz der rechtsextremen „Identitären Bewegung" in Baden-Württemberg
5 zugeordnet wird. [...] „Reconquista 21" hatte mit Stand vom 26. Januar auf ihrem Instagram-Profil etwas über 2.400 Followerinnen und Follower. Die Gruppe postet immer wieder Fotos von Protestaktionen gegen Ausländer. [...] Regelmäßig verwendet die
10 Gruppe bei ihren Aktionen den kürzlich zum Unwort des Jahres gekürten Begriff „Remigration", wie auf Fotos auf dem Instagram-Profil zu sehen ist. Wenn Rechtsextremisten den Begriff „Remigration" verwenden, meinen sie in der Regel, dass eine große
15 Zahl von Menschen ausländischer Herkunft das Land verlassen soll – auch unter Zwang. [...] Die „Reconquista 21" vertrete rassistische, faschistische, fremdenfeindliche und antiislamische Thesen, sagte der Geschäftsführer des Instituts für Rechtsextremis-
20 musforschung an der Universität Tübingen, Rolf Frankenberger. „Die verpackt sie so, dass sie sowohl für junge Menschen als auch für ältere Menschen anschlussfähig sind, weil sie mit Emotionen und Ängsten spielen. [...] Sie präsentieren sich als jung, dynamisch und ungefährlich. Und verbreiten Stereo-
25 type über Migranten."

https://www.swr.de/swraktuell/baden-wuerttemberg/ ermittlungen-gegen-reconquista-100.html?mediaId=e3ff199a- dec2-314b-8625-2b6306ffa6da& (02.04.2024)

M3 Aussagen von Baden-Württembergern und Baden-Württembergerinnen zum Thema „Remigration"

> Ich leiste meinen Beitrag, das Land hat mich aufgenommen, das Land ist meine Heimat geworden, ich bin ein Teil davon.
> (Joy Alemazung (CDU), Bürgermeister von Heubach)

> Unsere Eltern haben immer gesagt, wenn ihr anständig und fleißig seid, dann stehen euch alle Türen offen. Und so habe ich es auch erlebt.
> Das ist meine Heimat hier und ich lasse mich von diesen Rassisten weder einschüchtern noch beeindrucken. Jetzt erst recht nicht.
> (Muhterem Aras (Grüne), Landtagspräsidentin in Baden-Württemberg)

> Das nimmt einen krass mit. Deutschland ist meine Heimat und ich bin hier geboren.
> Ich liebe Stuttgart und will auch hier bleiben.
> (Mehmet Ildes, Gründer des Vereins „Local-Diversity")

Zit. nach: https://www.swr.de/swraktuell/baden-wuerttem- berg/menschen-mit-migrationsgeschichte-ueber-plaene-von- afd-und-rechtsextremen-zur-remigration-100.html (02.04.2024)

5.2 Wie wird die Demokratie geschützt?

Impuls
„Keine Toleranz für Intoleranz!" Diskutiert in Kleingruppen, was diese Aussage bedeuten könnte, und notiert Beispiele.

Wie schützt das Grundgesetz die Demokratie?
Die Verfassung der Bundesrepublik Deutschland – unser Grundgesetz – legt fest, wie das demokratische System funktioniert und wie es gegen die Feinde der Demokratie geschützt wird. Vier Maßnahmen schützen die Demokratie: die Garantie der Grundrechte, die Gewaltenteilung, das Wahlrecht und die Bindung der Regierung an Recht und Gesetz (▶ Kap. 2).

Die Lehre aus der Weimarer Republik
Im Grundgesetz gibt es die sogenannte Ewigkeitsklausel. Sie besagt: Die Grundrechte können nicht grundlegend verändert oder gestrichen werden. Es ist also nicht möglich, das Grundgesetz so umzuschreiben, dass die Demokratie abgeschafft wird. In Art. 20 (4 GG) heißt es sogar, dass alle Deutschen das Recht zum Widerstand haben, wenn jemand versucht, die Demokratie zu beseitigen. Dies ist eine Lehre aus der Weimarer Republik, denn Hitler hat 1933 die Schwächen der Weimarer Verfassung ausgenutzt, um die Demokratie in der Weimarer Republik abzuschaffen (▶ Kap. 4). Das soll nie mehr passieren können. Wir sprechen von einer „wehrhaften Demokratie".

Worterklärungen
die Lehre: die Erfahrung
legal: erlaubt

Wer entscheidet über ein Parteiverbot?
Das Parteiverbot ist die härteste Maßnahme zum Schutz der Demokratie. Es ist jedoch nicht einfach anzuwenden. Eine wichtige Rolle spielt der Verfassungsschutz. Dieser sammelt Informationen über Parteien, Personen oder Gruppierungen, die der Demokratie schaden könnten. Über das Verbot von Parteien entscheidet das Bundesverfassungsgericht. Das Bundesverfassungsgericht in Karlsruhe wacht über die Einhaltung des Grundgesetzes. Alle Bürgerinnen und Bürger können vor dem Bundesverfassungsgericht klagen, wenn sie der Meinung sind, dass ein Gesetz gegen das Grundgesetz verstößt oder der Staat ihre Grundrechte verletzt.

Bisher wurden erst zwei Parteien verboten: die rechtsextreme SRP (1952) und die linksextreme KPD (1957). Ein Verbot der rechtsextremen NPD (Nationaldemokratische Partei Deutschlands) ist zweimal gescheitert.

Zielangabe: Wir beschreiben Möglichkeiten, wie die Demokratie mithilfe der Verfassung der Bundesrepublik vor Gefahren geschützt wird.

Aufgaben

1. Beschreibe **M1**. Achte auf die Kleidung der Personen.
2. Recherchiere die Bedeutung der roten Roben des Bundesverfassungsgerichts.
3. Erkläre den Begriff „Wehrhafte Demokratie". Fasse zusammen, welche Möglichkeiten die Bundesrepublik hat, sich zu wehren. (**M2**, **Text**)
4. Stellt euch vor, ihr seid Richterin oder Richter am Bundesverfassungsgericht und sollt entscheiden, ob eine Partei verboten wird. Spielt eine Debatte zwischen den Richtern in eurer Gruppe nach. Trefft eine Entscheidung. (**M3**, **M4**)
5. Im Text steht: „Hitler hat 1933 die Schwächen der Weimarer Verfassung ausgenutzt, um die Demokratie […] abzuschaffen" Erkläre, warum dies heute nicht mehr möglich ist. (**Kapitel 4**, **Text**, **M2**)

Wie wird die Demokratie geschützt?

M1 Das Bundesverfassungsgericht

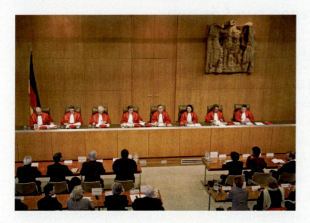

M2 Maßnahmen zum Schutz der Demokratie

Diese Maßnahmen sind im Grundgesetz festgehalten. Wer etwas tut, das gegen das Grundgesetz verstößt, wird verurteilt (das nennt man Staatsschutzdelikte).

Artikel im GG	Was beinhalten die Artikel?
Art. 79 Abs. 3	Ewigkeitsklausel (s. Text)
Art. 21 Abs. 2, Art. 9 Abs. 2	Regelungen zum Parteiverbot (s. Text)
Art. 18	Menschen, die der Demokratie schaden wollen, können ihre Grundrechte verlieren.
Art. 5 Abs. 3, Art. 33 Abs. 5	Staatsbedienstete (z. B. Lehrer, Beamte) müssen sich an das Grundgesetz halten.

nach: https://www.politische-bildung-brandenburg.de/themen/demokratie-und-extremismus/wehrhafte-demokratie (02.04.2024)

M3 Pro und Kontra: Parteiverbot

Pro-Argumente	Kontra-Argumente
Das Parteiverbot ist das wirksamste Mittel gegen Gefahren für die Demokratie.	Man sollte nicht vorschnell eine Partei verbieten, die die Meinung der Bevölkerung vertritt.
Das Verbot ist ein Zeichen an die Anhänger der Partei, dass sie demokratiefeindlich handeln.	Das Verbot wird von den Anhängern der Partei als Bestätigung gesehen. Das kann zu mehr Radikalisierung führen.
Eine extreme Partei soll nicht gewählt werden dürfen / soll nicht regieren dürfen.	Die Demokratie muss extreme Meinungsunterschiede aushalten können.
Eine demokratiefeindliche Partei sollte nicht von Steuergeldern profitieren.	Es sollten lieber andere Mittel genutzt werden, um die Demokratie zu schützen, z. B. Beobachtung durch den Verfassungsschutz.

Verfassertext

M4 „Kein Problem, wir sägen ihn um", Karikatur von Horst Haitzinger, 2000

---

das Bundesverfassungsgericht: Es ist das höchste Gericht in Deutschland. Eine seiner Aufgaben ist es, bei Beschwerden Gesetze zu überprüfen, ob sie der Verfassung entsprechen. Das Bundesverfassungsgericht ist unabhängig. Das heißt, dass ihm niemand vorschreiben kann, wie es entscheiden soll.

die Ewigkeitsklausel: Das bedeutet, dass einige Regelungen im Grundgesetz niemals aufgehoben werden können.

das Parteiverbot: Wenn eine Partei die Demokratie bedroht, kann sie verboten werden. Nur das Bundesverfassungsgericht darf das entscheiden.

5.3 Diskriminierung im Alltag – und was wir dagegen tun können

Impuls
Hast du schon einmal Hatespeech in den sozialen Medien erlebt? Nenne Beispiele.

Diskriminierung und gruppenbezogene Menschenfeindlichkeit

Das wird man doch noch sagen dürfen! – Oder vielleicht auch nicht?
„Die Obdachlosen", „die Juden", „die Schwulen" – immer dann, wenn Menschen aufgrund eines oft einzigen gemeinsamen Merkmals in Gruppen eingeteilt, abgewertet und diskriminiert werden, spricht man von gruppenbezogener Menschenfeindlichkeit (GMF). Wenn Menschen aufgrund ihrer Zugehörigkeit zu einer sozialen Gruppe als anders, fremd oder unnormal bezeichnet werden, dann werden sie oft als nicht gleichwertig angesehen. Damit ist die gruppenbezogene Menschenfeindlichkeit auch ein Kernelement rechtsextremer Einstellungen, die sich dort u. a. in Fremdenfeindlichkeit, Rassismus und Antisemitismus, aber auch in Sexismus und Homophobie ausdrücken.

Hatespeech – Hass im Netz
Diskriminierung findet auch im digitalen Raum statt. Dort zeigt sie sich zum Beispiel als Hatespeech. Der englische Begriff Hatespeech lässt sich mit „Hassrede" übersetzen. Sie liegt vor, wenn andere herabgesetzt, beleidigt oder diskriminiert werden.
Bei Hatespeech werden die Grenzen der Meinungsfreiheit überschritten. Auch Minderjährige, die Hasskommentare verbreiten, können bestraft werden.

Sexismus im Alltag
In sozialen Medien werden immer wieder Aktionen geteilt, die auf Diskriminierung aufmerksam machen. Im TikTok-Trend „Subway Shirt" (U-Bahn-Shirt) tragen junge Frauen weite T-Shirts über ihren Outfits, wenn sie mit den öffentlichen Verkehrsmitteln unterwegs sind. Dahinter steckt die Angst der Frauen vor sexueller Belästigung, z. B. durch Pfiffe, unangenehme Blicke, Bemerkungen und Witze über ihr Aussehen, ungewollte Berührungen oder sexuelle Übergriffe. Dies sind Formen von Sexismus.

Zielangabe: Wir beschreiben Merkmale und Arten gruppenbezogener Menschenfeindlichkeit. Wir diskutieren, welche Maßnahmen wir gegen gruppenbezogene Menschenfeindlichkeit ergreifen können.

Worterklärungen
der Sexismus: Benachteiligung aufgrund des Geschlechts
die Homophobie: Abneigung gegen homosexuelle Menschen

Aufgaben

1 Informiere dich zu Formen von gruppenbezogener Menschenfeindlichkeit. (**M1**)
   a Schlage, wenn nötig, unbekannte Wörter im Wörterbuch nach.
   b Formuliere zu mindestens drei Formen von GMF jeweils ein Beispiel.
2 Bei der Frauen-WM 2023 kam es zu einem Skandal (**M2**). Recherchiere, wie über den Fall berichtet wurde. (Suchbegriffe: WM Frauenfußball, Rubiales, Hermoso)
3 Erkläre den Zusammenhang zwischen dem Bild **M2** und den Formen von GMF.
4 Kopfstandmethode: Formuliert gemeinsam zu jedem Punkt aus **M3** das Gegenteil. Entwerft einen Blogbeitrag zum Thema „Postings sind meist unbedenklich, wenn sie folgende Merkmale enthalten".
5 Erstellt in Gruppenarbeit ein Lernvideo zum Thema „Was kann man gegen Hatespeech tun?".

M1 Formen von GMF

Das Syndrom gruppenbezogener Menschenfeindlichkeit 2018/19

Formen von GMF – Ideologie der Ungleichwertigkeit:
- Rassismus
- Fremdenfeindlichkeit
- Antisemitismus
- Muslimfeindlichkeit
- Abwertung von Sinti und Roma
- Abwertung asylsuchender Menschen
- Sexismus
- Abwertung homosexueller Menschen
- Abwertung von Trans' Menschen
- Abwertung wohnungsloser Menschen
- Abwertung langzeitarbeitsloser Menschen
- Abwertung von Menschen mit Behinderung
- Abwertung von Neuankömmlingen

nach: Andreas Zick, Beate Küpper, Wilhelm Berghan (Hrsg.): Verlorene Mitte – Feindselige Zustände: Rechtsextreme Einstellungen in Deutschland 2018/19, Bonn (Dietz) 2019, S. 58

M2 „Rubiales Kuss"

2023 gewann das spanische Team das Finale der Frauen-Fußballweltmeisterschaft. Bei der Siegerehrung gab Luis Rubiales, der Präsident des spanischen Fußballverbandes, der Spielerin Jennifer Hermoso einen Kuss auf den Mund. In den sozialen Medien und in der Presse wurde Rubiales' Verhalten teils schwer kritisiert.

M3 Merkmale von Hatespeech

Wenn ein Posting im Internet folgende Merkmale aufweist, handelt es sich meist um Hatespeech
❗ Verallgemeinerung („Alle ... sind ...", „Die da oben")
❗ Diskriminierung, Beleidigung und Beschimpfung bestimmter Gruppen
❗ Gerüchte und Geschichten über bestimmte Gruppen (angebliche Verbrechen, die diese Gruppe begangen haben soll; Schilderung von Gewalt, die von dieser Gruppe ausgehen soll, usw.)
❗ Gegenüberstellung („Wir" und „Die")
❗ Verschwörungserzählungen und Fake News (▶ S. 120)

nach: Landeszentrale für politische Bildung Baden-Württemberg (Hrsg.): Politik und Unterricht (Nr. 4/2021). Wehrhafte Demokratie, Villingen-Schwenningen: Neckar-Verlag 2021, S. 53

---

die Diskriminierung: Wenn andere Menschen benachteiligt werden, weil sie bestimmte Merkmale haben (Alter, Geschlecht, Sexualität, Herkunft usw.).

die gruppenbezogene Menschenfeindlichkeit (GMF): Der Begriff beschreibt unterschiedliche Formen von Diskriminierung. Es geht nicht um Diskriminierung von einzelnen Personen, sondern um Gruppen, die gemeinsame Merkmale (z. B. Geschlecht, Sexualität) haben.

die Hatespeech: Der Begriff bedeutet auf Deutsch „Hassrede". Gemeint sind diskriminierende Äußerungen, die meist im Internet gemacht werden, um Menschen einzuschüchtern.

5 Gefahren für die Demokratie – und wie wir sie schützen

Jüdisches Leben in Deutschland – wieder bedroht

Impuls
Welche religiösen Symbole kennst du? Welche trägst du selbst? Führt eine Umfrage in der Klasse durch und erklärt euch gegenseitig die Bedeutung der Symbole.

Jüdisches Leben in Deutschland ist vielfältig und bereichernd. Die Geschichte der Juden in Deutschland geht über 1700 Jahre zurück. Viele berühmte jüdische Gelehrte, Wissenschaftler und Künstler haben in Deutschland gelebt, zum Beispiel: Moses Mendelssohn (er veröffentlichte im 18. Jahrhundert die Thora auf Deutsch), Albert Einstein (er ist ein bedeutender Physiker) und Hannah Arendt (sie schrieb unter anderem über den Holocaust und den Totalitarismus).

Jedoch ist Antisemitismus kein Problem aus der Vergangenheit. Bis heute erleben Juden Hass und Vorurteile. Nicht erst seit dem Angriff der Hamas auf Israel nimmt der Antisemitismus zu. Der Antisemitismusbericht der Bundesregierung zeigt, dass Gewalt gegen Jüdinnen und Juden nach wie vor im Alltag vorkommt.

Wie sah Antisemitismus in der Vergangenheit aus?

– Mittelalter: Juden wurden häufig Opfer von Verfolgung. Diese vom Christentum ausgehende Judenfeindschaft führte zu Pogromen und Vertreibungen. Z. B. wurden Juden im 14. Jahrhundert fälschlicherweise beschuldigt, die Pest zu verbreiten.

Worterklärungen
die Thora: die heilige Schrift des Judentums
der Totalitarismus: eine Herrschaftsform, in der alle streng nach den Wertvorstellungen des Herrschers leben müssen
die Pest: eine ansteckende Krankheit, durch die im Mittelalter sehr viele Menschen gestorben sind
konfrontieren: gezwungen werden, sich mit etwas zu beschäftigen

– Aufklärung und 19. Jahrhundert: 1871 erreichten die Juden die rechtliche Gleichstellung in Deutschland. Dennoch wurden sie weiterhin mit Vorurteilen konfrontiert. In dieser Zeit verfestigte sich der rassistisch motivierte Antisemitismus.

– Nationalsozialismus: Der rassistische Antisemitismus erreichte seinen Höhepunkt. Millionen von Juden wurden während des Holocausts ermordet (▶ S. 110).

Wie ist es in der heutigen Zeit?

Die Bundesrepublik Deutschland versuchte nach dem Zweiten Weltkrieg, jüdisches Leben wieder aufzubauen. Heute gibt es viele Möglichkeiten, sich über jüdisches Leben zu informieren (ein Beispiel ist der Film „Jung und jüdisch in Baden-Württemberg"). Doch auch antisemitische Angriffe und Online-Hass bleiben bestehen.

Zielangabe: Wir blicken auf jüdisches Leben in Deutschland und untersuchen Formen des Antisemitismus heute.

Aufgaben

1 Beschreibe die wesentlichen Stationen des Antisemitismus (**Text**).
2 Was fällt euch zum Stichwort „Juden" ein? Führt eine Klassenumfrage durch und vergleicht das Ergebnis mit **M1**.
3 Teste dein Wissen über das Judentum: https://www.learningsnacks.de/share/126359
4 Recherchiert in Kleingruppen zum Leben einer bedeutenden jüdischen Persönlichkeit aus Deutschland (siehe **M2**).
5 Interpretiert das Trikot und das Logo von Makkabi (**M3**) und beschreibt die Erfahrungen des Sportlers (**M4**). Recherchiert zur Geschichte des Sportvereins (https://makkabi.de/).
6 Diskutiert über Maßnahmen, die helfen können, Antisemitismus zu bekämpfen.
7 Vertiefung: Betrachtet Ausschnitte aus dem Film „Jung und jüdisch in Baden-Württemberg". (https://stm.baden-wuerttemberg.de/de/themen/beauftragter-gegen-antisemitismus/1700-jahre-juedisches-leben-in-deutschland). Stellt einen der jungen Menschen aus dem Film kurz vor.

Diskriminierung im Alltag – und was wir dagegen tun können

M1 Umfrage zu jüdischem Leben in Deutschland, 2021

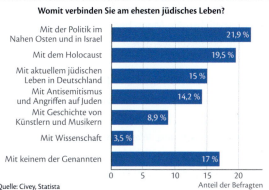

Womit verbinden Sie am ehesten jüdisches Leben?

- Mit der Politik im Nahen Osten und in Israel: 21,9 %
- Mit dem Holocaust: 19,5 %
- Mit aktuellem jüdischen Leben in Deutschland: 15 %
- Mit Antisemitismus und Angriffen auf Juden: 14,2 %
- Mit Geschichte von Künstlern und Musikern: 8,9 %
- Mit Wissenschaft: 3,5 %
- Mit keinem der Genannten: 17 %

Anteil der Befragten

Quelle: Civey, Statista
Weitere Informationen: Deutschland; 04.11.2021 bis 08.11.2021; 10.001 Befragte; ab 18 Jahre; Online-Umfrage

M2 Ansprache von Bundespräsident Walter Steinmeier zum Festakt: 1700 Jahre jüdisches Leben in Deutschland, 21. Februar 2021

Ob in der Philosophie, in der Literatur, Malerei und Musik, in der Wissenschaft, der Medizin, in der Wirtschaft, Juden haben unsere Geschichte mitgeschrieben und -geprägt und unsere Kultur leuchten lassen. Das Judentum hat entscheidend zum Aufbruch Deutschlands in die Moderne beigetragen. Auch auf dem Land, in vielen kleineren Städten und Dörfern gibt es Zeugnisse vielfältigen jüdischen Alltagslebens, Zeugnisse, die uns bis ins frühe Mittelalter führen.

Zit. nach: https://www.bundespraesident.de/SharedDocs/Reden/DE/Frank-Walter-Steinmeier/Reden/2021/02/210221-1700-Jahre-juedisches-Leben.html (02.04.2024)

M3 Makkabi – der jüdischer Turn- und Sportverband in Deutschland

1923 wurde zum ersten Mal ein jüdischer Sportverein mit dem Namen Maccabi gegründet. Bis zur Machtergreifung der Nationalsozialisten gab es 90 Vereine in Deutschland. Dem Dachverband Makkabi Deutschland gehören heute 37 lokale Vereine an. Makkabi richtet nationale und internationale Sportwettkämpfe aus. 2023 fanden z. B. die internationalen Makkabi-Winterspiele statt, an denen 400 Sportlerinnen und Sportler aus 20 Ländern teilnahmen. Die Bilder zeigen das Logo des Verbands und das Trikots des Sportklubs Makkabi in Frankfurt/Main.

1 die Synagoge: der Raum, in dem die jüdische Gemeinde betet

M4 Erfahrungsbericht eines Sportlers von Makkabi, 15. November 2023

Seit dem Überfall der Hamas auf Israel hat sich das Leben für Freddy Ries in [...] Baden-Baden komplett verändert. Früher habe er ohne Probleme samstags in die Synagoge[1] gehen können. Jetzt müsse er auf Kleidung verzichten, die ihn als Jude erkennbar macht. Sonst werde er in der Stadt komisch angeschaut und beobachtet. [...]

„[...] Jüdische Menschen sind plötzlich problematisch. Im Bus höre ich Gespräche, die Juden mit der Politik Israels gleichsetzen", erzählt der 66-Jährige. [...]

Mit am schlimmsten für ihn ist, dass er nicht mehr das Trikot seines Sportvereins Makkabi Baden-Baden tragen kann. Vor fünf Jahren hat Freddy Ries den Verein mitgegründet. Aus Angst vor Übergriffen nun hat der Dachverband Makkabi Deutschland empfohlen, dass die Sportler und Sportlerinnen das Trikot nicht mehr in der Öffentlichkeit tragen. [...]

[Freddy Ries sagt:] „Wir in Deutschland haben keine Schuld an dem Konflikt. Weder die Juden noch die Muslime. Ich wünsche mir, dass wir hier einfach wieder alle zusammenleben können, in Frieden."

Paul Jens, Senada Sokollu: „Wir fühlen uns nicht mehr sicher", https://www.tagesschau.de/inland/gesellschaft/makkabi-sportler-antisemitismus-100.html (02.04.2024)

Zivilcourage – der beste Schutz für unsere Demokratie

Jeder Mensch möchte ein freies und sicheres Leben genießen. Damit das möglich ist, braucht es in Demokratien Menschen, die mithelfen, eine starke Gesellschaft zu schaffen. Zivilcourage trägt dazu bei, dass möglichst alle Menschen an der Demokratie teilhaben können und ihre Interessen nicht vergessen werden.

Zivilcourage – andere schützen

Zivilcourage bedeutet, sich einzumischen, wenn Unrecht und Diskriminierung passieren. Wer Zivilcourage zeigt, setzt sich für die Rechte und Interessen aller Menschen ein. Auch dann, wenn es Nachteile mit sich bringt.

Zivilcourage zeigt sich oft in alltäglichen Situationen. Wenn wir verhindern, dass eine Mitschülerin von anderen gehänselt wird, ist das Zivilcourage. Oder: Jemand wird im Zug von Fremden beschimpft oder bedroht, und andere Mitreisende setzen sich für ihn ein. Es geht also darum, Schwächeren zu helfen und für Gerechtigkeit zu sorgen.

Welche Vorbilder gibt es für Zivilcourage?

Oft geschieht Zivilcourage im Kleinen und unbemerkt. Manchmal werden Menschen für ihren Mut bekannt, so zum Beispiel Mahatma Gandhi.

Während der NS-Diktatur gab es Widerstand gegen die Herrscher. Dieser zeigte sich ebenfalls durch Zivilcourage, die nicht selten bestraft wurde (▶ Kap. 4).

Heute wird manchmal in den Medien von besonders mutigen Menschen berichtet. Viele Orte vergeben einen Zivilcouragepreis, den Menschen bekommen, die für andere einstehen. Im November 2023 wurden beispielsweise zwölf Personen in Tauberbischofsheim in Baden-Württemberg geehrt. Sie halfen Menschen in medizinischen Notsituationen, schützten sie vor Angriffen oder stellten sich gegen Betrüger.

Zivilcourage – wie kann man die lernen?

Zivilcourage erfordert Mut und muss geübt werden. Dafür kann man im Unterricht Rollenspiele durchführen oder Projekte an der Schule anbieten. Auch Zivilcourage im Internet muss man üben. Die Polizei in Baden-Württemberg hat zum Beispiel ein Programm entwickelt, um gegen Hatespeech vorzugehen. Das Angebot heißt „Zivilcourage im Netz". Mit der Aktion „Tu was" will die Polizei in Baden-Württemberg ebenfalls mehr Zivilcourage fördern. Dafür hat sie viele Plakate mit Tipps gestaltet, die helfen, sich in diesen schwierigen Situationen richtig zu verhalten.

Zielangabe: Wir überlegen, warum Zivilcourage für Demokratien wichtig ist und wie man sich daran beteiligen kann.

Impuls
Achtet in den nächsten zwei Wochen auf euer Umfeld: Wo erlebt ihr Ausgrenzung im Alltag und wie reagiert ihr darauf? Notiert die Beobachtungen in einem Zivilcourage-Tagebuch.

Worterklärungen
Mahatma Gandhi: setzte sich in Indien für Unabhängigkeit und Gleichberechtigung ein. Er war gegen Waffen und strebte nach Frieden für alle.
für jemanden einstehen: sich für jemanden einsetzen
geehrt werden: einen Preis bekommen

Aufgaben

1 Du beobachtest die Situationen in **M1**. Notiere in dein Heft:
   • Was geht dir durch den Kopf? Was fühlst du? Was machst du?
2 Vergleiche deine Antwort aus Aufgabe 1 mit den Tipps auf dem Plakat **M2**.
3 Entwirf einen Social-Media-Post mit einer Anleitung, wie man Zivilcourage zeigen kann (**M2**, **M3**).
4 Recherchiert in Kleingruppen auf der Seite https://www.schule-ohne-rassismus.org/. Wofür steht das Netzwerk „Schule mit Courage – Schule ohne Rassismus"?
5 Notiere in einer Mindmap, wie Zivilcourage an deiner Schule gestärkt werden kann.
6 Beschreibe die Wichtigkeit von Zivilcourage für eine demokratische Gesellschaft.

5 Diskriminierung im Alltag – und was wir dagegen tun können

M1 Fallbeispiele

M2 Tu was!

„Tu was!" ist eine Aktion für Zivilcourage, organisiert von der Polizei.

M3 Was ist Zivilcourage?

Zivilcourage ...
... setzt Mut voraus.
... findet in der Öffentlichkeit statt.
... ist Handeln im Sinne der demokratischen Grundwerte.
... ist die Bereitschaft, auch Nachteile für das eigene Handeln in Kauf zu nehmen.
... ist die Bereitschaft, sich mit der eigenen Angst auseinanderzusetzen.

Wer Zivilcourage zeigt, der ...		
... greift ein: meist in unvorhergesehenen Situationen, um andere zu schützen.	... setzt sich ein: für demokratische Werte, für die Interessen anderer, für Recht und Gerechtigkeit.	... wehrt sich: gegen Angriffe, Gewalt, Mobbing, sexuelle Belästigung usw.

Vom Verfasser zusammengestellt nach: Gert Meyer: Mut und Zivilcourage. Grundlagen und gesellschaftliche Praxis, Opladen, Berlin & Toronto (Verlag Barbara Budrich) 2014; Bundeszentrale für politische Bildung (Hrsg.): Zivilcourage (Themenblätter im Unterricht Nr. 108), Bonn 2017

die Zivilcourage: werteorientiertes Handeln, das öffentlich stattfindet. Andere Personen sind anwesend und erfahren davon. Es ist ein Handeln unter Risiko und erfordert deshalb Mut.

der zivile Ungehorsam: das bewusste Übertreten von als ungerecht empfundenen Gesetzen und Verordnungen, um auf einen staatlich verantworteten Missstand aufmerksam zu machen. Man nimmt in Kauf, für seine Handlungen bestraft zu werden.

5.4 Demokratie in Europa in Gefahr: Wie können wir sie schützen?

Impuls
Was weißt du über ...
a Ungarn,
b Polen,
c Italien?

Worterklärungen
der Rechtsstaat: Ein Staat, in dem alle Entscheidungen des Staates nach den Regeln der geltenden Gesetze erfolgen müssen. In Deutschland achten Gerichte darauf, dass der Staat sich an die Gesetze hält.
überwinden: besiegen
die Attraktivität: die Anziehungskraft

Wir haben gelernt (▶ Kap. 1, S. 22), dass die Demokratie eine „Erfindung" der alten Griechen ist, die sich bis in unsere moderne Zeit weiterentwickelt hat.

Demokratie lange Zeit auf dem Vormarsch
Nach dem Zweiten Weltkrieg haben immer mehr Staaten auf der Erde die Diktaturen überwunden und eine demokratische Staatsform angenommen, insbesondere im westlichen Teil Europas. Nach der Auflösung der Sowjetunion im Jahr 1991 (▶ S. 160) haben sich auch viele der osteuropäischen Staaten der Demokratie zugewendet und einen Rechtsstaat aufgebaut. Die Demokratie schien lange Zeit auf dem Vormarsch, als „die beste aller schlechten Regierungsformen", wie der britische Staatsmann Winston Churchill einmal sagte. Das demokratische System ist nicht ohne Fehler, aber es garantiert, dass durch gegenseitige Kontrolle aller Gewalten die Fehler wieder korrigiert werden können und die Freiheit aller Menschen bestmöglich geschützt wird. Ganz wichtig dafür ist eine unabhängige Presse, die Missstände aufdeckt und die Regierenden kritisiert.

Demokratie auf dem Rückzug?
In den letzten Jahren hat allerdings die Attraktivität des demokratischen Modells offenbar nachgelassen. Immer mehr Menschen empfinden die Demokratie als zu anstrengend und wählen Regierungen, die einfache Lösungen versprechen und einen sogenannten autoritären Staat errichten. Die demokratische Verfassung und der Rechtsstaat werden eingeschränkt. Der erste Schritt dazu ist meist die Einschränkung der Pressefreiheit. So wird aus einer liberalen (freiheitlichen) Demokratie eine illiberale (unfreie) Demokratie. Einige Staaten in Europa werden immer autoritärer, zum Beispiel Ungarn oder Italien. In Polen haben es die Menschen geschafft, eine autoritäre Regierung wieder abzuwählen und den Rechtsstaat erneut zu festigen.

Zielangabe: Wir untersuchen an verschiedenen europäischen Ländern, wie es um die Pressefreiheit steht und welche Gefahren sich daraus für die Demokratie ergeben.

Aufgaben

1 Erläutere, welche Bedeutung die Pressefreiheit für die Demokratie hat (**Text**). Nutze das Beispiel Ungarns (**M3**).
2 Analysiert mithilfe von **M1** die Rangliste der Pressefreiheit in europäischen Staaten. (Auf dem Innenumschlag seht ihr, wo diese Länder liegen.) Diskutiert darüber, welches Ergebnis euch überrascht und warum.
3 Informiert euch in Kleingruppen auf www.reporter-ohne-grenzen.de über den Rang eines weiteren Landes, das euch interessiert. Findet heraus, warum die Pressefreiheit in dem Land als gut oder weniger gut bewertet wird. Stellt das Ergebnis der Klasse vor.
4 Beschreibt die Karikatur **M2**. Interpretiert, welche Kritik darin zum Ausdruck gebracht wird.
5 Gestaltet ein Werbeplakat für die Demokratie in Europa. Benutzt dazu auch KI (▶ S. 122).

Demokratie in Europa in Gefahr: Wie können wir sie schützen?

M1 Rangliste der 12 Länder mit der geringsten Pressefreiheit in Europa, 2023

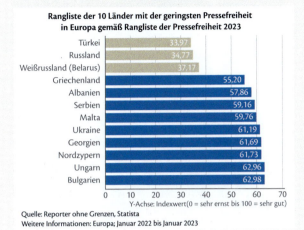

Quelle: Reporter ohne Grenzen, Statista
Weitere Informationen: Europa; Januar 2022 bis Januar 2023

M2 „Feind der Pressefreiheit", Karikatur von Martin Erl, 2021

Die Karikatur zeigt den ungarischen Ministerpräsidenten Victor Orbán.

M3 Entwicklung der Pressefreiheit in Ungarn

1998	Ungarn ist Anwärter auf eine EU-Mitgliedschaft
1998–2002	Viktor Orbán wird zum ersten Mal Ministerpräsident von Ungarn.
1998–2002	Es gibt nur wenige Eingriffe in die Pressefreiheit; die EU wird positiv bewertet.
2004	Ungarn wird Mitglied der EU.
bis 2010	Staatliche Medien sind meist unabhängig von der Regierung.
2010	Viktor Orbán wird wieder Ministerpräsident in Ungarn.
seit 2010	• Ungarische Regierung kann Medien kontrollieren und bestrafen. • Zusammenlegung mehrerer Fernseh- und Radiosender zu „Superredaktion": Chefredakteure sind meist Anhänger der Regierung. • Regierung übt Druck auf regierungskritische Redakteure aus. • EU kritisiert zunehmend, wie die ungarische Regierung mit der Presse umgeht.
seit 2017	• Ungarische Presse ist vollständig im Besitz von Anhängern Orbáns. • Die wichtigsten Medienunternehmen werden von einer zentralen Stelle kontrolliert. • Wichtige kritische Medien werden eingestellt. • Unabhängige Medien verbreiten ihre Berichte nur noch im Internet; immer weniger Menschen lesen sie.
Februar 2021	Der letzte unabhängige Radiosender wird abgeschaltet.

der autoritäre Staat: In einem autoritären Staat dürfen Bevölkerung und Parteien nicht demokratisch mitbestimmen. Kritische Meinungen werden unterdrückt. Die Medien werden von der Regierung kontrolliert.

die illiberale Demokratie: ein politisches System, das äußerlich eine Demokratie ist, in dem die Bevölkerung aber nicht alle demokratischen Freiheiten besitzt. Die Regierung wird in vielen Fällen gewählt, übt dann aber immer mehr Macht aus und schränkt Freiheiten (z. B. Meinungsfreiheit, Pressefreiheit) ein.

5 Zusammenfassung

Gefahren für die Demokratie – und wie wir sie schützen

Die wichtigsten Fachbegriffe

- ✓ die Verschwörungserzählung
- ✓ die Fake News
- ✓ der Populismus
- ✓ die Radikalisierung
- ✓ der Extremismus
- ✓ der Pluralismus
- ✓ der Verfassungsschutz
- ✓ das Bundesverfassungsgericht
- ✓ die Ewigkeitsklausel
- ✓ das Parteiverbot
- ✓ die Diskriminierung
- ✓ die gruppenbezogene Menschenfeindlichkeit
- ✓ die Hatespeech
- ✓ die Zivilcourage
- ✓ der Rechtsstaat
- ✓ der autoritäre Staat
- ✓ die illiberale Demokratie

Das kannst du

- ■ Du kannst erläutern, wie Fake News und Verschwörungserzählungen die heutigen Medien beeinflussen.
- ■ Du kannst die Begriffe Populismus, Radikalisierung und Extremismus erklären und unterscheiden.
- ■ Du kannst skizzieren, wie sich Populismus auf die Demokratie auswirkt.
- ■ Du erkennst Formen und Merkmale von Rechtsextremismus.
- ■ Du kannst erklären, was eine wehrhafte Demokratie ist.
- ■ Du erkennst Formen von Diskriminierung und weißt, was du dagegen tun kannst.
- ■ Du erkennst Antisemitismus und weißt, was du dagegen tun kannst.
- ■ Du weißt, wie du Zivilcourage zeigen kannst und dich dabei selbst schützt.
- ■ Du kannst Merkmale autoritärer Staaten und illiberaler Demokratien nennen.

Projekt: Expertinnen und Experten befragen

Experten sind Menschen, die sich besonders gut mit einem Thema auskennen. Beispielsweise, weil sie auf einem bestimmten Gebiet forschen. Oder weil sie bestimmte Lebenserfahrungen gemacht haben. Zeitzeugen sind in gewisser Weise auch Experten, denn sie haben Ereignisse in der Vergangenheit miterlebt, die wir teilweise nur aus den Geschichtsbüchern kennen.

Wenn wir Experten befragen, bekommen wir Informationen aus erster Hand. Eine solche Befragung kann als Interview durchgeführt und zum Beispiel per Video festgehalten werden.

Das Interview vorbereiten

1. Legt fest, zu welchem Thema das Interview durchgeführt werden soll.
2. Recherchiert, wer als Expertin oder als Experte infrage kommt (z. B. Politikerinnen oder Politiker vor Ort).
3. Legt Ort und Zeit für das Interview fest. Sprecht euch dafür mit dem Experten ab.
4. Notiert Fragen zu eurem Thema. Bringt sie in eine sinnvolle Reihenfolge.

Das Interview durchführen

5. Verteilt Aufgaben:
   a Wer führt das Interview?
   b Wer kümmert sich um die Organisation (z. B. Besorgen von Getränken)?
   c Wer hält die Ergebnisse fest (z. B. durch Mitschrift oder Video)?

Tipp: Führt ein Probe-Interview mit einer Mitschülerin oder einem Mitschüler durch.

Interviews können auch vor Zuschauern stattfinden.

Das Gespräch festhalten

Es bietet sich an, das Interview zu filmen. Dazu reicht schon eine Handykamera aus.
Beachtet bei Video-Aufnahmen Folgendes:
- Holt euch das Einverständnis der Expertin oder des Experten ein, gefilmt zu werden.
- Überprüft die technischen Voraussetzungen. Ist das Bild scharf? Reicht das Mikrofon aus, um alles zu verstehen?

Zum Schluss: Ergebnisse präsentieren

Wie könnt ihr möglichst vielen eurer Mitschüler von eurem Interview berichten? Verfasst einen Artikel für eure Schulwebseite oder die Schülerzeitung. Wenn ihr das Interview gefilmt und die Erlaubnis vom Experten habt, könnt ihr das Video auch auf die Webseite hochladen.

6 Woher kommen wir? – Geschichte(n) außerhalb Deutschlands

Keine Lebensgeschichte ist wie die andere. Wer wir sind, wird davon bestimmt, was wir erlebt haben, in was für einer Familie und mit was für einer Kultur wir aufgewachsen sind. In einer pluralistischen Gesellschaft soll Platz für alle sein. Es ist nicht immer einfach, einander zu verstehen, doch je besser wir einander kennen, desto leichter fällt es.

Die Geschichte Deutschlands ist nicht einfach nur „da". Deutschland hat vielfältige Beziehungen zu anderen Ländern. Indem wir uns mit Geschichten und Ereignissen außerhalb Deutschlands beschäftigen, finden wir uns besser in der Welt zurecht.

Natürlich ist die Weltgeschichte sehr vielfältig. Deswegen gibt dieses Kapitel einen Einblick in eine kleine Auswahl.

Projekt: Sich im World Café austauschen
– Ein World Café dient dazu, dass sich Menschen mit unterschiedlichen Erfahrungen in gemütlicher Atmosphäre zu einem Thema austauschen.
– Im Projekt erfahrt ihr, wie ihr selbst ein World Café in eurer Klasse organisieren könnt.
– Am Ende des Kapitels gibt es die Projektseite. Dort findet ihr eine Anleitung, wie ihr das World Café organisieren könnt.

6 Woher kommen wir? – Geschichte(n) außerhalb Deutschlands

6.1 Das Osmanische Reich und die Türkei

Impuls
Im Laufe der Geschichte gab es einige Weltreiche. Zählt die auf, die ihr kennt.

Wie entstand das Osmanische Reich?

Das Osmanische Reich wurde von Osman I. im Jahr 1299 gegründet und es wurde auch nach ihm benannt. Osman gab sich selbst den Titel „Sultan", das ist Arabisch und bedeutet Herrscher. Alle folgenden Herrscher trugen diesen Titel. Von Anfang an war der Islam die führende Religion im Osmanischen Reich. Diese Religion war im 7. Jahrhundert vom Propheten Mohammed gegründet worden. Die Muslime glauben daran, dass ihm ein Engel erschienen ist. Er gab dem Propheten den Auftrag, Gottes Wort zu verbreiten. Der Islam wurde Anfang des 16. Jahrhunderts zur Staatsreligion erklärt.

Die Eroberungen der Osmanen

Das Reich war zunächst sehr klein im Vergleich zu seiner späteren Größe (siehe M1). Jedoch begann bereits Osman I. damit, sein Herrschaftsgebiet durch Eroberungen zu vergrößern. Bald umfasste das Osmanische Reich das Staatsgebiet der heutigen Türkei. Dabei blieb es nicht. Sultan Mehmed II., der zwischen 1444 und 1481 regierte, eroberte 1453 Konstantinopel. Das war damals die Hauptstadt des Oströmischen Reiches. Seitdem galt das Osmanische Reich als Weltreich. Später setzte sich Istanbul als Name für diese Stadt durch. Sie wurde zur wichtigsten Metropole des Reiches.

Die Eroberung großer Gebiete gelang nur, weil das Osmanische Reich über eine sehr gut ausgebildete Armee verfügte. Ihre Krieger wurden von allen Gegnern gefürchtet.

In den folgenden Jahrhunderten wuchs das Osmanische Reich weiter. Als größter Eroberer galt Sultan Süleyman I. Er regierte zwischen 1520 und 1566. Unter seiner Herrschaft drangen die Osmanen bis weit nach Süd- und Osteuropa vor. So gehörten damals Städte wie Athen, Belgrad oder Budapest zum Osmanischen Reich. Seine größte Ausdehnung erreichte es im 17. Jahrhundert, es war das größte Reich auf dem europäischen Kontinent. Dadurch verbreitete sich auch die islamische Religion.

Der Einfluss der Osmanen auf Europa

In einigen südosteuropäischen Staaten, die früher zum Osmanischen Reich gehörten, gibt es daher noch große muslimische Bevölkerungsgruppen, zum Beispiel in Albanien, dem Kosovo und in Bosnien-Herzegowina. Aber auch anderswo in Europa finden wir noch viele Spuren, die der Islam und das Osmanische Reich hinterlassen haben, zum Beispiel in Griechenland, Ungarn oder Österreich.

Zielangabe: Wir untersuchen, wie das Osmanische Reich zu einem islamischen Weltreich werden konnte und welche Spuren es hinterlassen hat.

Worterklärungen
der Prophet: im religiösen Sinne ein Bote Gottes
der Muslim: Anhänger des Islam
die Staatsreligion: meistens die einzige Religion, die in einem Staat ausgeübt werden darf
das Staatsgebiet: Fläche eines Staates
die Metropole: größte und wichtigste Stadt eines Landes

Aufgaben

1 Stelle dar, welche heutigen Staaten das Osmanische Reich zur Zeit seiner größten Ausdehnung umfasste (**M1**).
2 Erläutere anhand des Briefes an König Franz I. (**M2**), wie Süleyman sich selbst sah.
3 Arbeite heraus, welche Spuren der Osmanen es bis heute in Europa gibt (**Text**, **M3**).

---

das Weltreich: ein Reich, das besonders groß und besonders mächtig ist.
die Weltreligion: Eine Weltreligion ist in weiten Teilen der Welt verbreitet. Es gibt fünf Weltreligionen: Christentum, Islam, Judentum, Hinduismus, Buddhismus.

Das Osmanische Reich und die Türkei

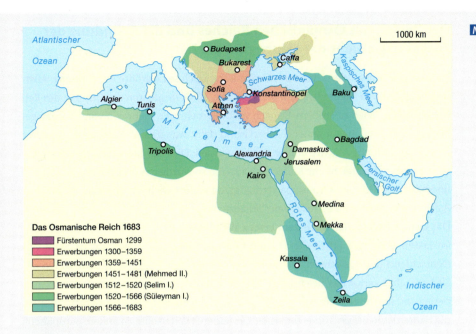

M1 Das Osmanische Reich zur Zeit seiner größten Ausdehnung, 1683

M2 Brief von Sultan Süleyman I. an König Franz I. von Frankreich, 1526

Franz I. wurde zu dieser Zeit in Spanien gefangen gehalten. Von dort schrieb er an Süleyman I. und bat ihn um Hilfe. Süleyman I. (1520–1566) war einer der mächtigsten Sultane des Osmanischen Reiches.

Ich bin der Sultan der Sultane, der Herrscher der Herrscher, der Spender der Kronen der [...] Monarchen der ganzen Erde, der Schatten des Gottes auf Erden, der Sul-
5 tan und souveräne Herrscher des Mittelmeers und des Schwarzen Meeres, von Rumelien und Anatolien, von Karamanien, vom Land der Römer, von Dhulkadria, von Diyarbakir, von Kurdistan, von Aserbaidschan, von Persien, von Damaskus, von Aleppo, von
10 Kairo, von Mekka, von Medina, von Jerusalem, von allen Arabien, der Jemen und viele andere Länder, die meine edlen Vorväter [...] (möge Gott ihre Gräber erleuchten!) mit der Kraft ihrer Waffen erobert haben und die meine erhabene Majestät meinem flammen-
15 den Schwert [...] unterworfen hat [...].

Eigene Übersetzung nach: R. B. Merriman, Suleiman the Magnificent 1520–1566, Harvard Univ. Press, 1944, Reprint 2007 (übers. v. Autor)

M3 Spuren der Osmanen

Die Osmanen kamen auf ihren Feldzügen bis weit nach Europa. Hier zwei Beispiele von Spuren der Osmanen in unserer Kultur heute:

Doch die Osmanen hinterließen nicht nur Angst und Schrecken, sondern auch so einige Dinge, die wir bis heute schätzen und genießen. Dazu zählt zum Beispiel der Kaffee. Es wird erzählt, dass die Osmanen auf der Flucht Kaffeebohnen verloren hätten. Der
5 Kaffee war [in Asien] schon seit längerer Zeit [...] beliebt. Die Wiener hielten diese komischen vertrockneten Bohnen für eine Art Kamelfutter und keinesfalls dafür geeignet, von Menschen gekostet zu werden. Aber ein schlauer Mann kam auf die Idee,
10 diese Bohnen aufzukochen, und das Ergebnis war unser Kaffee.

Auch die Bäcker der Stadt Wien waren einfallsreich, aus Teig wurde der Halbmond der Osmanen – die Mondsichel war das Symbol des Osmanischen
15 Reiches – geformt und heraus kam das Croissant, das wir heute noch sehr auf unserem Frühstückstisch schätzen.

Europa und die Welt: „Woher stammen Kaffee und Croissants", https://www.kinderzeitmaschine.de/neuzeit/absolutismus/lucys-wissensbox/europa-und-die-welt/woher-stammen-kaffee-und-croissants/(01.03.2024)

6 Woher kommen wir? – Geschichte(n) außerhalb Deutschlands

Der Zerfall des Osmanischen Reiches und die Gründung der Türkei – wie sieht der Neubeginn aus?

Impuls
Fasst in einer Mindmap an der Tafel zusammen, was ihr über die Türkei und ihre Geschichte wisst.

Ende des 17. Jahrhunderts hatte das Osmanische Reich seine größte Ausdehnung. Allerdings begann sein Niedergang um dieselbe Zeit. 1683 versuchten die Truppen des Reiches erfolglos, Wien zu erobern. Danach verlor es mehr und mehr von seinem Staatsgebiet und somit auch von seiner Macht. Grund dafür war, dass ab dem 18. Jahrhundert andere europäische Mächte immer stärker wurden. Dies traf besonders auf das Russische und das Österreichische Kaiserreich zu. Und so wurde das Osmanische Reich nach und nach aus Süd- und Osteuropa verdrängt, da es dort wichtige Kriege verlor. Auch in Asien und Afrika verlor es Teile seines Staatsgebiets.

Das Osmanische Reich nach dem Ersten Weltkrieg

Im Ersten Weltkrieg (1914–1918) kämpfte das Osmanische Reich an der Seite von Deutschland und Österreich. Dieses Bündnis verlor den Krieg. Nach dem Willen der Siegermächte verlor das Reich erneut große Teile seines Staatsgebiets. Das einstmals riesige und mächtige Weltreich existierte nicht mehr. Bleiben sollte ein Gebiet, das etwa die Hälfte der heutigen Türkei umfasste. Die andere Hälfte sollte an andere europäische Staaten verteilt werden. Doch die Bewohner des verbliebenen Osmanischen Reiches waren mit diesen Plänen nicht einverstanden. Viele wollten einen unabhängigen türkischen Nationalstaat. Die türkischen Nationalisten wurden von Mustafa Kemal angeführt. Von 1919 bis 1923 fand der Türkische Unabhängigkeitskrieg gegen die europäischen Besatzungsmächte statt, den die Nationalisten gewinnen konnten.

Mustafa Kemal gründet die Türkei

So kam es 1923 zur Gründung der Republik Türkei. Mustafa Kemal wurde erster Staatspräsident der Türkei und blieb es bis zu seinem Tod 1938. 1934 verlieh ihm das türkische Parlament als Ehrentitel den Nachnamen Atatürk (Vater der Türken).

Atatürk begann sofort damit, das Land zu modernisieren. Ihm war es wichtig, der Türkei eine demokratische Verfassung zu geben. Außerdem führte er die Trennung von Religion und Staat ein. Der Islam war also nicht mehr länger Staatsreligion.

Die zahlreichen Reformen Atatürks veränderten in vielen Bereichen das Leben der Bevölkerung.

Zielangabe: Wir untersuchen, wie aus dem Osmanischen Reich die Türkei entstand.

Worterklärungen
das Bündnis: Zusammenschluss mehrerer Staaten, um gemeinsam politische Ziele zu erreichen
unabhängig: frei; kann seine Entscheidungen selbst fällen
der Nationalist: Anhänger eines Nationalstaats
rückständig: das Gegenteil von „modern"

Aufgaben

1 Stelle anhand von **M1** fest, wo die Türkei liegt und welche Nachbarstaaten sie hat.
2 Beschreibe und interpretiere die Darstellung Atatürks (**M2**).
3 Beschreibe und interpretiere **M3**. Gehe auch auf das „Hutgesetz" ein.
4 Diskutiert zu zweit, ob Kleidung eine Rolle dabei spielt, ob jemand modern oder rückständig ist.
5 Beurteile die Reformen Atatürks (**M4**). Welche hältst du für sinnvoll?

....

der Nationalstaat: ein Staat, dem nur Menschen einer Nation angehören. Die meisten europäischen Staaten sind Nationalstaaten. Das Gegenteil wäre ein Vielvölkerstaat, wo verschiedene Völker in einem Staat leben, wie z. B. in Russland.

Das Osmanische Reich und die Türkei 6

M1 Geografische Lage der Türkei

M2 Mustafa Kemal Atatürk

Eine Fahne in einer Straße in der Türkei mit dem Bild von Atatürk.

M3 Türkischer Mann mit Fez

Der Fez war bis zur Gründung der Republik Türkei die typische Kopfbedeckung der Männer. Im „Hutgesetz" (1925) verbot Atatürk das Tragen des Fez. Stattdessen sollten alle türkischen Männer einen Hut tragen. Dies sollte die Zugehörigkeit der Türkei zu Europa betonen.

M4 Umgestaltung der Türkei durch Kemal Atatürk

Kemal Atatürk gestaltete die Türkei in vielen Bereichen um und erließ wichtige Reformen.

Politik	– Abschaffung des Sultanats[1] – Umwandlung der Türkei in eine Republik	**Recht**	– Gesetzgebung nach europäischem Vorbild
Gesellschaft	– gleiche Rechte für Mann und Frau – Abschaffung von Adelstiteln (z. B. Kalif) – Verbot des Tragens religiöser Kleidung (Fez, Kopftuch)	**Bildung und Kultur**	– lateinische Schriftzeichen statt arabischer Schrift – einheitliche Regelung der Universitätsausbildung
		Staat	– Trennung von Staat und Religion

1 das Sultanat: Form der Monarchie im Osmanischen Reich

6 Woher kommen wir? – Geschichte(n) außerhalb Deutschlands

Impuls
Erkläre kurz, was dich mit der Türkei verbindet. Warst du dort schon einmal? Hast du türkische Freunde? Kommst du oder kommen deine Vorfahren von dort?

Worterklärungen
Istanbul: größte Stadt der Türkei
der Putsch: gewaltsame Übernahme der Regierungsgewalt
autoritär: politische Macht ist in der Hand einzelner bzw. weniger Personen.
der Nahe Osten: westlicher Teil Asiens

Wo steht die Türkei heute?

Die heutige Türkei ist stark geprägt von Recep Tayyip Erdoğan (geboren 1954). Er wurde 2003 vom türkischen Parlament zum Ministerpräsidenten gewählt. Seit 2014 ist er türkischer Staatspräsident.

Wie hat Erdoğan die Türkei verändert?

Zu Beginn seiner Regierungszeit war es Erdoğan wichtig, die Türkei zu stärken. Mit Reformen kurbelte er die Wirtschaft an. So produzierte die türkische Industrie zum Beispiel erstmals ein eigenes Auto. Ein Ziel dieser Reformen war es, dass die Türkei auch international eine stärkere Rolle spielen sollte. Viele Türkinnen und Türken bewerten ihn deswegen positiv.

Andererseits unterdrückt Erdoğan politische Gegner und schränkt die Meinungs- und Pressefreiheit ein. So wurden Journalisten verhaftet, die sich über seine Regierung kritisch äußerten. Außerdem ließ er zahlreiche Zeitungen, Radio- und Fernsehsender verbieten. Erdoğan verhalf auch dem Islam zu mehr Einfluss im Staat. Der Schulunterricht muss islamischen Inhalten entsprechen. Frauen haben weniger Rechte. So wurde etwa das Recht auf Abtreibung eingeschränkt. Eine klare Trennung von Religion und Staat besteht nicht mehr.

Erdoğan ist aber auch in seinem Heimatland umstritten. 2013 fanden Demonstrationen im Gezi-Park in Istanbul statt, die sich gegen ein Bauprojekt richteten. Erdoğan wollte in dem Park eine osmanische Kaserne nachbauen lassen. Die Bewegung wuchs schnell und richtete sich zunehmend gegen die Politik von Erdoğan. Daraufhin wurden die Proteste gewaltsam beendet und viele Demonstranten verhaftet. Außerdem versuchten 2016 Angehörige des Militärs, Erdoğan im Rahmen eines Putsches abzusetzen. Der Putsch scheiterte, die Anführer wurden verhaftet.

Die Türkei und Europa

Zahlreiche europäische Länder sind Verbündete der Türkei, die seit 2005 EU-Kandidat ist. Doch viele europäische Staatschefs beobachten mit Sorge, wie Erdoğan sein Land regiert. Sie fürchten, dass die Türkei unter Erdoğan zunehmend autoritärer und damit weniger demokratisch wird. Das Land ist aber weiterhin ein wichtiger Partner Europas. So arbeiten die EU und die Türkei z. B. in der Flüchtlingskrise zusammen. Auch gehört die Türkei zur NATO, einem wichtigen Verteidigungsbündnis (▶ S. 196).

Zielangabe: Wir analysieren die aktuelle Entwicklung der Türkei.

Aufgaben

1 Skizziere die Entwicklung der Türkei unter Erdoğan (**Text**, **M1**).
2 Beschreibe und interpretiere **M1**. Entwickle Ideen, weshalb die meisten Demonstranten ihr Gesicht mit Masken und Tüchern bedecken.
3 Vergleiche Filiz Ülkers Aussage (**M2a**) mit der von Ayshe (**M2b**). Beurteile die Ansichten der beiden Frauen.

....

die Flüchtlingskrise: Seit 2015 flüchten sehr viele Menschen aus dem Nahen Osten und aus Afrika vor Krieg und Armut nach Europa.
das Verteidigungsbündnis: In einem Verteidigungsbündnis helfen sich Länder gegenseitig, wenn sie von anderen Staaten angegriffen werden.

M1 Gezi-Park: Demonstranten in Istanbul, 2013

Die Demonstrationen richteten sich mehr und mehr gegen die Politik Erdoğans. Auch gegen friedliche Proteste wird zum Teil mit Gewalt vorgegangen.

M2 Präsidentschaftswahlen in der Türkei, 2023: Wahlentscheidungen von Deutschtürkinnen

a) Filiz Ülker ist zum Zeitpunkt der türkischen Präsidentschaftswahl 2023 46 Jahre alt. Sie ist Hausfrau und wohnt mit ihrer Familie in Deutschland.

[…] Ülker hat einen türkischen Pass, die Türkei sei ihr Vaterland, sagt sie, […]. Aber sie fühle sich weder nur als Deutsche noch als Türkin, mehr von beidem etwas.
5 Der wichtigste Punkt […]: das Kopftuch. Ülker […] betet fünf Mal am Tag und trägt ein Kopftuch. „Erdoğan vertritt meine Interessen", sagt Ülker. Sie verweist darauf, dass es Erdoğan war, der das Kopftuchverbot für Studentinnen und im Öffentlichen
10 Dienst aufhob. […]
Erdoğan habe die Türkei in ein fortschrittliches Land verwandelt, sagt sie. Er habe […] Schulen und Krankenhäuser gebaut, die Rüstungsindustrie floriere [= wachse], er unterstütze Witwen. […]
15 Beim Thema Demokratie und Pressefreiheit misst Ülker mit zweierlei Maß: Dass Journalisten in Deutschland Bundeskanzler Scholz kritisieren dürfen, in der Türkei Journalisten für Kritik an Erdoğan aber ins Gefängnis kommen, empfindet sie nicht als
20 Widerspruch: In der Türkei würden Journalisten hetzen und zu [Aufständen] aufrufen. […] „Natürlich bleibt die Demokratie da auf der Strecke."

b) Ayshe ist 2023, zum Zeitpunkt der türkischen Präsidentschaftswahl. 27 Jahre alt. Sie ist Juristin und lebt in Frankfurt.

„Es ist unfair, dass Menschen, die im Ausland leben, wählen können", sagt Ayshe. Denn sie müssten die Konsequenzen weniger tragen. Ayshe lebt […] in Frankfurt […]. Hier gab sie auch ihre Stimme gegen Erdoğan ab.
5 Die Wirtschaft in der Türkei sei kaputt, […] die hohe Inflation [= Preisanstieg] bringen sogar Menschen wie ihre Eltern in finanzielle Bedrängnis, die als Lehrerin und Anwalt eigentlich gute Jobs hätten. […]
10 Auch Ayshes Name wurde von der Redaktion geändert. Sie befürchtet, dass sie als Gegnerin Erdoğans bei einer Reise in die Türkei Probleme bekommen könnte. […]
Ayshe sorgt sich auch um die rechtliche Situation der Frauen in der Türkei. „Wenn Frauen belästigt werden,
15 wissen sie, die Männer kommen damit durch, es wird nicht verfolgt." Die Situation der Frauen habe sich unter Erdoğan verschlechtert. „In vielen Bereichen gibt es in der Türkei ein Klima der Angst."

Zit. nach: Sonja Süß: Türkei-Wahl, 14.05.2023, https://www.hessenschau.de/politik/tuerkei-wahlen-so-begruenden-drei-hessinnen-ihre-wahlentscheidung-v1,tuerkei-wahl-hessen100.html (01.03.2024)

Fotos analysieren

Seit der Erfindung der Fotografie im 19. Jahrhundert leben wir in einer Welt voller Bilder. Fotos spielen auch dann eine wichtige Rolle, wenn wir Geschichte oder das aktuelle Geschehen verstehen wollen. Sie zeigen bedeutende Ereignisse und Personen und machen diese für uns greifbar und verständlich.

Ein Foto scheint immer die Realität einzufangen. Doch das stimmt nicht ganz. Denn der Fotograf beeinflusst immer, wie wir ein Foto sehen. Dies tut er durch Auswahl eines Bildausschnitts, eines Motivs oder der Perspektive. Vor allem heutzutage werden Fotos oft nachträglich am Computer bearbeitet. Deswegen ist es wichtig, ein Foto, sein Motiv und seine Entstehung zu untersuchen.

Besonders Fotos, die für die Presse und somit für die breite Öffentlichkeit gemacht werden, können die Meinung der Menschen zu einem bestimmten Ereignis oder einer bestimmten Person besonders stark beeinflussen.

M1 Ilkay Gündoğan und Recep Tayyip Erdoğan, 14. Mai 2018

Im Mai 2018, kurz vor Beginn der Fußball-WM 2018, traf der deutsche Nationalspieler Ilkay Gündoğan (links) in London vor Pressefotografen den türkischen Präsidenten Recep Erdoğan. Dabei überreichte er ein Trikot seines damaligen Vereins Manchester City an Erdoğan. Auf das Trikot schrieb er: „An meinen verehrten Präsidenten – hochachtungsvoll."

Gündoğan ist einer der erfolgreichsten deutschen Fußballer türkischer Abstammung. 2023 gewann er mit Manchester City die Champions League. Im selben Jahr wurde er als erster türkischstämmiger Spieler Deutschlands „Fußballer des Jahres".

Methode: Fotos analysieren 6

Aufgabe

1. Analysiere mithilfe der Tabelle das Foto **M1**. Gehe dabei Schritt für Schritt vor und nutze die vorliegenden Textbausteine.
2. Ermittle mithilfe des Internets, weshalb dieses Foto damals in Deutschland Kritik auslöste.
3. Diskutiert darüber, ob es richtig von Ilkay Gündoğan war, dass er sich für dieses Foto (**M1**) zur Verfügung gestellt hat.

Schritte der Analyse von Fotos	Textbausteine
Allgemeine Informationen über das Foto	
• Was ist das Motiv des Fotos? • Wer hat das Foto gemacht? • Wann wurde es aufgenommen? • Wo wurde es veröffentlicht?	Auf dem Foto sieht man … Aufgenommen wurde das Foto von … Das Foto entstand am (*Datum*) … Es wurde in/im (*Zeitungen, Magazinen, Internet*) veröffentlicht.
Beschreibe das Foto	
• Was ist auf dem Foto zu sehen? (Zentrum, Vordergrund, Hintergrund) • Aus welcher Perspektive wurde das Foto aufgenommen?	Im (*Zentrum, Vordergrund, Hintergrund*) sieht man … Der Fotograf hat das Foto (*von Nahem, von Weitem, aus der Luft, vom Boden aus*) aufgenommen.
Deute das Foto	
• Was fällt an dem Foto besonders auf? • Welches Ziel hat der Fotograf? • Zu welcher Zeit entstand das Foto?	Es fällt besonders auf, dass …. Der Fotograf möchte damit zeigen, dass … Das Foto entstand (*zur Zeit, anlässlich*) des/der … Der Fotograf machte das Foto für …
Beurteile das Foto	
• An wen ist das Foto gerichtet? (Welche Gruppe, welche Altersgruppe, welches Geschlecht, welche Länder?) • Welche Schlussfolgerung kann man aus dem Foto ziehen? • Wie bewertest du das Foto?	Das Foto richtet sich an … Aus dem Foto kann man die Schlussfolgerung ziehen, dass … Meiner Meinung nach ist das Foto gut/schlecht, weil …

6.2 Der Nahostkonflikt

Was sind die Ursachen des Nahostkonflikts?

Impuls
Berichte, was du bisher über die Juden und deren Geschichte gelernt hast.

Der Begriff „Nahostkonflikt" bezeichnet den Streit zwischen Israel und den Palästinensern um Land. Im Zentrum des Konflikts steht die Region Palästina, die heute den Staat Israel umfasst sowie die von Israel besetzten palästinensischen Gebiete Westjordanland, den Gazastreifen und Ostjerusalem.

Ursachen des Konflikts

Seit dem 19. Jahrhundert und verstärkt in den 1930er-Jahren wanderten Juden nach Palästina ein. Sie betrachteten dieses Gebiet als das „Land ihrer Väter". Dort hatte vor langer Zeit das jüdische Volk gelebt, bevor dessen Reich 70 n. Chr. von den Römern zerstört worden war.

Palästina gehörte bis 1917 zum Osmanischen Reich, danach stand es unter der Verwaltung von Großbritannien. Nach dem Ende des Zweiten Weltkriegs wanderten immer mehr Juden nach Palästina ein. Als die Konflikte zwischen jüdischen Siedlern und den dort lebenden Palästinensern größer wurden, übernahm die UNO die Herrschaft über das Land. Die UNO erkannte das Recht der Juden auf einen eigenen Staat an. Der Hauptgrund dafür war der Holocaust im Zweiten Weltkrieg (▶ S. 110). Die UNO beschloss 1947 die Teilung Palästinas sowie die Gründung eines jüdischen und eines arabischen Staates. Die Palästinenser und arabische Staaten wie Ägypten, Transjordanien, Syrien oder der Libanon lehnten diesen Beschluss ab, die UNO habe nicht das Recht, über das Schicksal der Palästinenser zu bestimmen. Die Juden stimmten ihm zu.

Worterklärungen
die Palästinenser: ursprünglich keine einheitliche Volksgruppe; der Begriff bezeichnet alle aus Palästina stammenden Araber
der Verbündete: befreundetes Land, das hilft

Nach der Gründung des Staates Israel

So wurde am 14. Mai 1948 der Staat Israel gegründet. Die UNO unterstützte die Staatsgründung. Doch verschiedene arabische Nachbarstaaten griffen Israel am 15. Mai mit ihren Armeen an. Dieser „Unabhängigkeitskrieg" dauerte von Mai 1948 bis Januar 1949. Israel gewann den Krieg. Während des Krieges flohen bis zu 700.000 Palästinenser in Nachbarstaaten, wo sie oft bis heute in Flüchtlingslager leben. Auch 700.000 Juden, die in arabischen Staaten lebten, mussten fliehen. Sie gingen nach Israel. In den folgenden Jahrzehnten kam es zu weiteren Kriegen zwischen Israel und arabischen Staaten.

Zielangabe: Wir untersuchen und problematisieren den Nahostkonflikt.

Aufgaben

1 Schildere die Ursachen des Nahostkonflikts und die Folgen (**Text, M1, M4**).
2 Begründe, weshalb die Juden dem Teilungsplan zustimmten, verschiedene arabische Staaten aber nicht (**M1, Text**).
3 Erschließe die Begründung der Juden für die Gründung eines eigenen Staates (**M2**).
4 Ermittle die besondere Bedeutung der Stadt Jerusalem (**M1**).
5 Diskutiert zu zweit die beiden unterschiedlichen Sichtweisen (**M3**).

Jerusalem: Für Juden, Christen und Muslime ist Jerusalem eine heilige Stadt. 1950 erklärte Israel West-Jerusalem zu seiner Hauptstadt, 1980 die ganze Stadt. Doch nur wenige Staaten erkennen Jerusalem als Hauptstadt an. Daher befinden sich die meisten Botschaften in Tel Aviv.

Der Nahostkonflikt

M1 Israel und Palästina, 1947 bis heute

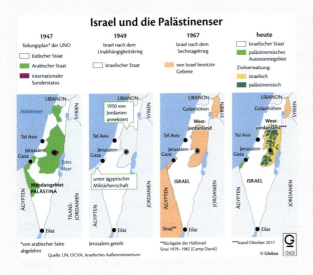

Quelle: UN, OCHA, Israelisches Außenministerium

M3 Ein Historiker über den Unabhängigkeitskrieg, 1948/49

Während der Unabhängigkeitskrieg Israels aus arabischer Sicht den Kulminationspunkt [Höhepunkt] einer jahrzehntelangen Kolonialisierung und Ausbeutung des Nahen Ostens durch westliche Mächte [...] darstellt, erscheint der Mehrheit der Israelis der Krieg als der heroische Kampf eines kleinen Volkes gegen eine überwältigende Übermacht („David gegen Goliath"), der die lange ersehnte Staatsgründung sicherte.

Mathias Pophanken, Der Unabhängigkeitskrieg Israels und das Schicksal der Palästinenser, in: Geschichte lernen 83/2001, S. 37

M2 Gründungsurkunde des Staates Israels, 1948

Am 14. Mai 1948 erklärte Israel sich zum unabhängigen Staat. Mit dieser Gründungsurkunde rechtfertigen die Staatsgründer ihr Handeln.

Im Lande Israel entstand das jüdische Volk. Hier prägte sich sein [...] religiöses und politisches Wesen. Hier lebte es frei und unabhängig. Hier schuf es eine nationale [...] Kultur und schenkte der Welt [die Bibel]. Durch Gewalt vertrieben, blieb das jüdische Volk auch in der Verbannung seiner Heimat in Treue verbunden. [...] Nie verstummte sein Gebet um Heimkehr und Freiheit.

[...] Die Katastrophe, die in unserer Zeit über das jüdische Volk hereinbrach und in Europa Millionen von Juden vernichtete, bewies unwiderleglich aufs Neue, dass das Problem der jüdischen Heimatlosigkeit durch die Wiederherstellung des jüdischen Staates im Lande Israel gelöst werden muss [...].

[...] Gleich allen anderen Völkern ist es das natürliche Recht des jüdischen Volkes, seine Geschichte unter eigener Hoheit selbst zu bestimmen. Demzufolge haben wir [...] uns hier eingefunden und verkünden hiermit kraft unseres natürlichen und historischen Rechtes und aufgrund des Beschlusses der Vollversammlung der Vereinten Nationen die Errichtung eines jüdischen Staates im Lande Israel – des Staates Israel.

Unabhängigkeitserklärung Israels, zit. nach: https://www.hagalil.com/israel/independence/azmauth.htm (01.03.2024)

M4 Kriege zwischen Israel und arabischen Staaten, 1967–1982

Jahr	Krieg	Geschehen	Ergebnis
1967	Sechstagekrieg	Israel wehrt sich gegen Kriegsvorbereitungen der arabischen Seite und schlägt zuerst zu.	Israel nimmt Ostjerusalem ein. Es besetzt Westjordanland, den Gazastreifen, die Golanhöhen, die Sinaihalbinsel und beginnt, die Gebiete zu besiedeln.
1973	Jom-Kippur-Krieg	Arabische Staaten starten einen Überraschungsangriff am israelischen Jom-Kippur-Feiertag. Israel kann sich behaupten.	Die Feindseligkeiten werden auf Druck der USA eingestellt.
1982	Libanonkrieg	Israel besetzt die libanesische Hauptstadt Beirut, um sich gegen Übergriffe an seiner Nordgrenze zu schützen.	Die UN übernehmen die Kontrolle über das Grenzgebiet.

6 Woher kommen wir? – Geschichte(n) außerhalb Deutschlands

Der Nahostkonflikt heute – ist Frieden möglich?

Impuls
Stelle dir vor, du hättest mit einem Nachbarn schon lange Streit. Diskutiere, warum es besonders schwer ist, solche Streitigkeiten zu lösen.

Seit den 1970er-Jahren gab es keinen Krieg mehr zwischen Israel und den arabischen Staaten. Doch der Konflikt zwischen Israel und den Palästinensern besteht bis heute.

Die erste Intifada und das Oslo-Abkommen

1987 begann die erste Intifada der Palästinenser. Der Grund dafür war, dass die Israelis weiterhin Gebiete besetzten, die die Palästinenser für sich beanspruchten. Die Aufstände waren zunächst friedlich, wurden dann aber gewalttätig. Insgesamt kamen bei den Auseinandersetzungen über 1.000 Menschen ums Leben, die meisten davon auf palästinensischer Seite.

Die erste Intifada endete 1993. In diesem Jahr unterzeichneten Israel und die PLO das Oslo-Abkommen. Es war dort nach Verhandlungen unter Vermittlung der USA zustande gekommen. Israel akzeptierte die Palästinensische Befreiungsorganisation (PLO) als Vertreterin des palästinensischen Volks. Die PLO akzeptierte dafür das Existenzrecht Israels. Dies sollte ein wichtiger Schritt hin zu einer Zwei-Staaten-Lösung werden. Das heißt, neben dem Staat Israel sollte es auch einen unabhängigen Staat Palästina geben. Doch der Friedensprozess scheiterte: Israel und Palästina konnten sich nicht auf einen Grenzverlauf zwischen den beiden Staaten einigen.

Die zweite Intifada

Nach dem Scheitern des Friedensprozesses begann im Jahr 2000 die zweite Intifada. Dabei kam es vermehrt zu Terroranschlägen durch die palästinensische Seite. Israel reagierte mit militärischer Gewalt. Die zweite Intifada endete 2005.

Wie geht es weiter im Nahen Osten?

Der Konflikt zwischen Israel und Palästina dauert nach wie vor an. Die Bemühungen von beiden Seiten, den Friedensprozess fortzusetzen, scheiterten.

Heute wie damals geht es im Nahostkonflikt darum, dass sowohl Israel als auch Palästina auf einem eigenen Staat bestehen. Die Palästinenser wollen für ihren Staat Gebiete, die zu Israel gehören. Doch die Israelis wollen diese Gebiete nicht abgeben.

Nach einem Angriff der Hamas, bei dem bis zu 1.200 Israelis getötet und über 200 Geiseln nach Gaza entführt wurden, herrscht seit Anfang Oktober 2023 erneut Krieg. Israel ist mit Militär in Gaza eingedrungen, um die Hamas zu zerstören. Dabei kamen bisher über 20.000 Palästinenser ums Leben. Die Hamas wiederum hält weiterhin israelische Geiseln gefangen und beschießt Israel mit Raketen. Internationale Bemühungen, den Krieg zu beenden, waren bisher erfolglos.

Zielangabe: Wir untersuchen, ob Frieden zwischen Israel und Palästina möglich ist.

Worterklärungen
die Intifada: palästinensische Bezeichnung für Aufstand
beanspruchen: etwas für sich fordern
Oslo: Hauptstadt von Norwegen
die PLO: 1964 gegründete Organisation, vertritt die Interessen der Palästinenser hinsichtlich eines eigenen Staates
das Existenzrecht: das Recht eines Landes, ein eigenständiger Staat zu sein
die Hamas: bedeutet „Bewegung des Islamischen Widerstands". Die Hamas wird international als Terrororganisation eingestuft.

Aufgaben

1. a Erläutere die Statements (**M1**, **M2**) in Partnerarbeit. Jeder Partner bearbeitet dabei ein Statement.
   b Bewertet die Statements in Partnerarbeit gemeinsam als Vorschläge zu einer dauerhaften Lösung des Konflikts und zu besserer Verständigung.
2. Beschreibe und interpretiere das Foto (**M3**). Gehe dabei besonders auf die Gestik und Mimik der abgebildeten Personen ein.
3. Beurteile, inwiefern die Fotos (**M4**, **M5**) Gewalthandlungen abbilden.
4. Schildere die aktuelle Situation im Nahostkonflikt (**Text**, **M6**).

M1 Statement des palästinensischen Journalisten Khaled Abu Toameh, 2017

Voran geht es erst an dem Tag, an dem wir von der arabischen, muslimischen Seite den Traum aufgeben, Israel zu zerstören.

Zit. nach: Dana Nowak, https://www.israelnetz.com/fuer-den-frieden-fehlt-die-bildung (01.03.2024)

M2 Statement des israelischen Schriftstellers Uri Avnery, 2014

Als Erstes würde ich direkte Gespräche zwischen den Kombattanten [am Krieg Beteiligte] in die Wege leiten. Ich würde freie Wahlen eines palästinensischen Präsidenten unter internationaler Aufsicht nicht behindern. Ich würde sofort Friedensverhandlungen mit einer vereinten palästinensischen Führung beginnen.

Uri Avnery: Der Krieg ist Terror – beendet ihn! http://www.ag-friedensforschung.de/regionen/Israel1/avnery.html (01.03.2024)

M3 Das Oslo-Abkommen, 1993

Am 13. September 1993 unterzeichneten der israelische Premierminister Yitzhak Rabin (links) und der PLO-Chef Yassir Arafat (rechts) das Oslo-Abkommen. Vermittelt hatte US-Präsident Bill Clinton (Mitte). Rabin und Arafat bekamen dafür den Friedensnobelpreis. Das ist ein wichtiger Preis für Menschen, die sich für Frieden einsetzen.

M4 Grenze zu den Palästinensergebieten, 2022

Diese von Israel gebaute Mauer zum Westjordanland (▶ S. 152) ist Teil einer 769 Kilometer langen Absperrung.

M5 Demonstration von Palästinensern in Nablus (Westjordanland), 17. März 2023

M6 Der neue Krieg im Nahen Osten und die Auswirkungen in Deutschland

Dazu Innenministerin Nancy Faeser, 16. Oktober 2023:

„Unsere Sicherheitsbehörden beobachten die Entwicklung sehr genau, im Netz genauso wie auf der Straße." Allerhöchste Priorität habe weiterhin der Schutz von Jüdinnen und Juden in Deutschland und von jüdischen und israelischen Einrichtungen […]. Es würden „alle rechtlichen Möglichkeiten zur Ausweisung von Hamas-Unterstützern" genutzt. Für Gewalt sowie antisemitische und israelfeindliche Hetze gebe es „null Toleranz".

Zit. nach: https://www.br.de/nachrichten/deutschland-welt/wegen-nahostkonflikt-sorge-um-sicherheitslage-in-deutschland,TspdyfD (01.03.2024)

6.3 Russland und die Sowjetunion

Russische Oktoberrevolution und Gründung der Sowjetunion

Impuls
Habt ihr schon einmal von der „Oktoberrevolution" gehört? Notiert in Kleingruppen Stichpunkte und Fragen.

Lange Zeit lebten die Menschen im russischen Zarenreich unfrei und in großer Armut. Während des Ersten Weltkriegs wurden die Lebensbedingungen für die Bevölkerung noch schlimmer. Hungersnöte und hohe Lebensmittelpreise führten zu großer Unzufriedenheit und 1917 schließlich zu Aufständen gegen die Herrschaft des Zaren.

Die Oktoberrevolution von 1917

Die gewaltsamen Proteste in Petrograd im Februar 1917 zwangen den Zaren zum Rücktritt. Danach bildeten Vertreter der Duma eine Übergangsregierung. Doch auch sie konnten die Probleme nicht lösen. Daraufhin bekam die Partei der Bolschewiki unter Führung von Wladimir Iljitsch Lenin immer mehr Zuspruch. Sie wollte den Krieg beenden und durch radikale sozialistische Reformen die Lebensbedingungen der Menschen verbessern. Um an die Macht zu gelangen, stürzten die Bolschewiki die Regierung. Sie drangen am 25. Oktober 1917 bewaffnet in den Winterpalast ein und verhafteten die dort versammelten Regierungsmitglieder. Dieser Sturz der Regierung und die Machtübernahme der Bolschewiki wird als Oktoberrevolution bezeichnet. Sie gilt als ein bedeutendes Ereignis der Weltgeschichte.

Worterklärungen
der Zar: russisch für Kaiser
Petrograd: heute Sankt Petersburg, damals die Hauptstadt des russischen Zarenreiches
die Duma: russisches Parlament, in der verschiedene Parteien vertreten waren
der Winterpalast: ehemaliger Palast der Zaren; seit Frühjahr 1917 Sitz der Übergangsregierung
der Sowjet: russische Bezeichnung für Arbeiter- und Soldatenrat

Die Bolschewiki bauen ihre Macht aus

Nach der Revolution entstand eine bolschewistische Regierung mit Lenin an der Spitze. Diese Regierung beendete den Krieg und schloss einen Friedensvertrag mit dem Deutschen Reich. Dafür trat sie größere Gebiete des Landes ab. Außerdem sollten Großgrundbesitzer, Banken und Fabrikbesitzer enteignet und der Besitz in Staatseigentum überführt werden.

Bürgerkrieg und Gründung der Sowjetunion (UdSSR)

Doch Teile der Gesellschaft waren nicht einverstanden mit diesen Plänen: Das waren vor allem das Militär, der Adel sowie die Großgrundbesitzer und Fabrikanten. Es kam zu einem blutigen Bürgerkrieg zwischen den Bolschewiki und ihren Gegnern, der 1922 mit dem Sieg der Bolschewisten endete. Dieser Krieg kostete viele Millionen Menschen das Leben.

Nach dem Ende des Bürgerkriegs hatten die Bolschewiki ihre Alleinherrschaft gesichert. Am 30. Dezember 1922 gründeten sie die UdSSR (Union der sozialistischen Sowjetrepubliken), auch Sowjetunion genannt. Die neue Hauptstadt der Sowjetunion wurde Moskau.

Zielangabe: Wir untersuchen, wie es zur Gründung der Sowjetunion kam.

Aufgaben

1. Stelle die zentralen Ereignisse der Oktoberrevolution auf einem Zeitstrahl dar.
2. Nenne Gründe, warum die Menschen in Russland eine Revolution wollten.
3. Diskutiert, inwiefern die Forderungen Lenins etwas radikal Neues waren (**M1**).
4. Analysiere das Foto **M2** mithilfe der Arbeitsschritte der Methodenseite (S. 150).
5. Beschreibe die Karte **M3**.

Russland und die Sowjetunion

M1 Forderungen der Bolschewisten

Wladimir Iljitsch Lenin (1870–1924), der Anführer der Bolschewisten, stellte im April 1917 folgende Forderungen auf:

- Beendigung des Krieges
- Die Macht muss in die Hände der Arbeiter und Bauern gelegt werden.
- Keinerlei Unterstützung der Übergangsregierung
- Enteignung der Großgrundbesitzer, das Land muss an die Bauern verteilt werden.
- Kontrolle über die Industrie
- Verstaatlichung aller Banken
- Keine parlamentarische Republik, sondern Errichtung einer Sowjetrepublik

Vom Verfasser zusammengefasst nach: W. I. Lenin: Werke, Bd. 24, Berlin (Dietz Verlag), S. 3–6

M2 Lenin spricht auf dem Roten Platz in Moskau vor einer Menschenmenge, 1919

M3 Die Sowjetunion und ihre Sowjetrepubliken, 1990/91

Die 15 Sozialistischen Sowjetrepubliken (SSR) 1922–1991

1. Armenische SSR
2. Aserbaidschanische SSR
3. Belarussische SSR
4. Estnische SSR
5. Georgische SSR
6. Kasachische SSR
7. Kirgisische SSR
8. Lettische SSR
9. Litauische SSR
10. Moldauische SSR
11. Russische SFSR
12. Tadschikische SSR
13. Turkmenische SSR
14. Ukrainische SSR
15. Usbekische SSR

---

die Zarenherrschaft: Die Zaren herrschten von 1547 bis 1917 über Russland. In dieser Zeit dehnten sie durch Eroberungen das Land weit nach Osten und Südosten aus. Im Westen grenzte es an das Deutsche Reich. Das Russische Reich umfasste viele Völker mit eigenen Sprachen und Kulturen.

die Bolschewiki: eine radikale Gruppe um Lenin (1870–1924) innerhalb der russischen Arbeiterpartei. Ihr Ziel war eine kommunistische Gesellschaftsordnung.

die Sowjetrepublik: Teilstaat der Sowjetunion mit eigener Verfassung und eigener Hauptstadt. Die Sowjetunion bestand aus 15 Teilstaaten, der wichtigste war Russland.

6 Woher kommen wir? – Geschichte(n) außerhalb Deutschlands

Impuls
Wer kennt Stalin? Recherchiert: Wird er im heutigen Russland als guter oder schlechter Politiker gesehen?

Die Sowjetunion unter Stalin

Die Sowjetunion war von Anfang an eine kommunistische Diktatur. Die Kommunistische Partei (KPdSU) regierte allein. Es gab keine Wahlen oder andere Parteien. Nach Lenins Tod 1924 wurde Josef Stalin (1878–1953) der neue Anführer.

Wirtschaftspolitik Stalins

Mit dem Ausbau von Kohle und Stahl wollte Stalin die rückständige Industrie auf Augenhöhe zum Westen bringen. Dazu wurde nach und nach die Wirtschaft verstaatlicht. Eine Behörde sollte alle wirtschaftlichen Prozesse planen und kontrollieren (Planwirtschaft, ▶ S. 79). Die Sowjetunion kam zwar wirtschaftlich voran, war aber nicht so erfolgreich wie westliche Länder, zum Beispiel die USA.

Ab 1929 wurden eigenständige landwirtschaftliche Betriebe gezwungen, sich in Kolchosen zusammenzuschließen, in der Hoffnung, dass sie so mehr erwirtschaften. Viele Bauern leisteten heftigen Widerstand. Dagegen schritt das Militär ein. Millionen Bauern wurden daraufhin umgesiedelt, ermordet oder in Straflager gebracht. Die Folgen dieser Politik waren katastrophal: 1932/33 kam es zu Hungersnöten. Bis zu sechs Millionen Menschen starben, hauptsächlich in Südrussland, der Ukraine und in Kasachstan.

Worterklärungen
der Westen: politische Bezeichnung für die USA und westeuropäische Länder, die demokratische Werte verbinden
die Kolchose: landwirtschaftliche Gemeinschaften; ihre Mitglieder bewirtschaften das Land, aber alles wird kontrolliert vom Staat
der Gulag: Straf- und Arbeitslager in der UdSSR (1930–1955)

Terror und Stalinverehrung

Stalin hatte große Angst vor Konkurrenten. Vor allem in den 1930er-Jahren ließ er angebliche Gegner oder Kritiker vom Geheimdienst verfolgen und verhaften. In Schauprozessen wurden ca. 700.000 Menschen zum Tode verurteilt und hingerichtet. Jeder konnte verhaftet, ermordet oder in einen Gulag verschleppt werden. Dennoch wurde Stalin von Teilen der Bevölkerung verehrt. Von der Propaganda wurde er als ein Held gefeiert, der die Sowjetunion zu einem großen Land gemacht hat.

Heute stellt die russische Propaganda Stalin als guten Staatschef dar. Stalin hat im Zweiten Weltkrieg Nazi-Deutschland besiegt. Daher sehen viele Russen in ihm einen Helden. Über Stalins Verbrechen wissen sie meist wenig.

Aufstieg zur Weltmacht

Im Zweiten Weltkrieg war die UdSSR 1941 von Nazi-Deutschland überfallen worden. Doch an der Seite der Alliierten gelang ihr der Sieg. Nach dem Krieg konnte sie ihre Herrschaft über Osteuropa ausdehnen. In Staaten wie der DDR, Ungarn, Polen oder Rumänien wurden kommunistische Diktaturen errichtet, sogenannte Satellitenstaaten. Sie alle wurden 1955 Mitglied im „Warschauer Pakt". Das war ein Militärbündnis unter sowjetischer Führung, das Gegenüber war die NATO unter Führung der USA (▶ S. 196). Die Sowjetunion war neben den USA zu einer Weltmacht aufgestiegen.

Zielangabe: Wir analysieren, wie sich die Sowjetunion unter Stalin entwickelte.

Aufgaben

1 Nenne den Unterschied zwischen den Sowjetrepubliken und den Satellitenstaaten der Sowjetunion.
2 Stelle aus **M1** in einer Tabelle dar: **a)** die Satellitenstaaten der UdSSR; **b)** neutrale Staaten, die an die UdSSR grenzen; **c)** NATO-Staaten, die an die UdSSR grenzen.
3 Beschreibe die Abbildungen **M2** und **M3**. Erkläre: Wie lässt sich Stalin darstellen und was bedeutete seine Diktatur für viele Menschen?
4 Begründe, warum Gulags ein Mittel des Terrors waren (**Text**, **M3**).

Russland und die Sowjetunion

M1 Der Warschauer Pakt: die Sowjetunion mit ihren Satellitenstaaten, 1955–1991

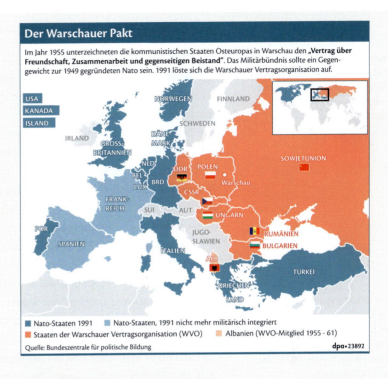

M2 Stalinismus: Propagandaplakat von 1949

Stalin wird vom Volk gefeiert. In der Bildunterschrift steht: „Geliebter Stalin – Glück des Volkes!"

M3 Häftlinge eines Gulag zerkleinern Steine für den Weißmeer-Ostsee-Kanal, 1933

Rund 18 Millionen Menschen waren in der Stalinzeit in Gulags. Über 4 Millionen von ihnen verhungerten oder starben an Erschöpfung und Krankheiten. Nach Stalins Tod wurde das Gulag-System aufgelöst.

---

der Stalinismus: Bezeichnung für Stalins Herrschaft von 1924 bis 1953. Diese Zeit war geprägt von Brutalität und Terror gegen alle Bevölkerungsgruppen in der Sowjetunion und ihren Satellitenstaaten. Allein in der Sowjetunion fielen diesem Terror Millionen Menschen zum Opfer.

der Schauprozess: eine Gerichtsverhandlung, bei der das Urteil schon vorher feststeht. Oft sind die Vorwürfe gegen die Angeklagten frei erfunden.

6 Woher kommen wir? – Geschichte(n) außerhalb Deutschlands

Eine geschwächte Weltmacht – das Ende der Sowjetunion

Eine Großmacht im Niedergang

1957 hatte die Sowjetunion den ersten Satelliten („Sputnik 1") ins All gebracht. Ein großer Erfolg in der Konkurrenz mit dem Westen. Dies zwang die USA dazu, mehr in Raumfahrt, Technik und Computer zu investieren. Für diese Produkte benötigte man viele Teile von verschiedenen Produzenten. Die sowjetische Planwirtschaft konnte mit ihren 5-Jahres-Plänen bald nicht mehr mithalten. Daher gab es die ersten Computer in den USA, nicht in der Sowjetunion.

Und die Sowjetunion fiel technisch weiter zurück. Auch die Produktion in der Landwirtschaft war im Vergleich zum Westen schwach. Für den Einkauf von Getreide wurde immer mehr Geld ausgegeben, zusätzlich fielen die Einnahmen für das exportierte Öl in den 1980er-Jahren stark. Für Rüstung gab die Sowjetunion ca. 20 bis 30 Prozent der Gesamteinnahmen des Staates aus. Das alles führte zu einer wirtschaftlichen Dauerkrise. Die sowjetische Bevölkerung wurde immer unzufriedener. Ihre Lebenssituation unterschied sich stark von der in den westeuropäischen Ländern oder in den USA. Die meisten wussten, dass es dort ein anderes Leben gab: mehr Freiheit, mehr Wohlstand, mehr Möglichkeiten.

Gorbatschows Reformen und die Auflösung der Sowjetunion

1985 wird Michail Gorbatschow Generalsekretär der KPdSU. Ihm wurde schnell klar: Politik, Wirtschaft und Gesellschaft in der Sowjetunion muss sich verändern. Das wollte er mit zwei Reformen erreichen: Glasnost (Offenheit) und Perestroika (Umbau).

Im heutigen Russland glauben viele, diese Reformen wären der Grund für das Ende der Sowjetunion. Im Westen glaubt man, dass sie zu spät kamen und der Untergang nicht mehr aufzuhalten war. Den kommunistischen Regierungen in Osteuropa sagte Gorbatschow: Bei einem Aufstand der Bevölkerung werde die sowjetische Armee nicht mehr helfen. 1953 in der DDR, 1956 in Ungarn und 1968 in der Tschechoslowakei hatte die Sowjetunion jedes Mal einen Volksaufstand gegen die kommunistischen Regime mit Gewalt niedergeschlagen. Gorbatschows Botschaft veränderte die Welt: Jetzt hatten die Menschen keine Angst mehr vor dem sowjetischen Militär, wenn sie die Diktaturen beseitigen wollten. Genau das geschah 1989 in ganz Osteuropa. Der Warschauer Pakt (▶ S. 158) löste sich im März 1991 auf. Damit war die Basis für eine Weltmacht verschwunden. Schließlich zerfiel die Sowjetunion selbst: Litauen trat am 11. März 1990 als erstes Land aus, weitere folgten 1991. Im Dezember 1991 beschlossen Russland, die Ukraine und Belarus die Auflösung der Sowjetunion.

Zielangabe: Wir analysieren die Ursachen, die zum Zerfall der Sowjetunion führte.

Impuls
Sind in eurer Klasse Mitschüler, die Wurzeln in der Sowjetunion haben? Erzählt von eurer Familiengeschichte.

Worterklärungen
der Satellit: Flugkörper, der auf einer Umlaufbahn die Erde umkreist und dabei bestimmte Daten sammelt, z. B. ein Wettersatellit oder Nachrichtensatellit
exportieren: ins Ausland verkaufen, ausführen

Aufgaben

1 Beschreibe die schwierige wirtschaftliche Lage der Bevölkerung in der Sowjetunion (**Text, M1–M3**).
2 Vergleiche die Rüstungsausgaben von USA und Sowjetunion (**M2**). Diskutiere mögliche Gründe und Folgen (**Text**).
3 Nenne Ursachen für die Auflösung der Sowjetunion (**Text, M1–M3**).
4 Erkläre, warum Michail Gorbatschow heute unterschiedlich gesehen wird (**M4**).

Russland und die Sowjetunion 6

M1 Wirtschaftsdaten der Sowjetunion, 1963–1988

Die folgenden Daten zeigen den wirtschaftlichen Verfall der Sowjetunion auf.

Entwicklung des Ölpreises	
1980	39,50 Dollar
1987	9,75 Dollar
Menge Getreideimporte aus den USA	
1963	10,4 Mio. Tonnen
1972	23 Mio. Tonnen
1975	27 Mio. Tonnen
1980	43 Mio. Tonnen
Kosten für Getreideeinfuhren	
1983–1987	Kosten steigen um 400 %
Staatsverschuldung in Mrd. Rubel (= russische Währung)	
1985	12,8
1988	80,6

Daten aus: S. F. Kellerhoff, 16.05.2016, in: Ostblock: Die wahren Ursachen für den Untergang der Sowjetunion (WELT); A. Lossan, 10.11.2020, in: https://de.rbth.com/wirtschaft/84202-russland-weltweit-fuehrender-getreideexporteur (01.03.2024)

M2 Verteidigungsausgaben der UdSSR und der USA, 1950–1990 (in Milliarden US-Dollar)

M3 Konsum in der Sowjetunion

Warteschlange vor einem Supermarkt in der russischen Stadt Rybinsk, 1980er-Jahre.

M4 Michail Gorbatschow: „Idealisiert im Westen, verdammt im Osten"

Ein Journalist schreibt in einer Tageszeitung, warum die Politik von Gorbatschow (1931–2022) unterschiedlich beurteilt wird.

In Russland ist er seit Jahren ein Ziel von Verachtung und Hass. Ihm wird unterstellt, als Werkzeug des Westens den Zerfall der Sowjetunion und den Verlust einer russischen Einflusssphäre in Europa verschuldet zu haben. In Amerika und im Westen Europas erinnert man sich an ihn als an einen Mann, der große Hoffnungen geweckt und positive Veränderungen bewirkt hat […]. In Deutschland ist man dankbar für seine Rolle bei der Wiedervereinigung. In den Staaten Ostmitteleuropas wird Gorbatschow als letzter Vertreter der kommunistischen Diktatur betrachtet, der nichts anderes versucht hat, als ein […] menschenfeindliches System zu erhalten, indem er ihm einen neuen Anstrich verpasst.

Reinhard Veser: Idealisiert im Westen, verdammt im Osten, FAZ 31.08.2022, https://www.faz.net/aktuell/politik/ausland/gorbatschow-idealisiert-im-westen-verdammt-in-russland-18282749.html (01.03.2024)

---

die Glasnost (Offenheit): Möglichkeit zur öffentlichen Diskussion über staatliche Maßnahmen, mehr Pressefreiheit.

die Perestroika (Umbau): die demokratische Umgestaltung von Gesellschaft, Politik und Wirtschaft. Die Bevölkerung bekommt mehr Mitspracherechte.

Russland – Kriege und Konflikte nach dem Ende der Sowjetunion

Impuls
Notiere in Stichpunkten: Was weißt du über den Ukrainekrieg? Welche Fragen hast du dazu?

Nach Auflösung der Sowjetunion schlossen sich 1992 mehrere ehemalige Sowjetstaaten mit Russland zur GUS (Gemeinschaft unabhängiger Staaten) zusammen. Diese Staaten sind eigenständig. Nicht dazu gehören die drei baltischen Staaten sowie die Ukraine. Die Republik Moldau erklärte 2023 ihren Austritt aus der GUS. Die baltischen Staaten sind seit 2004 Mitglied der EU und der NATO. In allen ehemaligen Sowjetstaaten, die der GUS angehören, gibt es heute keine Demokratie: In Aserbaidschan, Belarus, Kasachstan, Turkmenistan und Usbekistan entstanden autoritäre Regime. Presse- und Meinungsfreiheit, demokratische Wahlen – das gibt es in diesen Staaten nicht.

Russland unter Wladimir Putin

Seit 1999 bestimmt Wladimir Putin die Politik in Russland. Demokratie und Freiheit wurden seither stark eingeschränkt, Kritiker werden verfolgt. Putin sieht in dem Zerfall der Sowjetunion eine Katastrophe. Er will Russland wieder zu einer Weltmacht machen. So versucht Putin, Einfluss in den ehemaligen Sowjetstaaten zurückzugewinnen. Dazu lässt er auch Kriege führen, etwa in Tschetschenien oder Georgien mit Tausenden Toten und Vertriebenen. Staaten wie Polen oder das Baltikum sind der NATO beigetreten, um sich vor Russland zu schützen. Dadurch rückte die NATO weiter nach Osten. Putin sieht darin eine Gefahr für seine Ziele.

Worterläuterung
die baltischen Staaten, das Baltikum: Estland, Lettland und Litauen
annektieren: gewaltsam und widerrechtlich in seinen Besitz bringen
prorussisch: auf der Seite Russlands
die Miliz: Streitkraft mit sehr kurzer militärischer Ausbildung. Milizen werden nur im Kriegsfall einberufen.

Ukrainekrieg

Als sich auch die Ukraine nach Westen orientierte und einen NATO-Beitritt anstrebte, reagierte Putin: Im März 2014 annektierte Russland die zur Ukraine gehörende Halbinsel Krim. Außerdem begann im selben Jahr ein Krieg in der Ostukraine. Unterstützt von Russland kämpften dort prorussische Milizen gegen die ukrainische Armee. Ihr Ziel war es, Gebiete von der Ukraine abzulösen. Die EU und die USA versuchten, einen Waffenstillstand zwischen Russland und der Ukraine zu vereinbaren – ohne Erfolg.

Am 24. Februar 2022 griffen russische Truppen die Ukraine an. Der Krieg dauerte im Jahr 2024 noch an. Die europäischen Staaten und die USA unterstützen die Ukraine mit Waffen, ohne direkt in den Krieg einzugreifen. Eine Ausweitung des Krieges soll damit vermieden werden. Man fürchtet, Russland könnte Atomwaffen einsetzen. Die EU hat Wirtschaftssanktionen beschlossen, um Russland dazu zu bringen, den Krieg einzustellen. Die russischen Angriffe richten sich auch verstärkt gegen die normale Bevölkerung: Wohngebiete, Krankenhäuser und Schulen werden bombardiert. Bis November 2023 sind etwa 6,2 Millionen Menschen aus der Ukraine (von etwa 41 Millionen Einwohnern) in ein anderes Land geflohen, davon ca. 1,1 Millionen nach Deutschland.

Zielangabe: Wir untersuchen die Entwicklung der russischen Politik seit 1992.

Aufgaben

1 Beschreibe die Konflikte auf dem ehemaligen Gebiet der UdSSR (**Text**, **M1**).
2 Vergleiche Estland mit Belarus (**M1**, **Text**).
3 Erläutere die Folgen des russischen Angriffskriegs auf die Ukraine (**M2**–**M4**).
4 Begründe, warum „militärische Spezialoperation" ein Propagandabegriff ist (**M3** und **M4**).
5 Diskutiert, welche Auswirkungen die Politik Russlands auf Deutschland hat.

Russland und die Sowjetunion 6

M1 Bewaffnete Konflikte auf dem Gebiet der ehemaligen UdSSR seit 1999

M2 Zerstörtes Wohnhaus nach einem russischen Bombenangriff in Nikopol, Ukraine, 2022

M3 Russischer Protest gegen den Ukrainekrieg

Die Journalistin Marina Owsjannikowa unterbrach am 14. März 2022 die laufende staatliche Nachrichtensendung. Auf dem Schild steht: „Stoppt den Krieg. Glaubt der Propaganda nicht. Hier werdet ihr belogen."

M4 Keine freie Presse unter Putin, 2023

Ausländische Journalisten verhaftet Putin einfach so, die Vorwürfe sind oft frei erfunden. Jeder Journalist kann als „Agent" angeklagt werden, ohne [...] Beweise. Putin möchte diese benutzen, um sie gegen russi-
5 sche Agenten auszutauschen. Russische Journalisten können schon lange nicht mehr frei arbeiten. Unabhängige Medien wurden geschlossen [...] Wer „Krieg" sagt, statt „militärische Spezialoperation", muss mit einer Haftstrafe von vielen Jahren rechnen. Nur etwas über Opfer zu posten, kann einen ins 10 Gefängnis bringen.

Nicole Bastian: Putin macht aus Russland eine lupenreine Diktatur, https://www.handelsblatt.com/meinung/kommentare/kommentar-putin-macht-aus-russland-eine-lupenreine-diktatur/29105454.html (22.08.2024)

die Wirtschaftssanktion: Bestrafung eines Staates, der gegen internationale Regeln und Gesetze (Völkerrecht) verstoßen hat. Andere Staaten liefern z. B. keine Waren mehr o. kaufen dort keine Rohstoffe mehr ein. Ziel: Der Staat soll seine Politik ändern und das Völkerrecht einhalten.

6 Woher kommen wir? – Geschichte(n) außerhalb Deutschlands

6.4 Afrikanische Geschichte am Beispiel des Kongo

Wie schwächte der Sklavenhandel die afrikanischen Völker?

Impuls
Fertige eine ABC-Liste zum Thema „Afrika" an und suche zu jedem Buchstaben einen passenden Begriff.

Afrika wird oft als die „Wiege der Menschheit" bezeichnet, weil sich dort wahrscheinlich der moderne Mensch entwickelt hat. Auch besaß der afrikanische Kontinent mit Ägypten eine der ersten Hochkulturen.

Die Versklavung von Millionen Afrikanern

Dennoch liegen heute die ärmsten Länder der Welt in Afrika. Hauptverantwortlich dafür sind Europa und später die USA. Europäische Staaten errichteten ab dem 16. Jahrhundert einen Handel mit Sklaven zwischen Europa, Amerika und Afrika. Amerika schickte Rohstoffe, wie z. B. Baumwolle, nach Europa. In Europa wurden daraus Produkte hergestellt, z. B. Kleider. Diese Produkte lieferten die Europäer nach Afrika. Für diese Produkte brachten europäische Seeleute dann Afrikanerinnen und Afrikaner nach Amerika, wo diese versklavt wurden, um auf den Baumwollfeldern zu arbeiten. Dieses System machte Europa und Amerika reich, Afrika dagegen arm.

Worterklärungen
der Sklave / die Sklavin: eine Person, die wirtschaftlich und rechtlich völlig abhängig ist von einer anderen Person
versklaven: jemanden zu Sklaven machen
die Gleichberechtigung: Alle haben dieselben Rechte und Pflichten.

Der Dreieckshandel hatte schlimme Folgen für Afrika. Mehrere Millionen Menschen wurden aus ihrer Heimat nach Amerika verschleppt. Als Sklaven mussten sie dort hart arbeiten und unter unmenschlichen Bedingungen leben. Sie waren Eigentum ihrer Besitzer und wurden nicht als Mensch, sondern wie eine Sache behandelt. Sklavenhandel und Sklaverei wurden im 19. Jahrhundert nach und nach in einzelnen Ländern abgeschafft und endgültig erst 1948 durch die Erklärung der Menschenrechte (▶ S. 195). Die meisten schwarzen Einwohner in den USA sind Nachkommen von Sklaven. Sie müssen teilweise heute noch für ihre Gleichberechtigung kämpfen.

Folgen des Sklavenhandels

Der Verlust so vieler Menschen schwächte zahlreiche afrikanische Länder und Regionen. Sie verarmten. Deswegen gilt der Dreieckshandel auch als besonders schwerer Einschnitt in der Geschichte Afrikas. Bis heute hat sich der Kontinent nicht davon erholt. Auch der Kongo litt unter dem Dreieckshandel und spürt bis heute dessen Folgen.

Zielangabe: Wir beschreiben den Sklavenhandel und setzen uns mit seinen Folgen für Afrika und den Kongo auseinander.

Aufgaben

1 Fasse **M1** zusammen.
2 Erläutere das System des Dreieckshandels (**Text**, **M2**).
3 Beschreibe und interpretiere **M3**. Gehe dabei besonders darauf ein, wie die Sklaven behandelt wurden.
4 Beschreibe, wie der Kongo vom Sklavenhandel betroffen war (**M4**).
5 Arbeite heraus, wie die Sklaverei bis heute in Afrika nachwirkt (**M5**).

....

die Hochkultur: Bezeichnung für eine hoch entwickelte Kultur. Ein Beispiel ist Ägypten (Nordafrika): Dort gab es bereits 2700 v. Chr. einen Staat mit einem Herrscher (Pharao), die Menschen lebten in Städten, betrieben Handel und Landwirtschaft. Sie hatten eine Schrift und leisteten Besonderes in Kunst und Wissenschaft. Die Pyramiden zeigen bis heute ihre Baukunst.

Afrikanische Geschichte am Beispiel des Kongo

M1 Alles begann in Afrika …

Vor etwa zwei Millionen Jahren betrat in Afrika die frühe Form des Menschen die Bühne des Lebens. Er konnte mit dem Feuer umgehen und entwickelte ausgefeilte Werkzeugtechniken. Das machte ihn unabhängig von seiner Umgebung. Jetzt war sein Siegeszug nicht mehr aufzuhalten. Er überwand Wüsten, Gebirge und Meere und besiedelte schließlich die ganze Welt.

Ursprung des Menschen, 2019, https://www.planet-wissen.de/geschichte/urzeit/afrika_wiege_der_menschheit/index.html (01.03.2024)

M2 Der Handel mit versklavten Menschen aus Afrika

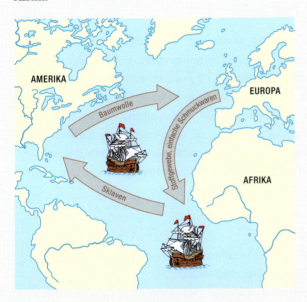

M3 An Bord eines Sklavenschiffs, um 1830

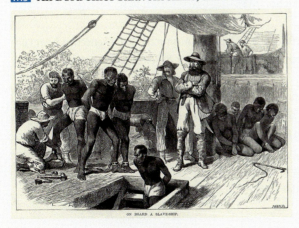

M4 Der Handel mit Sklaven im Kongo, 15./16. Jahrhundert

Diogo Cão kam 1484 an die Mündung des Kongo-Flusses […]. Er war ein portugiesischer Entdecker und Seefahrer. Bald wurde reger [= lebhafter] Handel mit den [anderen Stämmen] betrieben. Der Kongo-König Mwemba, der ab 1506 regierte, lehnte sich eng an die Portugiesen an, nahm das Christentum an […]. Sklaven, Kupfer und Elfenbein waren begehrte Waren in Europa und Amerika. Bald war das Königreich Kongo wirtschaftlich abhängig von Portugal.
Als das Volk der Jaga das Königreich Kongo 1569 angriff, half Portugal dem Kongo. Dadurch aber wurde die Abhängigkeit noch größer. Der Kongo musste nun Tribute [= Geld, Abgaben] an Portugal zahlen. Immer mehr Sklaven wurden verkauft. Ganze Landstriche wurden entvölkert. Portugal wollte zudem Zugang zu den Kupfervorkommen der Region. Es kam zu Kämpfen und schließlich übernahm Portugal endgültig die Kontrolle über das Land. […]

Kongo, Republik, 2023, https://www.kinderweltreise.de/kontinente/afrika/kongo-republik/daten-fakten/geschichte-politik/ (01.03.2024)

M5 Folgen der Sklaverei für Afrika, 2020

Der kanadische Geschichtswissenschaftler Nathan Nunn beschäftigte sich mit der Frage, ob die Sklaverei in Afrika immer noch nachwirkt.

Das Ergebnis war eindeutig: Ja! Je mehr Sklaven aus einem Gebiet exportiert wurden, desto schlechter ist die ökonomische [= wirtschaftliche] Entwicklung heute. […] Aber wie kann das bis 2020 nachwirken? Am überzeugendsten ist die Erklärung, dass die Sklaverei viele […] Konflikte auslöste. Völker und Dörfer begannen, sich gegenseitig zu bekriegen, die Verlierer wurden versklavt und an die Europäer verkauft. Dörfer, die vorher miteinander kooperierten [= zusammenarbeiteten], verfeindeten sich. Das behinderte die Entwicklung größerer politischer Einheiten.

Zit. nach: Andreas Sartor: Wirtschaftliche Narben, 12.07. 2020, https://www.derstandard.de/story/2000118561549/wirtschaftliche-narben-die-sklaverei-wirkt-auch-hunderte-jahre-spaeter-nach (01.03.2024)

6 Woher kommen wir? – Geschichte(n) außerhalb Deutschlands

Kolonialisierung des Kongo: Wie lebten die Menschen unter der Fremdherrschaft?

Impuls
Stelle dir vor, dein Wohnort würde auf einmal zu einem anderen Land gehören. Was würde sich für dich ändern?

Kolonialisierung bedeutet, dass ein Land ein anderes erobert, besetzt und es zu einem Teil des eigenen Landes macht. Das Land, das erobert wurde, nennt man Kolonie. Ziel der Kolonialisierung ist meistens die wirtschaftliche Ausbeutung der Kolonie. Dabei wurden die Einheimischen unterdrückt, sie mussten für die Kolonialherren arbeiten oder wurden vertrieben.

Afrika wird kolonialisiert

1884/85 trafen sich die Großmächte in Berlin. Die Ergebnisse dieser sogenannten Kongo-Konferenz führten dazu, dass ein großer Teil Afrikas von europäischen Ländern kolonisiert wurde. Dabei war der Kongo für die Großmächte besonders interessant, weil er viele Rohstoffe besaß. Dort gab es riesige Mengen an Kautschuk, aber auch Elfenbein war damals sehr begehrt. Auf dem Kongress bekam König Leopold II. von Belgien den Kongo als Kolonie zugesprochen. Das Land hieß ab sofort Kongo-Freistaat, wurde aber oft Belgisch-Kongo genannt.

Kongo als Kolonie Belgiens

Worterklärungen
der Kautschuk: Saft einer Pflanze, aus der Gummi hergestellt werden kann
das Elfenbein: Material, aus dem die Stoßzähne der Elefanten sind
die Institution: staatliche bzw. politische Einrichtung
der Häuptling: Anführer

Wie alle anderen Kolonien in Afrika wurde auch der Kongo diktatorisch regiert. Leopold II. war bekannt für seine grausame Alleinherrschaft. Er nahm den Einheimischen den Großteil ihrer Rechte, viele wurden misshandelt, ermordet oder verhungerten. Man schätzt, dass in der Zeit bis 1908 bis zu 10 Millionen Menschen zu Tode kamen. Außerdem zerstörten die belgischen Kolonialherren die traditionelle gesellschaftliche Ordnung und die Institutionen, die es im Land gab. So hatten die meisten Dörfer ein eigenes Oberhaupt. Diese wurden meist von den Belgiern abgesetzt.

Zielangabe: Wir beschreiben die belgische Kolonialherrschaft im Kongo und arbeiten die Folgen für die Menschen dort heraus.

Aufgaben

1 Analysiere die Karte (M1):
    a Welche europäischen Mächte besaßen die meisten Kolonien?
    b Welche Länder/Gebiete blieben unabhängig?
2 Beschreibe und interpretiere die Karikatur (M2). Gehe dabei besonders auf die dargestellten Personen ein.
3 Schildere, was Leclerq erlebte (M3).

---

die Ausbeutung/ausbeuten: Bezeichnung für das Ausnutzen von Menschen oder Ländern ohne ausreichende Entschädigung, z. B. Lohn für Arbeiterinnen und Arbeiter oder Zahlungen an den Staat

die Kongo-Konferenz (1884/85): Elf europäische Staaten sowie Russland, die USA und das Osmanische Reich trafen sich in Berlin, um über das künftige Vorgehen in Afrika zu beraten. Dabei legten sie auch Regeln fest, um afrikanische Gebiete in Besitz nehmen zu können, ohne dabei gegenseitig Krieg führen zu müssen. Afrikanische Repräsentanten waren zu dieser Versammlung nicht eingeladen.

der Kolonialherr: Vertreter der in einer Kolonie herrschenden ausländischen Staatsmacht

Afrikanische Geschichte am Beispiel des Kongo

M1 Kolonialisierung Afrikas, 1913

Länder und Regionen in Afrika, die von europäischen Mächten beherrscht wurden.

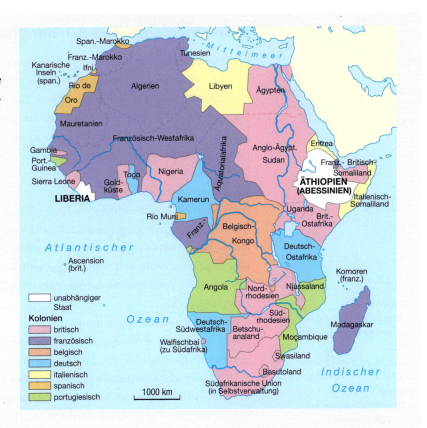

M2 „In den Schlingen des Kautschuks", 1903

Die Karikatur zeigt den belgischen König als Schlange und einen Arbeiter auf einer Kautschukplantage.

M3 Aus dem Tagebuch von Louis Leclerq, 1895

Leclerq war ein belgischer Offizier. Er führte über seine Zeit im Kongo ein Tagebuch. Darin schrieb er:

Dorf verlassen. Wir beauftragten mehrere Gruppen von Soldaten mit der Säuberung des Gebietes; einige Stunden später kamen sie mit elf Köpfen und neun Gefangenen zurück. Ein Boot, das abends auf die Jagd geschickt wurde, brachte auch noch etliche Köpfe mit. [...]
Ein Mann, der durch den Wald lief und nach seiner Frau und seinem Kind rief, kam zu nah an unser Lager heran und bekam von einer unserer Wachen eine Kugel in den Leib. Sie brachten seinen Kopf. Noch nie habe ich eine solche Verzweiflung, eine solche Angst in einem Gesicht gesehen. Wir brannten das Dorf nieder. [...]

Zit. nach: Holger Kreitling: Grauen in Belgisch-Kongo, in: Welt Online, 13.12.2021

Dekolonisierung – eine Befreiung für den Kongo?

Impuls
Nenne auf der Karte (S. 169, M1) die Kolonien, die Deutschland einst hatte. Ermittle, wann die Dekolonisierung dieser Länder stattfand.

Die Dekolonisierung ist das Gegenteil der Kolonialisierung. Dabei erlangten die afrikanischen Kolonien ihre Unabhängigkeit. Dies gelang zum Teil mit Gewalt, zum Teil mit friedlichen Mitteln. Dieser Prozess dauerte fast das ganze 20. Jahrhundert. Als erster Staat erreichte Ägypten 1922 seine Unabhängigkeit von Großbritannien. Der letzte Staat war 1980 Simbabwe, das ebenfalls von Großbritannien unabhängig wurde. Doch nicht allen afrikanischen Staaten ging es besser, nachdem sie unabhängig geworden waren.

Der Kongo wird unabhängig

Der Kongo erkämpfte sich in den 1950er-Jahren seine Unabhängigkeit. Immer mehr Menschen protestierten gegen die belgische Kolonialherrschaft und forderten Freiheit für ihr Land. Diese Proteste waren oft friedlich, wurden aber auch zunehmend von Gewalt geprägt. Mehr und mehr Belgier verließen fluchtartig das Land, da sie um ihr Leben und ihr Vermögen fürchteten. 1960 entließ Belgien den Kongo schließlich in die Unabhängigkeit.

Konflikte im unabhängigen Kongo

Patrice Lumumba, einer der Anführer der Proteste, wurde der erste demokratisch gewählte Regierungschef des Landes. Durch ihn erhofften sich die Einwohner eine Verbesserung der Lebensbedingungen in ihrem Land. Doch bald kam es zu Streitigkeiten zwischen den verschiedenen Bevölkerungsgruppen. Sie kämpften in Teilen des Landes um die Macht. Diese Konflikte verschlimmerten sich schnell. Ausländische Mächte, wie beispielsweise Belgien oder die USA, fingen wieder an, sich wegen eigener Interessen in die Politik des Kongo einzumischen.

1961, wenige Monate nach seiner Wahl, wurde Patrice Lumumba von seinen politischen Gegnern gestürzt und ermordet. Danach erlebte der Kongo sehr unruhige Jahre. 1965 kam schließlich Mobutu Sese Seko an die Macht und errichtete eine Diktatur. Unter seiner Herrschaft hieß das Land von 1971 bis 1997 Zaire. Nachdem Lumumba den Bewohnern des Staates Freiheit und Selbstbestimmung ermöglicht hatte, wurden sie unter Mobutu wieder unterdrückt.

Zielangabe: Wir untersuchen die Dekolonisierung Afrikas und problematisieren die Folgen für den Kongo.

Worterklärungen
der Prozess: ein Vorgang, der sich über einen gewissen Zeitraum erstreckt
stürzen: im politischen Sinne die gewaltsame Absetzung einer Regierung
die Selbstbestimmung: Jeder Mensch darf selbst darüber entscheiden, wie er leben möchte.

Aufgaben

1 Beschreibe mithilfe der Karte (**M1**) den zeitlichen Ablauf der Dekolonisierung in Afrika.
2 Fasse zusammen, was Lumumba den ehemaligen belgischen Kolonialherren vorwirft (**M2**).
3 Vergleicht mithilfe des Textes die politischen Vorstellungen von Lumumba und die Herrschaft Mobutus und nennt zentrale Unterschiede..

Afrikanische Geschichte am Beispiel des Kongo 6

M1 Dekolonisierung Afrikas seit 1945

Auf dieser Karte kann man erkennen, wann welche afrikanischen Länder ihre Unabhängigkeit erlangten.

Die Demokratische Republik Kongo ist das zweitgrößte afrikanische Land und sechsmal so groß wie Deutschland. Sie liegt in Zentralafrika und ist nach dem Fluss Kongo benannt.

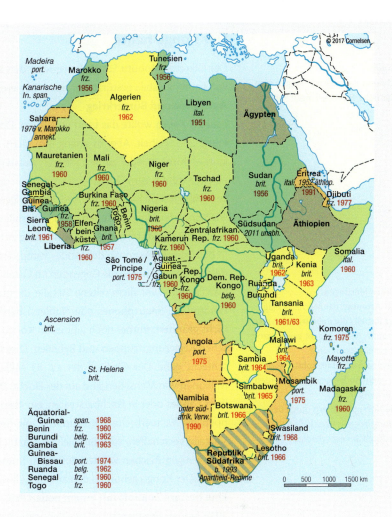

M2 Rede von Patrice Lumumba auf der Unabhängigkeitsfeier am 30. Juni 1960

Wir mussten es ertragen, verspottet, beschimpft und geschlagen zu werden – jeden Tag, von morgens bis abends [...]. Niemand von uns wird vergessen, dass man einen Schwarzen „duzte", und zwar nicht wie einen Freund, sondern weil das respektvolle „Sie" nur den „Weißen" vorbehalten war. Wir haben gesehen, wie unser Land aufgrund von angeblich rechtmäßigen Dokumenten geplündert wurde. In Wirklichkeit setzten sie damit nur das Recht des Stärkeren durch. [...] Wir haben das schreckliche Leid derjenigen erlebt, die wegen ihrer politischen Meinung oder ihres religiösen Glaubens verbannt wurden, sie wurden zu Ausgestoßenen im eigenen Land gemacht, ein Schicksal schlimmer als der Tod. Wir können auch die Erschießungen nicht vergessen, bei denen so viele unserer Brüder getötet wurden [...]

Eigene Übersetzung nach: La Republica, L'Encyclopédie congolaise: Discours d'Emery Patrice Lumumba lors de l'indépendance de la République Démocratique du Congo, https://larepublica.cd/kongopaedia/8486/

Der Kongo heute

Der Diktator Mobutu Sese Seko regierte den Kongo über 30 Jahre lang. 1997 wurde er von Laurent Kabila gestürzt, der neuer Regierungschef wurde.

Aufstände und Bürgerkrieg

Laurent Kabila wollte das Land verändern. Dafür versprach er dem Volk mehr Demokratie und Freiheit. Aber es gelang ihm nicht, das ganze Land zu kontrollieren, und so kam es immer wieder zu bewaffneten Aufständen und Bürgerkriegen. 2001 fiel Kabila einem Attentat zum Opfer.

Sein Sohn Joseph Kabila wurde sein Nachfolger. Er hatte dieselben politischen Absichten wie sein Vater. Um den Kongo unter Kontrolle zu bekommen, wurde sein Regierungsstil zunehmend diktatorisch. Auch ihm gelang es nicht, im Land für Ordnung zu sorgen.

In bestimmten Regionen des Landes kämpften Rebellengruppen um die Macht. Besonders umkämpft waren die Gegenden im Osten, wo es viele wertvolle Bodenschätze gibt. Dazu gehören vor allem seltene Metalle, die man für die Herstellung moderner digitaler Geräte (z. B. Smartphones oder Tablets) benötigt. Diese Situation hat sich bis heute nicht geändert. Immer noch gibt es im Kongo militärische Auseinandersetzungen zwischen Regierungstruppen und Rebellen. Dies führt dazu, dass es der Bevölkerung sehr schlecht geht. Der Großteil der ca. 83 Millionen Einwohner lebt in großer Armut, Millionen von Menschen sind auf der Flucht: Die meisten fliehen in Regionen innerhalb ihres Landes oder in Nachbarstaaten, ein kleiner Teil flieht nach Europa. Hinzu kommt noch die weitverbreitete Korruption, mit der sich die wenigen reichen Kongolesen Vorteile verschaffen, zum Beispiel bei staatlichen Institutionen oder privaten Firmen. Die wenigen Reichen werden deswegen immer reicher und die vielen Armen immer ärmer. Der Kongo gehört zu den ärmsten Ländern der Welt.

Eine bessere Zukunft mit einem neuen Präsidenten?

2018 fanden Präsidentschaftswahlen statt. Kabila kandidierte nicht mehr, stattdessen gewann Félix Tshisekedi. Die Wahl und die Übernahme der Macht verliefen friedlich. Damit gab es zum ersten Mal in der Geschichte des Kongo nach der Unabhängigkeit 1960 einen gewaltlosen Machtwechsel. Ob sich die politischen und sozialen Verhältnisse verbessern, ist jedoch ungewiss.

Zielangabe: Wir skizzieren die historische Entwicklung des Kongo und arbeiten die aktuellen Probleme des Landes heraus.

Impuls
Schildere, auf welchen Wegen man politische Macht erlangen kann.

Worterklärungen
das Attentat: der Mordanschlag
der Rebell / die Rebellen: hier: eine Gruppe, die die Macht gewaltsam übernehmen möchte
die Bodenschätze: Rohstoffe, die aus dem Boden gewonnen werden, z. B. Metalle
die Korruption: sich durch Bestechung Vorteile verschaffen und dadurch andere schädigen

---

Aufgaben

1 Skizziert die historische Entwicklung des Landes (**Text**).
2 Erläutere, weshalb der Abbau von Kobalt so problematisch ist (**M3**, **M4**).
3 Stelle die Lebensumstände dar, unter denen Haruna und ihre Familie leben müssen (**M2**, **M5**).
4 Nennt die aktuellen Probleme des Kongo.
5 Schildert mithilfe der Materialien euren Eindruck von der Situation des Kongo heute.

---

der Bürgerkrieg: ein bewaffneter Konflikt zwischen verschiedenen Bevölkerungsgruppen eines Staates um die Macht

M1 Kinshasa – Hauptstadt des Kongo, 2024

Sie ist mit ca. 16 Millionen Einwohnern die größte Stadt Afrikas. Hier ist das politische, wirtschaftliche und kulturelle Zentrum des Landes.

M2 Bau einer Schule in Matanda (Ostkongo)

Mit der Unterstützung der deutschen Regierung werden z. B. Schulen, Straßen oder Krankenhäuser gebaut.

M3 Bergarbeiter beim Abbau von Kobalt

Das seltene Metall wird verwendet für die Herstellung von Akkus z. B. für Smartphones, Tablets oder Autos.

M4 Probleme beim Abbau von Kobalt

Im südöstlichen Kongo wird das Metall meist im Rahmen des sogenannten Kleinbergbaus gewonnen. Dafür schürfen die Arbeiter es unter prekären [= sehr schwierigen] Bedingungen mit der Hand aus dem Boden. Es fehlt an ausreichender Schutzbekleidung, die Bergleute setzen sich Gesundheits- und [...] Unfallrisiken aus. Durch den Einsturz von selbstgebauten Tunneln sind bereits zahlreiche Menschen ums Leben gekommen. Laut der Weltgesundheitsorganisation WHO kann Kobaltstaub schwerwiegende Atemwegserkrankungen auslösen. Oft arbeiten auch Kinder und Jugendliche im Kleinbergbau. Sie sortieren und waschen die Materialien und betätigen sich als Träger.

Kobalt: Damit dem Smartphone nicht der Strom ausgeht, https://www.misereor.de/informieren/rohstoffe/kobalt (01.03.2024)

M5 Erfahrungen einer Kongolesin, 2023

Haruna lebt mit ihrem Mann und ihren acht Kindern in einer Siedlung für Vertriebene. Aufgrund regionaler Konflikte sind große Teile der kongolesischen Bevölkerung auf der Flucht.

Wir wussten, dass die Gewalt näher rückte. Als der Krieg am 20. Februar mein Dorf erreichte, fingen Bewaffnete an, Menschen anzuschießen. Einer meiner Söhne und seine schwangere Frau wurden getroffen und starben. Wir sind mit dem Rest der Familie geflohen. Hier in Bweremana fand vor kurzem eine Lebensmittelverteilung statt. Doch ausgerechnet an dem Tag war ich mit einem meiner Kinder [...] im Spital [= Krankenhaus]. Mein jüngster Sohn leidet an Masern[1] und Mangelernährung. Diesmal wurden wir ins Spital in Minova verwiesen. Seit unserer Flucht sind bereits vier meiner Kinder krank geworden. [...] Ob sich die Lage bald bessert? In meinem Dorf herrscht noch immer viel Unsicherheit. Ich habe wenig Hoffnung.

Bericht von Ärzte ohne Grenzen (2023), Zit. nach: https://www.msf.ch/de/neueste-beitraege/artikel/dr-kongo-stimmen-aus-nord-kivu (2.10.2023)

---

1 die Masern: schwere Infektionskrankheit

6 Woher kommen wir? – Geschichte(n) außerhalb Deutschlands

Die Afrikanische Union: Können die afrikanischen Länder ihre Probleme gemeinsam lösen?

Impuls
Stelle dar, welche Probleme du besonders gut lösen konntest, indem du mit anderen zusammengearbeitet hast.

Wie sich Afrika in den nächsten Jahrzehnten entwickeln wird, ist offen. Eine Chance könnte aber sein, dass die afrikanischen Länder zusammenarbeiten und ihre Probleme gemeinsam lösen. Es gibt einige Zusammenschlüsse von afrikanischen Ländern, die das schaffen wollen.

Gründung der Afrikanischen Union

Der bedeutendste Zusammenschluss ist die Afrikanische Union (AU). Sie wurde im Jahr 2002 gegründet. Die Organisation hat insgesamt 55 Mitglieder. Das sind alle Staaten des afrikanischen Kontinents. Ihre Hauptaufgabe sieht die AU darin, die Zusammenarbeit der verschiedenen afrikanischen Länder zu fördern.

Ziele der Afrikanischen Union

Ein wichtiges Ziel der AU ist die Schaffung von Sicherheit und Frieden in Afrika. Sie setzt sich für die Lösung von Konflikten ein. Dazu führt die AU vor allem Verhandlungen, sie kann aber auch eigene Friedenstruppen einsetzen. Außerdem bemüht sich die AU um politische Stabilität in den einzelnen Staaten. Sie möchte, dass ihre Mitgliedsstaaten möglichst demokratisch regiert werden. Ebenso wichtig für die AU ist die wirtschaftliche Entwicklung Afrikas. Zum Schutz der afrikanischen Bevölkerung verfasste die AU auch eine Menschenrechtserklärung: die Afrikanische Charta der Menschenrechte.

Worterläuterung
die Friedenstruppe: eine Armee, die eingesetzt wird, um in einem Land oder einer Region Frieden zu schaffen
die Menschenrechtserklärung: Vertrag, in dem sich ein Land oder eine Gemeinschaft zum Schutz bestimmter Menschenrechte verpflichtet
die Charta: Urkunde von besonders großer Bedeutung
die Entwicklungshilfe: wirtschaftliche Hilfe für arme Länder

Hat die Afrikanische Union Erfolg?

Die AU konnte bisher einige Erfolge verzeichnen: Ihre Friedenstruppen trugen im Sudan und in Somalia entscheidend dazu bei, dass die dortigen Bürgerkriege zumindest zeitweise zur Ruhe kamen. Um die wirtschaftliche Zusammenarbeit zu verbessern, hat die AU beschlossen, eine Freihandelszone einzurichten. Das heißt, dass in Zukunft die Zollgrenzen wegfallen und ein gemeinsamer Markt entstehen soll, der die Wirtschaft stärkt. Die AU hat gute Absichten. Sie setzt sich für Frieden ein und versucht, Konflikte zu lösen. Der Plan einer Freihandelszone steht am Anfang. Die wirtschaftlichen Vorteile sind noch gering, aber es werden Fortschritte erzielt. Außerdem gibt es einige afrikanische Staaten, die eindeutige demokratische Tendenzen zeigen. Dazu gehören beispielsweise Botswana, Namibia und Ghana. Die Zukunft wird zeigen, ob die Afrikanische Union die Situation in diesen und den anderen afrikanischen Ländern weiter verbessern kann.

Zielangabe: Wir prüfen, ob die Afrikanische Union den afrikanischen Ländern durch Zusammenarbeit dabei helfen kann, ihre Probleme zu lösen.

Aufgaben

1 Beschreibe und interpretiere **M1**. Recherchiere dazu im Internet unter „Emblem der Afrikanischen Union".
2 Erläutere die Ziele der AU und bewerte ihre Erfolge (Text, **M2**).
3 Beschreibe und interpretiere die Karikatur (**M3**).
4 Skizziere, wie Gerd Müller die Verantwortung Europas für die Entwicklung Afrikas sieht (**M4**).
5 Entwickelt zu zweit Ideen, welche Maßnahmen den afrikanischen Ländern helfen können.

Afrikanische Geschichte am Beispiel des Kongo

M1 Emblem der Afrikanischen Union

Ein Emblem ist eine Art Logo, das oft als Erkennungszeichen für eine Gemeinschaft steht.

M2 Besonderheiten der Afrikanischen Charta der Menschenrechte

Anders als andere Menschenrechtsabkommen umfasst die Afrikanische Charta nicht nur die Rechte der einzelnen Person, sondern auch ihre Pflichten gegenüber der Familie, der Gesellschaft und der internationalen Gemeinschaft. Demnach ist zum Beispiel jeder Mensch verpflichtet, seine Mitmenschen zu respektieren und Toleranz zu fördern, für eine harmonische Familie zu sorgen, Steuern zum Wohl der Gemeinschaft zu zahlen und afrikanische kulturelle Werte aufrechtzuerhalten.

Die Charta enthält außerdem kollektive[1] Rechte („Rechte der Völker") wie das Recht auf Selbstbestimmung und Freiheit von fremder Herrschaft, das Recht auf Dekolonisierung sowie das Recht der Völker auf Frieden, Entwicklung und auf alleinige Verfügung über Bodenschätze.

Zit. nach: https://www.bmz.de/de/service/lexikon/afrikanische-charta-der-menschenrechte-banjul-60240 (01.03.2024)

1 kollektiv: gemeinschaftlich; alle Beteiligte betreffend

die Freihandelszone: Die Länder, die zu dieser Zone gehören, sowie deren Firmen und Bewohner haben wirtschaftliche Vorteile, wenn sie miteinander handeln. So müssen sie z. B. oft keine Steuern zahlen.

M3 „Afrikanische Union", Karikatur der südafrikanischen Künstler Dr Jack & Curtis, 2023

In jeder Sprechblase steht dieselbe Frage, nur jeweils in einer anderen Sprache, die in Afrika gesprochen wird. Übersetzt heißt sie: „Sind wir schon da?"

M4 Die Verantwortung Europas für Afrika

Gerd Müller, als Bundesminister von 2013 bis 2021 zuständig für Entwicklungshilfe, sagte in einer Rede:

Uns muss dennoch klar sein: Europa, Deutschland, Afrika – bei den großen, globalen Herausforderungen sitzen wir in einem Boot […]. Wir müssen jetzt neue Brücken der Zusammenarbeit zwischen Europa und Afrika bauen. […]
Uns verbinden Kultur und Geschichte; denn Afrika ist die Wiege der Menschheit. Frühe Hochkulturen haben sich dort entwickelt. Wir in Europa tragen aber auch geschichtliche Verantwortung für die Versklavung der Menschen in Afrika und den Sklavenhandel, für die Folgen und für die Verbrechen des europäischen Kolonialismus. […]
Heute verbinden uns gemeinsame Interessen […] in Fragen der Sicherheit […], in Fragen der wirtschaftlichen Entwicklung, des Umwelt- und Klimaschutzes, […] aber auch in der Frage der Migration.

Zit. nach: https://www.cducsu.de/themen/dr-gerd-mueller-mit-der-agenda-2063-hat-die-afrikanische-union-ihren-eigenen-weg-definiert, 24.02.2021 (01.03.2024)

6.5 Wir in Deutschland – eine vielfältige Gesellschaft

Impuls
Wenn du die Möglichkeit hättest, für ein Jahr an einem anderen Ort zu leben, wo wäre das? Begründe deine Entscheidung.

Was bewirkt Migration?

Migration in der Geschichte Deutschlands

Menschen sind schon immer zwischen Ländern hin und her gewandert. Auch in der Geschichte Deutschlands hat Migration immer stattgefunden. Sie ist der Normalfall. Fast alle von uns haben einen persönlichen Bezug zu Migration. Unsere heutige Gesellschaft ist von ihr geprägt.

Braucht Deutschland Einwanderung?

Deutschland steht vor dem Problem des demografischen Wandels. Das bedeutet: Die Bevölkerung altert und es gibt weniger junge Menschen, die in den Arbeitsmarkt eintreten. In einer Welt, die immer stärker vernetzt ist, spielt Einwanderung eine entscheidende Rolle für die Entwicklung und Vielfalt einer Gesellschaft. Einwanderung bereichert die Kultur, zum Beispiel. die Musik, Kunst und Literatur, aber auch das Alltagsleben. Zudem fördert sie durch die Gründung von Unternehmen Innovation und wirtschaftliches Wachstum, was Deutschland zu einem dynamischeren und weltoffenen Land macht.

Worterläuterung
multikulturell: von mehreren Kulturen beeinflusst

Wodurch zeichnet sich eine multikulturelle Gesellschaft aus?

Eine multikulturelle Gesellschaft ist offen für verschiedene Traditionen und Bräuche. Dennoch gibt es auch Herausforderungen wie Sprachbarrieren, Konflikte und Rassismus, die überwunden werden müssen.

Zielangabe: Wir analysieren, wie Migration die deutsche Gesellschaft prägt.

Aufgaben

1 Wählt in Kleingruppen eine der aufgeführten Migrationsbewegungen aus und recherchiert Hintergründe sowie Auswirkungen dieser Migration auf die deutsche Gesellschaft (**M1, M2**). Erstellt ein Infoplakat, das die Ergebnisse darstellt (**M1, M2**).

2 Gestalte ein Jobangebot, das auch für Menschen, die nicht in Deutschland leben, interessant ist. Gehe nach folgenden Schritten vor:

   a Wähle einen Job: IT, Gesundheit, Technik, Gastronomie, Handwerk etc. Du entscheidest.

   b Gestalte eine Jobanzeige. Beschreibe den Job und die dafür notwendigen Kompetenzen. Überlege, wie eine Firma Bewerber aus anderen Ländern unterstützen kann (z. B. mit Sprachkursen, Hilfe bei der Wohnungssuche usw.).

   c Überlege, wo du deine Jobanzeige teilen würdest, um ein weltweites Publikum zu erreichen.

   d Führt ein Bewerbungsgespräch als Rollenspiel durch.

3 Diskutiert eine der vorliegenden Thesen.

   a „Die deutsche Wirtschaft könnte ohne Einwanderung von Fachkräften nicht überleben."

   b „Sprachkenntnisse sind das wichtigste Kriterium für erfolgreiche Integration."

   c „Die deutsche Identität wird durch Einwanderung bedroht."

6 Wir in Deutschland – eine vielfältige Gesellschaft

M1 Ausgewählte Migrationsbewegungen der deutschen Geschichte

1815–1914	←	Auswanderung von 5,5 Mio. Deutschen in die USA aus wirtschaftlichen und politischen Gründen
1914–1945	← →	Vielfältige Zwangsmigrationen im Zuge des Ersten und Zweiten Weltkriegs (Flüchtlinge, Vertriebene, Zwangsarbeiter, Gefangene, Verschleppte, Verfolgte)
1955–1973	→	Gezielte Anwerbung von 14 Mio. Arbeitskräften aus Südeuropa und der Türkei bis 1973
1973–heute	← →	Einerseits Rückkehr von ca. 80 % der Gastarbeiter; andererseits weitere Zuwanderung (Familiennachzug)
Bis 1989	→	Anwerbung von Vertragsarbeitern in der DDR, vor allem aus Vietnam, Mosambik, Kuba, Angola, China; ca. 95 500 Personen im Jahr 1989
1989–heute	← →	Nach der Wiedervereinigung von BRD und DDR Binnenmigration von 3 Mio. Ostdeutschen
Ab 1991	→	4,5 Mio. Spätaussiedler aus Osteuropa und den Staaten der ehemaligen Sowjetunion (darunter 0,2 Mio. osteuropäische Juden)
Ab 2015	→	Zunehmende Zuwanderung aufgrund von Konflikten und Krisen (z. B. Bürgerkrieg in Syrien, Ukrainekrieg)

M2 Migration in Deutschland

Ankunft des einmillionsten Gastarbeiters in der Bundesrepublik: Armando Rodrigues aus Portugal, 1964

DDR-Flüchtlinge treffen 1989 in der bayerischen Stadt Hof ein

Demonstration 2020 in Hamburg für die Rechte von Geflüchteten, die aus nicht-EU-Staaten in die EU fliehen.

Helfer begrüßen Geflüchtete aus der Ukraine, die am Berliner Hauptbahnhof ankommen (2022)

die Migration: Wanderung von Personen, die dauerhaft ihren Wohnsitz wechseln möchten, zu einem neuen Ort.

die Binnenmigration: Wanderung innerhalb eines Gebiets (innerhalb eines Staates oder innerhalb einer Region).

6   Woher kommen wir? – Geschichte(n) außerhalb Deutschlands

Impuls
Schreibt auf Kärtchen: Was bedeutet Vielfalt für euch?

Wie leben wir in einer vielfältigen Gesellschaft zusammen?

Was ist (gelungene) Integration?
Integration ist der Prozess, durch den Neuankömmlinge Teil einer Gesellschaft werden. Gelungene Integration bedeutet, dass Menschen unterschiedlicher Herkunft friedlich zusammenleben, sich gegenseitig respektieren und gleiche Teilhabechancen in allen gesellschaftlichen Bereichen haben. Es geht darum, ein Gleichgewicht zwischen der Bewahrung der eigenen Kultur und der Anpassung an die Kultur des neuen Landes zu finden.

Wann ist man deutsch? Wer oder was ist überhaupt deutsch?
Ist man deutsch durch Geburt, durch die Sprache, die man spricht, oder durch die Kultur, mit der man sich identifiziert? Diese Frage ist nicht einfach zu beantworten. Deutschland ist ein Land mit einer reichen Palette an Traditionen und Einflüssen. „Deutsch" zu sein, kann für verschiedene Menschen unterschiedliche Dinge bedeuten.

„Typisch deutsch" – gibt es das (noch)?
Schrebergärten, Pünktlichkeit und Autobahnen – das sind nur einige Stereotype, die oft als „typisch deutsch" betrachtet werden. Aber in einer sich ständig wandelnden Gesellschaft ist es fraglich, ob solche Klischees noch Gültigkeit haben. Vielleicht ist es gerade die Vielfalt, die heute als „typisch deutsch" betrachtet werden kann?

Worterläuterung
die Teilhabe: aktiv Teil von etwas sein
das Stereotyp: eine vereinfachte Vorstellung von einer Kultur oder einem Land
das Klischee: das Vorurteil

Wo ist Heimat?
Heimat ist dort, wo wir uns zugehörig fühlen, wo Freunde und Familie sind, oder einfach dort, wo das Herz sagt: Hier bin ich zu Hause. In einer globalisierten Welt ist Heimat oft vielschichtig und nicht an einen einzelnen Ort gebunden.

Zielangabe: Wir diskutieren Aspekte des Zusammenlebens in einer vielfältigen Gesellschaft.

Aufgaben

1. Diskutiert, inwieweit die auf den Fotos dargestellten Situationen „typisch deutsch" sind (**M1**).
2. Führt eine Umfrage in eurer Klasse durch: Wie stark fühlt ihr euch mit eurer Region verbunden? Was ist typisch für eure Region? Gestaltet einen Flyer.
3. Lies Artikel 116 GG sorgfältig durch und erkläre die Begriffe „Staatsangehörigkeit", „Volkszugehörigkeit", „Aufnahme gefunden" (**M2**).
4. Beschreibe, welche Elemente des Bildes das Thema „erfolgreiche Integration und Zusammenleben in einer vielfältigen Gesellschaft" darstellen. Suche Symbole, die für verschiedene Kulturen stehen könnten. Beurteile, ob dieses Bild auf die deutsche Gesellschaft heute zutrifft.

die Integration: Integration ist ein Prozess, der stattfindet, wenn Menschen in ein neues Land einwandern. Er bedeutet, sich in einem neuen Land einzuleben, ohne die eigene Kultur zu vernachlässigen. Zugewanderte Menschen behalten also ihre eigenen Traditionen bei, die Gesellschaft wird vielseitiger. Damit Integration gelingt, müssen Zugewanderte und Einheimische miteinander in Kontakt treten und kommunizieren. Integration kann dann gelingen, wenn man Gemeinsamkeiten der Kulturen findet und ein Gemeinschaftsgefühl entsteht.

M1 Typisch deutsch?

M2 Wer ist Deutscher?

(1) Deutscher im Sinne dieses Grundgesetzes ist vorbehaltlich anderweitiger gesetzlicher Regelung, wer die deutsche Staatsangehörigkeit besitzt oder als Flüchtling oder Vertriebener deutscher Volkszugehörigkeit oder als dessen Ehegatte oder Abkömmling in dem Gebiete des Deutschen Reiches nach dem Stande vom 31. Dezember 1937 Aufnahme gefunden hat.

Grundgesetz für die Bundesrepublik Deutschland, Art 116, https://www.gesetze-im-internet.de/gg/art_116.html (01.03.2024)

Woher kommen wir? – Geschichte(n) außerhalb Deutschlands

Das Osmanische Reich und die Türkei

Die wichtigsten Daten

- 1299: Gründung des Osmanischen Reiches
- 1453: Eroberung Konstantinopels (später: Istanbul) durch Sultan Mehmed II.
- 1683: Eroberung Wiens durch das Osmanische Reich scheitert
- 1918: Nach Ende des Ersten Weltkriegs wird das Osmanische Reich von den Siegermächten aufgeteilt
- 1919–1923: Türkischer Unabhängigkeitskrieg
- 1923: Gründung der Republik Türkei
- 1923–1938: Mustafa Kemal Atatürk ist erster Staatspräsident der Türkei
- 2014: Recep Tayyip Erdoğan wird türkischer Staatspräsident

Die wichtigsten Fachbegriffe

- ✓ die Staatsreligion
- ✓ das Weltreich
- ✓ die Weltreligion
- ✓ der Nationalstaat
- ✓ die Flüchtlingskrise von 2015
- ✓ das Verteidigungsbündnis

Das kannst du

- Du kannst den Aufstieg und das Ende des Osmanischen Reiches skizzieren.
- Du kannst beschreiben, wie die Türkei aus dem Osmanischen Reich hervorging.
- Du kannst die wesentlichen Reformen unter Kemal Atatürk und ihre Folgen für die türkische Gesellschaft erläutern.
- Du kannst aktuelle politische Entwicklungen in der Türkei darstellen.

Der Nahostkonflikt

Die wichtigsten Daten

- 1947: UN-Teilungsplan für Palästina
- 1948: Gründung Israels
- 1948–1949: Unabhängigkeitskrieg zwischen Israel und arabischen Staaten
- 1967: Sechstagekrieg
- 1973: Jom-Kippur-Krieg
- 1982: Libanonkrieg
- 1987–1993: Erste Intifada
- 1993: Oslo-Abkommen
- 2000–2005: Zweite Intifada
- 2023: Nach Angriff der Hamas (7.10.) Krieg zwischen der Hamas und Israel in Gaza

Die wichtigsten Fachbegriffe

- ✓ der Palästinenser
- ✓ die Intifada
- ✓ Jerusalem
- ✓ die PLO
- ✓ die Hamas

Das kannst du

- Du kannst in Grundzügen die Ursachen des Nahostkonflikts darstellen.
- Du kannst skizzieren, wie es zur Gründung Israels kam.
- Du kannst die Entwicklung des Nahostkonflikts beschreiben.
- Du kannst erklären, welche Faktoren eine Lösungsfindung für den Nahostkonflikt erschweren.

Russland und die Sowjetunion

Die wichtigsten Daten

- 1917: Oktoberrevolution in Russland und Ende der Zarenherrschaft
- 1917–1924: Herrschaft Lenins
- 1922: Bürgerkrieg und Gründung der UdSSR
- 1924–1953: Herrschaft Josef Stalins
- 1932/33: Hungersnot in Südrussland, der Ukraine und Kasachstan mit sechs Millionen Toten
- 1955: Gründung des Warschauer Pakts
- 1985: Michail Gorbatschow wird Generalsekretär der KPdSU
- 1986–1991: Reformen zum Umbau von Politik, Wirtschaft und Gesellschaft (Glasnost und Perestroika)
- 1991: Auflösung der Sowjetunion
- 1992: Russland und ehemalige Sowjetstaaten schließen sich zur GUS zusammen
- 1999: Wladimir Putin wird Präsident der Russischen Föderation
- 2022: Beginn des russischen Angriffskriegs auf die Ukraine

Die wichtigsten Fachbegriffe

- ✓ die Zarenherrschaft
- ✓ die Duma
- ✓ der Bolschewik, die Bolschewiki
- ✓ der Sowjet
- ✓ die Sowjetrepublik
- ✓ der Stalinismus
- ✓ die Kolchose
- ✓ der Gulag
- ✓ der Schauprozess
- ✓ der Warschauer Pakt
- ✓ die Glasnost
- ✓ die Perestroika
- ✓ die GUS (Gemeinschaft unabhängiger Staaten)
- ✓ der Ukrainekrieg
- ✓ die Wirtschaftssanktion

Das kannst du

- Du kannst die Ursachen und Ereignisse der Oktoberrevolution beschreiben.
- Du weißt, wie es zur Gründung der Sowjetunion kam.
- Du kannst die wichtigsten Ereignisse und Merkmale der Herrschaft Stalins nennen.
- Du kannst den Aufstieg der Sowjetunion zu einer Weltmacht skizzieren.
- Du kannst die wichtigsten Reformen unter Michail Gorbatschow erläutern.
- Du weißt, wie es zum Zerfall und dann zur Auflösung der Sowjetunion kam.
- Du kannst die wesentlichen Entwicklungen Russlands seit 1992 darstellen.
- Du kannst die Politik Wladimir Putins erklären.
- Du kannst die Folgen des Ukrainekrieges für die Ukraine und die europäischen Staaten darlegen.

6 Zusammenfassung

Afrikanische Geschichte am Beispiel des Kongo

Die wichtigsten Daten

- ca. 1500–1850: Dreieckshandel
- 1884/85: „Kongo-Konferenz" und Beginn der Kolonialisierung Afrikas
- 1885: Der Kongo wird Kolonie Belgiens
- 1922–1980: Dekolonisierung Afrikas
- 1960: Unabhängigkeit des Kongo von Belgien
- 1961: Ermordung Patrice Lumumbas
- 1965–1997: Diktatur im Kongo unter Mobutu
- 1997–2018: Regierung Laurent Kabila im Kongo
- 2002: Gründung der Afrikanischen Union (AU)
- 2018: Erster gewaltloser Machtwechsel im Kongo seit der Unabhängigkeitserklärung

Die wichtigsten Fachbegriffe

- ✓ die Hochkultur
- ✓ der Dreieckshandel
- ✓ der Sklave, die Sklavin
- ✓ die Kolonialisierung, die Kolonie
- ✓ die Kongo-Konferenz (1885/86)
- ✓ der Kolonialherr
- ✓ die Dekolonisierung
- ✓ der Bürgerkrieg
- ✓ die Afrikanische Union (AU)
- ✓ die Afrikanische Charta der Menschenrechte
- ✓ die Friedenstruppen
- ✓ die Freihandelszone

Das kannst du

- ■ Du kannst den Begriff „Dreieckshandel" in Bezug auf die Geschichte Afrikas erklären.
- ■ Du kannst aufzeigen, welche Auswirkungen der Sklavenhandel bis heute hat.
- ■ Du weißt, was der Begriff „Kolonialisierung" bedeutet.
- ■ Du kannst Folgen der belgischen Kolonialherrschaft für die Menschen im Kongo beschreiben.
- ■ Du kannst die Dekolonisierung Afrikas am Beispiel des Kongo darstellen.
- ■ Du kannst die wesentlichen Entwicklungen im Kongo nach der Unabhängigkeit erläutern.
- ■ Du kannst die aktuelle Situation im Kongo skizzieren.
- ■ Du kannst erklären, was die Afrikanische Union ist.
- ■ Du kannst die Ziele der Afrikanischen Union nennen.

Wir in Deutschland – eine vielfältige Gesellschaft

Das kannst du

- ■ Du kannst anhand von Beispielen erklären, welche Bedeutung Migration für Deutschland hat.
- ■ Du kennst die Merkmale einer vielfältigen Gesellschaft.
- ■ Du kannst erklären, wie Vielfalt in der Gesellschaft gefördert werden kann.

Die wichtigsten Fachbegriffe

- ✓ die Migration
- ✓ die Binnenmigration
- ✓ die Integration

Projekt: Sich im World Café austauschen

Das World Café ist eine Methode, bei der Menschen mit unterschiedlichen Lebenserfahrungen und Meinungen zusammenkommen und sich zu einem Thema austauschen können. Man sitzt wie im Café an Tischen zusammen und unterhält sich. Ideen, Fragen und interessante Diskussionsergebnisse werden auf den Tischdecken festgehalten.

Vorbereitung

1. Findet ein Thema und bereitet mit der gesamten Klasse vier bis sechs Fragen zu diesem Thema vor.
2. Verteilt die Rollen der Gastgebenden und der Moderation. Alle anderen sind Diskussionsteilnehmende.
3. Macht eurer Klassenzimmer zu einem Café.
   a Stellt die Tische zu Gruppen mit je vier bis sechs Stühlen zusammen. Achtet darauf, dass genügend Platz ist, um sich zwischen den Tischen zu bewegen.
   b Bedeckt die Tische mit Tischdecken aus Papier. Legt genügend Stifte aus.
   c Besorgt Getränke und Snacks.
4. Schreibt jeweils eine Diskussionsfrage auf eine Karteikarte. Legt jeweils eine Karteikarte auf jeden Tisch.

Durchführung

- Die Moderation erklärt den Ablauf für alle und trägt die Diskussionsfragen vor.
- Die Teilnehmenden setzen sich spontan an die Tische.
- Die Gastgeber versorgen alle mit Getränken.
- Eine Diskussionsrunde dauert 15 Minuten. Die Moderation achtet auf die Zeit.
- Während der Diskussion halten die Teilnehmenden Spannendes, Interessantes, Lustiges und Ungeklärtes auf der Tischdecke fest.
- Nach 15 Minuten findet ein Wechsel statt. Achtet darauf, dass nicht immer dieselben Teilnehmenden miteinander am Tisch sitzen.
- Ende: Die Moderation beendet das Café, wenn jeder einmal an jedem Tisch gesessen hat.

Rollen

Gastgebende: Pro Tisch gibt es einen Gastgeber oder eine Gastgeberin. Sie sorgen dafür, dass alle mit Getränken versorgt sind. Sie fassen die bisherigen Diskussionsergebnisse für jede neue Gruppe zusammen. Zum Schluss stellen sie die Ergebnisse ihres Tisches vor.

Moderation: Es gibt einen oder zwei Moderierende. Sie erklären am Anfang den Ablauf und leiten die Plenumsdiskussion am Schluss. Während des Cafés achten sie darauf, dass die Diskussionszeit eingehalten wird.

Auswertung

5. Findet euch für eine Diskussion mit der gesamten Klasse zusammen.
6. Gastgebende: Stellt die wichtigsten Punkte aus den Diskussionen an eurem Tisch im Plenum vor. Nutzt dafür die Notizen auf den Tischdecken.
7. Nun dürfen alle ihre Meinung äußern, kommentieren und Fragen stellen.
   Die Moderation achtet darauf, wer wann spricht.

7 Wie wollen wir im 21. Jahrhundert leben? – Globale Herausforderungen

Wir leben heute in einer globalisierten Welt. Das bedeutet, dass wir weltweit vernetzt sind – durch Handel, durch Kommunikation und durch politische Zusammenarbeit. Aber auch Konflikte und Herausforderungen können die ganze Welt betreffen.
Eine der größten Herausforderungen für die Menschheit ist der Klimawandel. In diesem Kapitel beschäftigen wir uns mit den Fragen: Welche Ursachen und Folgen hat der Klimawandel? Was kann getan werden, um den Klimawandel einzudämmen?
Wichtige Akteure der Weltpolitik sind die UNO und die NATO. Sie setzen sich ein für die Wahrung der Menschenrechte, für Nachhaltigkeit und die Sicherung des Friedens.
Wie UNO und NATO entstanden sind und wie sie funktionieren, wird ebenfalls in diesem Kapitel behandelt.

Projekt: Einen Flyer gestalten
- Mit einem Flyer können Informationen kurz und bündig vermittelt werden.
- Im Projekt erstellt ihr Flyer, um über verschiedene globale Herausforderungen des 21. Jahrhunderts zu informieren.
- Am Ende des Kapitels gibt es die Projektseite. Dort findet ihr eine Anleitung, um einen Flyer zu gestalten.

7.1 Wie beeinflussen aktuelle globale Herausforderungen unser Leben?

Impuls
Wie sicher fühlst du dich in der Bundesrepublik Deutschland auf einer Skala von 1 bis 10?
(1 = sehr unsicher, 10 = sehr sicher)
Begründe deine Antwort.

Im 21. Jahrhundert stehen wir vor einer Vielzahl von globalen Herausforderungen. Sie gefährden den Frieden und die Sicherheit in der Welt und bedrohen das Leben von immer mehr Menschen. Um welche Herausforderungen handelt es sich dabei?

Klimawandel
Die Folgen des Klimawandels sind unter anderem Dürren, Hitzewellen oder Überflutungen. Der Klimawandel zerstört in vielen Regionen die Umwelt und führt zum Beispiel zu knappen Ressourcen bis hin zum Verlust von Lebensgrundlagen für Menschen und Tiere. Außerdem können dadurch Konflikte innerhalb eines Landes ausgelöst werden sowie zwischen Staaten, die sich um knappe Ressourcen streiten.

Krieg und Frieden
Bewaffnete Konflikte und Kriege sind offensichtliche Bedrohungen für Frieden und Sicherheit. Meist führen sie zu großen Verlusten von Menschenleben, zu Vertreibungen von Menschengruppen, zu Menschenrechtsverletzungen sowie zu wirtschaftlicher und politischer Instabilität von Staaten.

Flucht und Migration
Flucht und Migration sind häufig direkte Folgen von bewaffneten Konflikten, Menschenrechtsverletzungen, instabilen Regierungen, Klimawandel oder Hunger und Armut. In Konfliktregionen werden durch gewaltsame Auseinandersetzungen, Verfolgung und Unterdrückung Menschen oft dazu gezwungen, ihr Heimatland zu verlassen.

Staaten in der Krise
Die anhaltenden globalen Herausforderungen können einzelne Staaten und deren Regierungen in Krisen stürzen. Die Flüchtlingskrisen des 21. Jahrhunderts oder der Angriffskrieg Russlands auf die Ukraine wirken sich beispielsweise auch auf die Europäische Union und deren einzelne Mitgliedsstaaten aus.

Zielangabe: Wir beschreiben aktuelle globale Herausforderungen und erläutern ihre Auswirkungen auf Menschen und auf Staaten.

Worterklärung
global: weltweit, weltumspannend
die Ressourcen: natürliche Materialien, die dazu verwendet werden, um Dinge zu bauen oder Energie zu erzeugen, z. B. Holz, Wasser, Öl, Gas oder Kohle und landwirtschaftliche Flächen
die Instabilität: nicht stabil, nicht gefestigt

Aufgaben

1. a Lege die aktuellen globalen Herausforderungen dar. (**Text**, **M2**).
   b Arbeite heraus, welche Botschaften der Bundespräsident in seiner Rede vermittelt (**M2**).
2. a Arbeite aus der Grafik **M1** heraus, welche Länder als besonders sicher und welche Länder als besonders unsicher gelten.
   b Ermittle mithilfe einer Internetrecherche die Merkmale, mit denen die jeweilige Einstufung der Länder erfolgt (Suchbegriff: Weltfriedensindex).
3. Beschreibe die Karikatur **M3** und interpretiere sie anschließend.

....

die Globalisierung: Bezeichnung für den Prozess einer weltweiten Vernetzung („globales Dorf") von Staaten in den Bereichen Wirtschaft, Politik, Kultur und Umwelt. Kleidung wird z. B. im Ausland hergestellt, aber in Deutschland verkauft. Oder durch Internet oder Telefon gelingt der Informationsaustausch in Sekunden rund um die Welt.

Wie beeinflussen aktuelle globale Herausforderungen unser Leben?

M1 Globaler Friedensindex (Index = Messwert), 2022

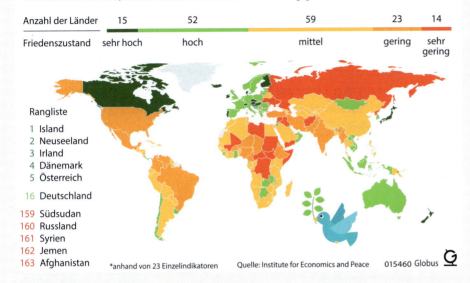

Globaler Frieden

Der Globale Friedensindex 2022 bewertet* in 163 Ländern andauernde inländische und internationale Konflikte, soziale Sicherheit sowie den Militarisierungsgrad.

Anzahl der Länder	15	52	59	23	14
Friedenszustand	sehr hoch	hoch	mittel	gering	sehr gering

Rangliste
1 Island
2 Neuseeland
3 Irland
4 Dänemark
5 Österreich

16 Deutschland

159 Südsudan
160 Russland
161 Syrien
162 Jemen
163 Afghanistan

*anhand von 23 Einzelindikatoren   Quelle: Institute for Economics and Peace   015460 Globus

M2 Weihnachtsansprache von Bundespräsident Frank-Walter Steinmeier, 25. Dezember 2022

Liebe Landsleute, auch Sie spüren die Folgen dieses Krieges [Ukrainekrieges], vor allem die wirtschaftlichen Folgen. Aber Sie tragen die Lasten, weil Ihnen das Schicksal der Ukrainerinnen und Ukrainer nicht
5 gleichgültig ist; weil Ihnen ihr Kampf für die Freiheit nicht egal ist; weil Sie solidarisch und mitmenschlich sind.
Ja, dies sind raue Zeiten. […] Und dennoch: Gerade Weihnachten ist der richtige Moment, auf das zu
10 schauen, was uns Zuversicht gibt. Und das gibt es! Die Ukraine behauptet sich mit großem Mut. Europa steht zusammen. Und unser Land wächst in der Herausforderung wieder einmal über sich hinaus. […] Unser demokratischer Staat mildert die härtesten
15 Belastungen. […] Und Sie alle haben mitgeholfen. […] Auch der Kampf gegen den Klimawandel hat nichts an Dringlichkeit verloren. Er kann nicht warten, er braucht uns alle. Ich wünsche mir, dass die Älteren auch spät im Leben noch einmal bereit sind, sich zu
20 verändern. Und dass die Jüngeren sich engagieren, dass sie kritisch sind – ohne der Sache des Klimaschutzes zu schaden, indem sie andere gegen sich aufbringen. Wir brauchen doch beides: den Ehrgeiz der Jungen und die Erfahrung der Alten. […] Ich bin stolz auf unser Land, […] Wir sind kreativ, fleißig und solidarisch. Und daraus können wir die Kraft und die Hoffnung schöpfen für das neue Jahr.

Zit. nach: https://www.bundesregierung.de/breg-de/service/bulletin/weihnachtsansprache-2022-2155762 (29.02.2024)

M3 Karikatur von Gerhard Mester, 2015

Infografiken analysieren

Infografiken (Informationsgrafiken) dienen dazu, Informationen übersichtlich darzustellen. Zunächst sammeln Behörden oder Wissenschaftler ausreichend Daten zu einer Fragestellung: Personen werden zum Beispiel nach ihrer Meinung zu einem bestimmten Thema befragt oder es werden über einen längeren Zeitraum Messungen zum Beispiel der Lufttemperatur vorgenommen. Diese Daten werden dann von Fachleuten oft in einer Infografik in einer Kombination von Bildern und Zahlenangaben dargestellt. So können wir die Daten besser verstehen und Zusammenhänge schneller erkennen. Infografiken sind eine wichtige Grundlage für die Arbeit von Wissenschaftlern, Politikern und Unternehmern. Darüber hinaus sind sie auch für alle Bürger wichtig, die sich verlässlich informieren wollen.

Häufige Diagrammtypen, die in Infografiken verwendet werden.

Ein Balken- bzw. Säulendiagramm verdeutlicht Unterschiede in den Größenverhältnissen. Die Säulen stehen senkrecht, Balken waagerecht. Diese Diagramme eignen sich besonders gut für Vergleiche.

Ein Kreisdiagramm beschreibt den Anteil einzelner Teile an einer bestimmten Gesamtmenge.

Ein Kurvendiagramm eignet sich für die Darstellung von Entwicklungen in einem bestimmten Zeitraum.

M1 Infografik

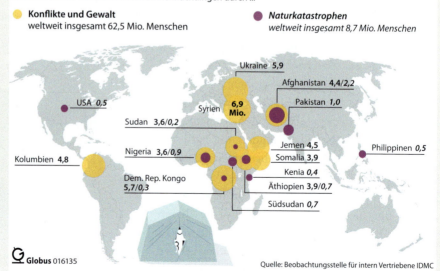

Im eigenen Land vertrieben

Ende des Jahres 2022 waren mehr als 71 Millionen Menschen innerhalb des eigenen Landes auf der Flucht. Die zehn Länder mit den meisten Binnenflüchtlingen durch …

- **Konflikte und Gewalt** weltweit insgesamt 62,5 Mio. Menschen
- **Naturkatastrophen** weltweit insgesamt 8,7 Mio. Menschen

USA 0,5 · Kolumbien 4,8 · Sudan 3,6/0,2 · Nigeria 3,6/0,9 · Dem. Rep. Kongo 5,7/0,3 · Syrien 6,9 Mio. · Ukraine 5,9 · Äthiopien 3,9/0,7 · Südsudan 0,7 · Somalia 3,9 · Kenia 0,4 · Jemen 4,5 · Afghanistan 4,4/2,2 · Pakistan 1,0 · Philippinen 0,5

Globus 016135

Quelle: Beobachtungsstelle für intern Vertriebene IDMC

Infografiken analysieren

Aufgabe

1 Analysiere mithilfe der Tabelle die Informationsgrafik **M1**. Gehe dabei Schritt für Schritt vor und nutze die vorliegenden Textbausteine.

Schritte der Analyse von Infografiken	Textbausteine
1. Allgemeine Informationen über die Infografik • Wie lautet der Titel der Infografik? • Wer hat die Grafik wann veröffentlicht? • Woher kommen die Informationen (Quelle)?	Die geografische Infografik ist (*Jahr*) erschienen und wurde von (*Institut/Experte ...*) veröffentlicht. Die Daten stammen von (*Quelle*).
2. Beschreibe die Infografik • Welche Kombination von Text und Grafik wurde gewählt? • Was ist das Thema der Infografik? • Welche Einheiten wurden verwendet?	Die Infografik besteht aus einer Kombination von (*Landkarte, Text, Zahlenangaben*) und informiert über ... Auf der Karte sieht man ... Die Überschrift ... Im Einleitungstext werden ... genannt. Zwei Themen sind in unterschiedlichen Farben markiert: 1. ... (*in Gelb*); 2. ... (*in Lila*) Als Karte ist ... zu sehen. Auf der Karte sind die Länder markiert, die ...
3. Deute die Infografik • Was sind die wichtigsten Aussagen der Infografik? • Welche Zusammenhänge werden dargestellt? • Auf welches Ereignis / welchen Prozess / historischen Zusammenhang bezieht sich die Infografik? • Welches Ergebnis zeigt die Infografik?	Die wichtigsten Aussagen der Infografik sind ... Die Gesamtzahl der von Konflikten und Gewalt betroffenen Menschen beträgt (*Zahl*). Von Naturkatastrophen sind weltweit (*Zahl*) Menschen im Jahr 2022 betroffen. Die Infografik stellt einen Zusammenhang her zwischen ... Die farbigen Kreise entsprechen in ihrer Größe auch den genannten Wert. Der größte gelbe Kreis markiert (*Land*) mit einem Wert von (*Wert*). Das bedeutet, dass in diesem Land (*Wert*) Menschen von Konflikten und Gewalt betroffen sind. Die Infografik bezieht sich auf das (*Jahr*) und das Thema ...
4. Beurteile die Infografik • An wen ist die Infografik gerichtet? (Welche Gruppe, welche Altersgruppe, welches Geschlecht, welche Länder?) • Welche Schlussfolgerung kann man aus der Grafik ziehen? • Wie bewertest du die Infografik?	Die Infografik richtet sich an ... Aus der Grafik kann man die Schlussfolgerung ziehen, dass ... Meiner Meinung nach ist die Infografik gut/schlecht, weil ...

7.2 Die Klimakrise – die größte Herausforderung des 21. Jahrhunderts?

Ursachen und Folgen des Klimawandels

Impuls
Vier-Ecken-Methode: Ich bin über das Thema Klimawandel …
1 = sehr gut informiert
2 = informiert
3 = nicht gut informiert
4 = überhaupt nicht informiert

Ursachen des Klimawandels

Klimawandel ist ein natürliches Phänomen, das schon immer auf der Erde stattgefunden hat. Ursache für einen Klimawandel ist der Treibhauseffekt. Durch den natürlichen Treibhauseffekt kommt es zu Veränderungen in der Atmosphäre, in den Ozeanen, bei den Eisbergen und Gletschern sowie auf den Landflächen. Dadurch bleibt die Erde auch warm genug, um Leben überhaupt erst zu ermöglichen und zu unterstützen.

Allerdings hat sich der gegenwärtige Klimawandel in den letzten Jahrzehnten beschleunigt und er weist deutliche anthropogene Einflüsse auf. Dieser sogenannte anthropogene Treibhauseffekt ist die Hauptursache für den aktuellen Klimawandel. Durch ihn entsteht eine erhöhte Konzentration von Treibhausgasen in der Atmosphäre, die hauptsächlich durch menschliche Aktivitäten verursacht wird. Diese Gase, wie zum Beispiel CO_2, entstehen vor allem bei der Nutzung von Kohle, Öl und Gas zur Energieerzeugung, im Verkehr und bei der Industrieproduktion. Man nennt diese Gase Treibhausgase, weil sie wie ein unsichtbarer „Deckel" wirken und die Wärme von der Sonne in der Atmosphäre einfangen. Dadurch wird es auf der Erde immer wärmer.

Folgen des Klimawandels

Die Folgen des Klimawandels zeigen sich in verschiedenen Bereichen. Besonders die steigenden Temperaturen haben viele weitere Folgen: Die Gletscher und das Eis schmelzen, der Meeresspiegel steigt an, das Wetter wird extremer mit mehr Hitzewellen, Stürmen und Überschwemmungen. Das hat Auswirkungen auf die Natur, die Tiere und auf die Lebensweise von uns Menschen. Es gefährdet unsere Lebensweise, unsere Häuser, die Landwirtschaft und die Natur, in der viele Tiere leben.

Zielangabe: Wir untersuchen die Ursachen und Folgen des Klimawandels.

Worterklärungen
anthropogen: von Menschen gemacht
die Atmosphäre: Lufthülle um die Erde; besteht aus einem Gemisch aus Gasen

Aufgaben

1 Erkläre den anthropogenen Treibhauseffekt (**Text**, **M1**).
2 Erläutere die Infografik **M2**. Vergleiche die CO_2-Emissionen der Länder pro Kopf und insgesamt. Welche Unterschiede stellst du fest?
3 Werte **M3** aus. Welche Folgen hat der weltweite Temperaturanstieg?
4 Beschreibe **M4**. Worauf könntest du verzichten, um deinen CO_2-Ausstoß zu verringern?

---

der Treibhauseffekt: Der Treibhauseffekt beschreibt die Wirkung von Treibhausgasen in der Atmosphäre. Er sorgt für höhere Temperaturen auf der Erde. Man unterscheidet zwischen natürlichem und anthropogenem Treibhauseffekt.

der anthropogene Treibhauseffekt: Der Begriff bezieht sich auf den Einfluss der menschlichen Aktivitäten auf den natürlichen Treibhauseffekt der Erde. Besonders das Verbrennen fossiler Brennstoffe wie Kohle, Öl und Gas zur Energieerzeugung und für Industrie und Verkehr erhöhen die Menge an Treibhausgasen in der Atmosphäre.

Die Klimakrise – die größte Herausforderung des 21. Jahrhunderts?

M1 Der anthropogene Treibhauseffekt

Neben dem wichtigsten Treibhausgas CO_2 gibt es noch weitere Treibhausgase wie Methan oder Lachgas.

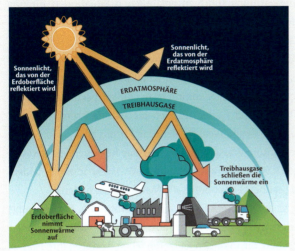

Durch Menschen verursachte Treibhausgase

M2 CO_2-Emissionen weltweit pro Kopf und insgesamt, 2015

M3 Globaler Temperaturanstieg bis 2022

Die globale Temperatur ist die Durchschnittstemperatur, die über die gesamte Erdoberfläche (Land/Wasser) in einem bestimmten Zeitraum gemessen wird.

M4 Durchschnittlicher CO_2-Ausstoß jährlich pro Kopf in Deutschland, Stand Januar 2023

Um die globale Erderwärmung zu stoppen, ist ein Ausstoß kleiner als 1 Tonne CO_2 pro Kopf nötig.

Verursacher	CO_2 in t	Anteil in %
Wohnen	2,2	20
Strom	0,5	5
Mobilität	2,2	20
Ernährung	1,7	16
Sonstiger Konsum	3,4	31
Öffentliche Infrastruktur	0,8	8
Summe	10,5	100

Zahlen nach: https://www.bmuv.de/media/kohlenstoffdioxid-fussabdruck-pro-kopf-in-deutschland (01.03.2024)

Wie wollen wir im 21. Jahrhundert leben? – Globale Herausforderungen

Welche Auswirkungen hat die Klimakrise auf die Menschen und die Natur?

Impuls
Am 14. Juli 2021 kamen bei einer Flutkatastrophe im Ahrtal 136 Menschen ums Leben. Schau dir dazu die Tagesschau vom 15. Juli 2023 an und schildere deine Eindrücke (Suchbegriffe: Tagesschau und 15.07.2023).
Hast du selbst schon mal extreme Wetterereignisse erlebt?

Der Klimawandel hat sehr große Auswirkungen auf die Menschen und die Natur auf der ganzen Welt. Die rasche Erderwärmung führt zu gefährlichen Situationen für uns Menschen und die Umwelt, daher nennen wir diese Lage auch Klimakrise.

Auswirkungen der Klimakrise auf die Menschen
Die Menschen sind immer häufiger Extremwetterereignissen ausgesetzt. Hitzewellen sind viel heißer und länger als früher. Das kann zu gesundheitlichen Problemen führen wie zum Beispiel einem Hitzschlag. Gleichzeitig kommt es zu Dürren, bei denen es nicht genug regnet, um unsere Pflanzen und Felder ausreichend zu bewässern. Dadurch können Ernten zerstört werden und es gibt weniger Nahrung für uns alle.

Die Klimakrise beeinflusst auch unsere Wasserressourcen. Einige Regionen leiden unter heftigen Überschwemmungen, während andere unter Wasserknappheit leiden. Dadurch wird es schwer, genug sauberes Wasser für alle Menschen zu haben.

Der steigende Meeresspiegel ist eine weitere Folge der Erderwärmung. Eisberge und Gletscher schmelzen und das Meer dehnt sich aus, wodurch Küstenregionen überschwemmt werden. Menschen, die in diesen Gebieten leben, könnten ihre Häuser und ihr Eigentum verlieren. Viele sind gezwungen, ihre Heimat zu verlassen, sie werden zu Migranten. Durch die Klimakrise kann auch die Sicherheit einzelner Staaten gefährdet werden. Arme Länder mit schwachen Regierungen sind besonders anfällig für gewalttätige Konflikte.

Worterklärungen
extrem: äußerst stark
die Artenvielfalt: In einem Gebiet können möglichst viele verschiedene Tiere und Pflanzen leben.

Auswirkungen der Klimakrise auf die Natur
Viele Tiere und Pflanzen haben Probleme, sich an die veränderten klimatischen Bedingungen anzupassen. Ihre Lebensräume werden gestört, es kommt zu einem Rückgang der Artenvielfalt. Korallenriffe, die komplexe Unterwasserwelten bilden, sind besonders gefährdet. Wenn die Temperaturen steigen, werden sie weiß und sterben ab. Bedroht ist auch die Nahrungskette in den Ozeanen. Fische und andere Meeresbewohner finden manchmal kaum noch Nahrung, da sich die Ozeane verändern. Dies kann sich negativ auf die Fischerei und die Lebensgrundlage vieler Menschen auswirken, die vom Fischfang abhängig sind.

Zielangabe: Wir untersuchen die Folgen der Klimakrise auf Mensch und Natur.

Aufgaben

1. Benenne die Auswirkungen der Klimakrise auf die Menschen und die Natur (**Text**).
2. Erläutere, weshalb sich der Klimawandel besonders stark auf arme Länder und deren Bewohner auswirkt (**M1**, **M2**).
3. Interpretiere die Karikatur **M3**.

....

die Klimakrise: Der Begriff „Klimakrise" bedeutet, dass der Klimawandel ein weltweites Problem ist, das schlimme Auswirkungen auf das Leben von Menschen, Tieren und die gesamte Natur hat.

das Extremwetterereignis: Das sind Wetterereignisse, die ungewöhnlich stark auftreten. Diese Ereignisse können für Menschen und Natur gefährlich sein. Beispiele sind: Hitze- oder Kältewellen, starker Regenfall, starke Stürme, Überschwemmungen.

Die Klimakrise – die größte Herausforderung des 21. Jahrhunderts?

M1 Auswirkungen des Klimawandels auf Menschenrechte, Armut und Ungleichheit

Auszug aus dem Bericht des UN-Menschenrechtsrats von 2019:

Der Klimawandel […] wird die stärksten Auswirkungen auf arme Länder und Regionen haben und auf die Orte, wo arme Menschen leben und arbeiten. […]
5 Arme Menschen leben häufiger in Gebieten, die dem Klimawandel ausgesetzt sind, und in Unterkünften, die weniger widerstandsfähig sind. Sie verlieren vergleichsweise mehr, wenn sie vom Klimawandel getroffen werden, haben weniger Ressourcen, um die 10 Folgen abzuschwächen. Sie bekommen weniger Unterstützung von sozialen Sicherheitssystemen oder Finanzsystemen, um Auswirkungen auf sie zu verhindern oder um sich von den Folgen zu erholen. Ihre Lebensgrundlagen und Vermögen sind dem Klima- 15 wandel stärker ausgesetzt und sie sind anfälliger für Naturkatastrophen, die Krankheiten, Ernteausfälle, Nahrungsmittelpreissteigerungen und Tod oder Behinderungen mit sich bringen. […]
Ungerechterweise werden die Reichsten, die für die 20 meisten der Treibhausgasemissionen verantwortlich sind und von ihnen am meisten profitiert haben, am besten in der Lage sein, auf den Klimawandel zu reagieren. Die Ärmsten dagegen, die am wenigsten zu den Treibhausgasemissionen beigetragen haben und am schlechtesten auf die Krise reagieren können, 25 werden am meisten leiden. […]

Human Rights Council, Forty-first session, 24 June-12 July 2019, Agenda item 3, A/HRC/RES/41/21 (übers. und bearb. vom Autor)

M2 Migration als Folge von Extremwetterereignissen

Menschen, die 2013 nach einer lang anhaltenden Dürre in einem Flüchtlingslager in Somaliland (Ostafrika) Zuflucht suchten.

M3 „Der deutsche Wald im Klima-Change!" Karikatur von Burkhard Fritsche, 2023

7 Wie wollen wir im 21. Jahrhundert leben? – Globale Herausforderungen

Impuls
Diskutiert die folgende These: „Die Politik muss etwas gegen den Klimawandel unternehmen, ich alleine kann nichts bewirken."

Wie lässt sich internationaler Klimaschutz durchsetzen?

Immer häufiger demonstrieren junge Klimaaktivisten auf der ganzen Welt und fordern von ihren Regierungen, sich für wirksamen Klimaschutz einzusetzen. Doch was können die Regierungen tun? Seit Ende der 1970er-Jahre treffen sich Politiker und Klimaforscher aus zahlreichen Staaten regelmäßig auf Klimakonferenzen unter dem Dach der UNO (▶ S. 194). Gemeinsam versuchen sie, Maßnahmen zu erarbeiten, die die Erderwärmung verlangsamen. Hier ein Überblick über die wichtigsten Konferenzen und ihre Ziele:

Klimakonferenz	Wichtige Ziele
1979 in Genf: Wissenschaftler behaupten, dass die vom Menschen ausgestoßenen Treibhausgase zum Klimawandel führen. Daraufhin findet die erste Weltklimakonferenz in Genf statt.	Der Klimawandel soll genauer untersucht werden. Dazu müssen viele Daten gesammelt und von Forschern ausgewertet werden.
1992 in Rio de Janeiro (Brasilien): Unterzeichnung einer Klimarahmenkonvention (KRK). 1994 tritt sie erstmals mit 50 unterzeichnenden Staaten in Kraft.	Den Klimawandel verlangsamen, sodass sich Ökosysteme an die Klimaveränderungen anpassen können; Weltklimakonferenzen sollen jährlich stattfinden.
1997 in Kyoto (Japan): Die teilnehmenden Staaten vereinbaren im Kyoto-Protokoll erste konkrete Maßnahmen. Die Beschlüsse treten jedoch erst 2005 in Kraft, nachdem genügend Staaten zugestimmt haben.	Industrieländer verpflichten sich, ihre Treibhausgase zwischen 2008 und 2012 um insgesamt 5,2 Prozent zu verringern.
2015 in Paris: Verabschiedung des Pariser Klimaabkommens. Es tritt 2016 in Kraft und löst das Kyoto-Protokoll ab. 194 von 197 Mitgliedsstaaten haben dem Pariser Klimaabkommen bis 2018 per Vertrag zugestimmt.	Begrenzung des Temperaturanstiegs auf 1,5 Grad, Verringerung der Emissionen, Verluste und Schäden durch den Klimawandel sollen verhindert oder verringert werden, reiche Staaten sollen ärmere finanziell unterstützen.

Worterklärungen
der Klimaaktivist / die Klimaaktivistin: Person, die sich für Klimaschutz einsetzt
das Ökosystem: Lebensraum für Pflanzen, Tiere und Menschen wie z. B.: Wald, See, Land
das Industrieland: hoch entwickelter und wohlhabender Staat mit moderner Industrie

Zielangabe: Wir beschreiben die Ziele der Klimakonferenzen und diskutieren, wie sich internationaler Klimaschutz sinnvoll durchsetzen lässt.

Aufgaben

1 Nenne wichtige Ziele der Klimakonferenzen (**Text**).
2 a Erläutere, weshalb es schwierig ist, Klimaschutz international umzusetzen (**M1**).
   b „Muss man wirklich immer solche Fleischberge essen? Muss man so einen Geländewagen in der Stadt fahren? Muss man dreimal im Jahr in Urlaub fliegen?" Nimm Stellung zu diesen Fragen (**M1**).
3 a Interpretiere die Karikatur **M2**.
   b Beurteilt, ob Klimakonferenzen wirksam zum Klimaschutz beitragen.
4 Diskutiert die Rolle von Klimaaktivisten im Hinblick auf den Klimaschutz (**M3**).

Die Klimakrise – die größte Herausforderung des 21. Jahrhunderts? 7

M1 Interview des Norddeutschen Rundfunks (NDR) mit dem Klimaforscher Mojib Latif, 08. Oktober 2018

Ein Bericht des Weltklimarats[1] zeigt, dass sich die Risiken der Erderwärmung durch die Begrenzung der Erderwärmung auf 1,5 Grad einigermaßen einschränken lassen. Was würde das konkret bedeuten?
Mojib Latif: [...] Wenn die Erwärmung jetzt weitergeht bis 1,5 Grad, dann bedeutet das eben, dass auch diese Auswirkungen immer stärker werden. Deswegen heißt es im Pariser Klimaabkommen, dass man die Erwärmung [...] unter zwei Grad halten möchte. Aber da ist das schon so formuliert, dass man die 1,5 Grad wahrscheinlich gar nicht mehr halten kann.
Wäre es technisch denn noch zu schaffen?
Latif: Aus naturwissenschaftlicher Sicht wäre es zu schaffen. [...] Auch aus technischer Sicht wäre es zu schaffen, denn die erneuerbaren Energien stehen ja zur Verfügung. Es hapert aber weltweit am politischen Willen, das wirklich schnell zu machen. Da kommen dann immer die Kostenargumente. Deswegen tut sich die internationale Politik extrem schwer, da überhaupt voranzukommen. [...]
Warum kommt nun diese Mahnung in Form eines Sonderberichts? Soll das ein Weckruf sein?
Latif: Ja, das soll ein Weckruf sein. Denn das Klimaproblem wird immer auf die lange Bank geschoben, weil es sich ja tatsächlich um ein langfristiges Problem handelt. [...] Insofern ist es wichtig, dass man noch einmal deutlich macht, dass solche für den Laien scheinbar geringfügigen Erwärmungen schon extreme Auswirkungen hätten. [...]
An wen richtet sich der Appell?
Latif: Alle gesellschaftlichen Gruppen müssen sich bewegen – auch die Verbraucherinnen und Verbraucher. Da muss sich jeder [...] fragen lassen: Muss man wirklich immer solche Fleischberge essen? Muss man so einen Geländewagen in der Stadt fahren? Muss man dreimal im Jahr in Urlaub fliegen? All diese Dinge müssen hinterfragt werden. [...]

Interview zum Klimabericht: „Ein Weckruf an alle", https://www.tagesschau.de/wissen/klima/klima-ipcc-latif-101.html (01.03.2024)

[1] der Weltklimarat: eine Institution der UN; Fachleute weltweit tragen regelmäßig ihr aktuelles Wissen zum Klimawandel zusammen und bewerten ihn aus wissenschaftlicher Sicht.

M2 „Klimakonferenz", Karikatur von Til Mete, 2007

M3 Demonstration für mehr Klimaschutz: Schülerinnen und Schüler in Freiburg, 2019

die Weltklimakonferenz: Bei der Weltklimakonferenz der Vereinten Nationen (UNO) beraten Fachleute sowie Politikerinnen und Politiker aus fast 200 Ländern darüber, wie man die Erwärmung der Erde verlangsamen kann. Diese Konferenz findet jedes Jahr in einem anderen Land statt.

7.3 UNO und NATO – Akteure der Weltpolitik

Die UNO – Weltorganisation für Weltfrieden, Menschenrechte und Nachhaltigkeit

Impuls
Welche Wörter fallen dir in Verbindung mit der UNO ein? Notiere mehrere und tausche dich dann in Tandems aus.

Die UNO wurde 1945 gegründet. Der Hauptsitz ist in New York. Heute zählt die UNO 193 Staaten als Mitglieder. Die Schrecken des Zweiten Weltkriegs standen bei der Gründung allen deutlich vor Augen: Nie wieder sollte so etwas geschehen. Daher verfolgt die UNO das Ziel, den Weltfrieden und das Völkerrecht zu sichern, die Menschenrechte zu schützen und die internationale Zusammenarbeit zu stärken. Die UNO besteht aus vielen Unterorganisationen, bekannt ist etwa UNICEF, das Kinderhilfswerk.

Die Generalversammlung der UNO

Alle Mitglieder der UNO kommen mindestens einmal im Jahr zur Generalversammlung nach New York. Dort stimmen die Staaten über Resolutionen und Konventionen ab. Eine UNO-Resolution ist ein Beschluss, an den sich alle Mitgliedsstaaten halten sollen. Ein Beispiel dafür ist die Resolution vom 2. März 2022: Die UNO missbilligte den russischen Überfall auf die Ukraine. Von 193 Ländern stimmten 141 für die Resolution, 5 dagegen, 35 Staaten enthielten sich. Doch die UNO kann Russland nicht dazu zwingen, den Krieg zu beenden.

Worterklärungen
die UNO: die Vereinten Nationen (engl.: United Nations Organisation)
der Akteur: der Handlungsträger; jemand, der agiert, etwas vorantreibt
die Konvention: das Abkommen, der Vertrag

Eine Konvention ist z. B. die Behindertenrechtskonvention: Hier stimmen die Staaten zu, sich an bestimmte Regeln im Umgang mit behinderten Menschen zu halten.

Der UN-Sicherheitsrat und das Vetorecht

Am wichtigsten ist der UN-Sicherheitsrat. Er kann Strafen beschließen, wenn sich Mitglieder nicht an die Regeln halten. Im Sicherheitsrat sind 15 Staaten vertreten: fünf ständige und zehn wechselnde Mitglieder. Die 5 ständigen Mitglieder sind die USA, China, Russland, Großbritannien und Frankreich. Die anderen sind zwei Jahre dabei, dann wird gewechselt. Die 5 ständigen Mitglieder besitzen bei der Verabschiedung von Resolutionen ein Vetorecht.

Der Sicherheitsrat kann auch UN-Truppen zur Friedenssicherung in Krisenregionen schicken. Da die UNO keine eigene Armee hat, stellen die Mitglieder Soldaten und Material. Diese Soldaten tragen blaue Helme („Blauhelmsoldaten"). So können alle erkennen, dass sie nicht angreifen, sondern den Frieden sichern sollen.

Nachhaltigkeitsziele – wichtige Ziele für die Zukunft

2015 hat die Generalversammlung erstmals weltweit gültige Ziele für eine nachhaltige Entwicklung beschlossen. Sie sollen allen Menschen ein menschenwürdiges Leben ermöglichen sowie die natürlichen Lebensgrundlagen dauerhaft bewahren.

Zielangabe: Wir erläutern die Funktionsweise der UNO und setzen uns mit ihren Zielen auseinander.

Aufgaben

1 Erkläre, warum die UNO gegründet wurde (**Text**, **M1**).
2 Skizziere den Aufbau der UNO (**Text**).
3 Erläutere das Vetorecht. Welche Probleme ergeben sich daraus? (**Text**, **M3**)
4 Bildet Gruppen und wählt gemeinsam mindestens zwei Nachhaltigkeitsziele aus **M2** aus. Begründet gemeinsam, warum diese für eure Zukunft wichtig sind.

M1 UN-Charta und Erklärung der Menschenrechte, 1948 (Auszug)

1945 endete der Zweite Weltkrieg. Als Folge des deutschen Angriffskriegs starben über 70 Millionen Menschen, viele wurden gefoltert, gequält, aus ihrer Heimat vertrieben. Die Generalversammlung der UNO verkündete am 10. Dezember 1948 folgende Resolution:

Artikel 1 Alle Menschen sind frei und gleich an Würde und Rechten geboren. Sie sind mit Vernunft und Gewissen begabt und sollen einander im Geiste der Brüderlichkeit begegnen.

Artikel 2 Jeder hat Anspruch auf alle in dieser Erklärung verkündeten Rechte und Freiheiten, ohne irgendeinen Unterschied, etwa nach Rasse, Hautfarbe, Geschlecht, Sprache, Religion, politischer oder sonstiger Anschauung, nationaler oder sozialer Herkunft, Vermögen, Geburt oder sonstigem Stand. [...]

Artikel 3 Jeder hat das Recht auf Leben, Freiheit und Sicherheit der Person.

Artikel 4 Niemand darf in Sklaverei oder Leibeigenschaft gehalten werden [...].

Artikel 5 Niemand darf der Folter oder grausamer, unmenschlicher oder erniedrigender Behandlung oder Strafe unterworfen werden. [...]

Artikel 7 Alle Menschen sind vor dem Gesetz gleich und haben ohne Unterschied Anspruch auf gleichen Schutz durch das Gesetz. [...]

Zit. nach: https://www.un.org/depts/german/gruendungsres/grunddok/ar217a3.html (29.02.2024)

M2 Ziele der UNO für nachhaltige Entwicklung, 2015

Alle 17 Ziele mit Erläuterungen findet ihr unter:
https://unric.org/de/17ziele/

M3 „Blockade eingebaut", Karikatur von Heiko Sakurai, 2016

---

die Nachhaltigkeit: Die Menschen sollen nicht mehr Rohstoffe aus der Natur verbrauchen, als nachwachsen können, damit auch zukünftige Generationen in einer gesunden Umwelt leben können.

die UNO-Resolution: Ein Beschluss der UNO mit bestimmten Forderungen und Bewertungen. Diese beziehen sich meist auf die Ziele der UN-Charta.

das Vetorecht: Veto ist Lateinisch und heißt übersetzt „ich verbiete": Die UNO ist nach dem Zweiten Weltkrieg entstanden. Deswegen sind die ständigen Mitglieder des Sicherheitsrats die ehemaligen Siegermächte des Zweiten Weltkriegs sowie China. Alle ständigen Mitglieder können mit dem Vetorecht einen Beschluss verhindern oder blockieren. Da die Mitglieder oft sehr unterschiedliche Auffassungen haben, passiert das häufig.

Die NATO – ein Bündnis für Verteidigung und Friedenssicherung

Impuls
Placemat: Bildet Vierergruppen und notiert, was euch zur NATO einfällt. Ergänzt die Beiträge der anderen mit Beispielen und Rückfragen. Formuliert gemeinsam mindestens einen Ergebnissatz.

Die Nordatlantische Vertragsorganisation (engl.: North Atlantic Treaty Organization, NATO) ist ein internationales militärisches Verteidigungsbündnis. Gegründet wurde die NATO 1949 in Washington (USA) als Reaktion auf die Politik der UdSSR. So sollte verhindert werden, dass auch Westeuropa unter sowjetische Herrschaft gerät (▶ S. 158). Das Besondere am NATO-Vertrag ist die „Beistandsklausel": Wird ein NATO-Mitglied angegriffen, sind alle anderen zur Hilfe verpflichtet (Artikel 5). Der Hauptsitz ist in Brüssel. Ein Land entscheidet sich freiwillig für einen NATO-Beitritt und kann aufgenommen werden, wenn alle anderen Mitglieder zustimmen. Jedes Mitglied ist gleichberechtigt und besitzt gleiche Stimmrechte. Deutschland ist seit 1955 Mitglied.

NATO und Warschauer Pakt

Auf der anderen Seite wurde der Warschauer Pakt gegründet (1955), ein Militärbündnis der Sowjetunion und seiner Satellitenstaaten (▶ S. 159). Hier hatten die Mitglieder keine Wahl, sie mussten beitreten. Im Kalten Krieg (1947–1991) standen sich NATO und Warschauer Pakt feindlich gegenüber, beide besaßen große Mengen an Atomwaffen. Dies diente der gegenseitigen Abschreckung.

Worterklärungen
der Nordatlantikrat: wichtigstes Entscheidungsgremium der NATO; jeder Mitgliedsstaat hat einen Sitz in diesem Gremium
die NATO Responce Force (NRF): schnelle Eingreiftruppe der NATO, um schnell auf Konflikte reagieren zu können
die Cyber-Abwehr: Schutz vor Angriffen über das Internet, etwa auf Behörden oder Wirtschaftsunternehmen

Die NATO nach 1991

Nach dem Ende der Sowjetunion 1991 wurde der Warschauer Pakt aufgelöst. Dadurch haben sich auch die Aufgaben der NATO verändert: In Krisenregionen sollte sie weltweit in Konflikte eingreifen, um eine Bedrohung zu verhindern und Frieden zu sichern.

Falls ein Land bedroht wird, kann es eine Sondersitzung des Nordatlantikrats wünschen. Dies war zuletzt Ende Februar 2022 der Fall nach dem russischen Überfall auf die Ukraine (▶ S. 162). Die Ukraine ist zwar nicht Mitglied der NATO, aber die angrenzenden osteuropäischen Staaten fühlen sich seither von Russland bedroht.

Die USA sind das wichtigste NATO-Mitglied, da sie über die größte Militärmacht verfügen. Insgesamt umfasst die NATO 3,3 Millionen Soldatinnen und Soldaten, eine NATO Response Force (NRF) ca. 40.000. Gegen moderne Bedrohungen gibt es eine Cyber-Abwehr.

Zielangabe: Wir beschreiben die Aufgaben der NATO und diskutieren über ihre Möglichkeiten der Friedenssicherung.

Aufgaben

1. Nenne die Aufgaben der NATO früher und heute (**Text**, **M3**, **M4**).
2. Beschreibe, wie sich die NATO-Mitglieder weltweit verteilen (**M1**, **M2**).
3. Diskutiert über die Möglichkeiten der NATO, den Frieden zu sichern.
4. Kannst du dir vorstellen, als Soldat oder Soldatin zur Bundeswehr zu gehen? Begründe deine Meinung.

---

der Kalte Krieg: Bezeichnung für die Zeit zwischen 1947 und 1990/91, in der sich zwei politische Lager gegenüberstanden: auf der einen Seite die westlichen Demokratien, angeführt von den USA, auf der anderen Seite die kommunistischen Staaten, angeführt von der UdSSR.

UNO und NATO – Akteure der Weltpolitik

M1 Die NATO, 2023

M2 NATO: Entwicklung der Mitgliedschaft, 1949–2024

Jahr	Zahl der Mitglieder	Staaten
1949	12	Belgien, Dänemark, Frankreich, Island, Italien, Kanada, Luxemburg, Niederlande, Norwegen, Portugal, Großbritannien, USA
1952	14	Griechenland und Türkei
1955	15	Bundesrepublik Deutschland (ab 1990: inklusive DDR)
1982	16	Spanien
1999	19	Polen, Tschechien, Ungarn
2004	26	Bulgarien, Estland, Lettland, Litauen, Rumänien, Slowakei, Slowenien
2009	28	Albanien und Kroatien
2017	29	Montenegro
2020	30	Nordmazedonien
2023	31	Finnland
2024	32	Schweden

M3 Aus dem NATO-Vertrag, 04. April 1949

Die Parteien dieses Vertrags bekräftigen ihren Glauben an die Ziele und Grundsätze der Satzung der Vereinten Nationen und ihren Wunsch, mit allen Völkern und Regierungen in Frieden zu leben. Sie sind entschlossen, die Freiheit, das gemeinsame Erbe und die Zivilisation ihrer Völker, die auf den Grundsätzen der Demokratie, der Freiheit der Person und der Herrschaft des Rechts beruhen, zu gewährleisten. [...] Sie sind entschlossen, ihre Bemühungen für die gemeinsame Verteidigung und für die Erhaltung des Friedens und der Sicherheit zu vereinigen.

Zit. nach: https://www.nato.int/cps/en/natohq/official_texts_17120.htm?selectedLocale=de (01.03.2024)

M4 Hybride Bedrohungen gefährden Frieden und Sicherheit

In modernen Konfliktszenarien[1] setzen Angreifer auf eine Kombination aus klassischen Militäreinsätzen, wirtschaftlichem Druck, Computerangriffen bis hin zu Propaganda in den Medien und sozialen Netzwerken. Dieses Vorgehen wird auch als [...] „hybride[2] Taktik" bezeichnet. [...]
Ziel der Angreifer ist es, nicht nur Schaden anzurichten, sondern insbesondere Gesellschaften zu destabilisieren und die öffentliche Meinung zu beeinflussen. Von der gezielten Steuerung von Diskussionen in sozialen Netzwerken bis hin zur Manipulation von Informationen auf Nachrichtenportalen. [...] Mithilfe des Internets und ganz besonders der Sozialen Medien kann ein Aggressor [= Angreifer] so große Verwirrung stiften [...].
[...] Die Täter operieren entweder anonym [= ohne Namen] oder bestreiten Beteiligungen an Vorfällen und Konflikten. [...] Eben dies macht die Abwehr solcher Attacken so schwierig: Wenn es keinen eindeutigen Angriff oder Angreifer gibt, fällt die Gegenwehr schwer.

Bundesministerium der Verteidigung: https://www.bmvg.de/de/themen/sicherheitspolitik/hybride-bedrohungen (01.03.2024)

---

1 das Konfliktszenario: Beschreibung, wie ein Konflikt ablaufen könnte
2 hybrid: etwas besteht aus verschiedenen Dingen

7 Zusammenfassung

Wie wollen wir im 21. Jahrhundert leben? – Globale Herausforderungen

Die wichtigsten Daten

- 1945: Gründung der UNO
- 1948: UN-Charta und Erklärung der Menschenrechte
- 1949: Gründung der NATO
- 1955: Deutschland wird Mitglied der NATO
- 1979: Erste Weltklimakonferenz in Genf
- 1992: Unterzeichnung der Klimarahmenkonvention (Inkrafttreten: 1994)
- 1997: Vereinbarung des Kyoto-Protokolls (Inkrafttreten: 2005)
- 2015: Verabschiedung des Pariser Klimaabkommens (Inkrafttreten: 2016)
- 2018: Immer mehr junge Menschen demonstrieren für den Klimaschutz

Das kannst du

- Du kannst aktuelle globale Herausforderungen beschreiben.
- Du kannst erläutern, wie sich globale Herausforderungen auf Menschen und Staaten auswirken.
- Du kannst Ursachen des Klimawandels erklären.
- Du kannst Folgen des Klimawandels für den Menschen und die Natur darstellen.
- Du kannst verschiedene Klimakonferenzen und ihre Ziele nennen.
- Du kannst skizzieren, wie sich internationaler Klimaschutz durchsetzen lässt.
- Du kannst die Funktionsweise und die Ziele der UNO erläutern.
- Du kannst die Aufgaben der NATO beschreiben.
- Du kannst erklären, welche Rolle die NATO bei der globalen Friedenssicherung hat.

Die wichtigsten Fachbegriffe

- ✓ die Globalisierung
- ✓ die Ressource
- ✓ der Treibhauseffekt
- ✓ der Klimawandel
- ✓ anthropogener Treibhauseffekt
- ✓ die Klimakrise
- ✓ das Extremwetterereignis
- ✓ die Weltklimakonferenz
- ✓ die UNO
- ✓ die UN-Charta
- ✓ die Generalversammlung der UNO
- ✓ der UN-Sicherheitsrat
- ✓ die Nachhaltigkeit
- ✓ die UNO-Resolution
- ✓ das Vetorecht
- ✓ die NATO
- ✓ die Beistandsklausel
- ✓ der Warschauer Pakt
- ✓ der Kalte Krieg
- ✓ der Nordatlantikrat

Projekt: Einen Flyer gestalten

Auf einem Flyer sind wichtige Informationen zu einem Thema übersichtlich dargestellt. Flyer werden benutzt, um zum Beispiel auf eine Veranstaltung hinzuweisen oder Werbung zu machen. Auch politische Ansichten können so verbreitet werden. Die Geschwister Scholl beispielsweise verbreiteten Flugblätter als Zeichen des Widerstands gegen den Nationalsozialismus.

Das Thema eingrenzen

Alle Flyer sollen zum Thema „Globale Herausforderungen des 21. Jahrhunderts" erstellt werden.

1 Findet euch in Gruppen zu je vier Personen zusammen. Wählt pro Gruppe ein Thema.
2 Haltet die Themen und Gruppen an der Tafel fest, damit keine Themen doppelt vergeben werden.

Tipp: Auf Seite 192 in eurem Buch findet ihr einige aktuelle globale Herausforderungen.

Zeitplan und Vorbereitung

3 Macht euch einen Zeitplan. Legt fest, …
   a wie lange ihr für die Recherche braucht.
   b wann der Entwurf fertig sein soll.
   c wann der Flyer finalisiert werden soll.
4 Recherchiert nach Quellen und Materialien zu eurem Thema.
5 Schreibt die wichtigsten Informationen aus euren Materialien heraus.
   a Warum handelt es sich um eine globale Herausforderung?
   b Wer ist besonders davon betroffen? Wer ist beteiligt?
   c Was sind die neuesten Entwicklungen?
   d Gibt es Ideen, wie die globale Herausforderung gelöst werden könnte?

Tipps für die Recherche:
Ist die Quelle aktuell?
Kommt die Quelle von einer vertrauenswürdigen Seite?
Ist der Verfasser ein Experte für dieses Thema?
Könnte es sich um Fake News handeln?

Informationen zusammenstellen

6 Verfasst einen kurzen Text auf der Grundlage eurer Recherchen und Notizen (Aufgabe 4, 5).
7 Korrigiert den Text und überarbeitet ihn ggf.
8 Wählt Bilder aus. Ihr könnt auch Infografiken nutzen (▶ S. 186).

Den Flyer gestalten

Beachtet bei der Gestaltung Folgendes:
- Der Flyer sollte übersichtlich sein.
- Es sollten Bilder und Texte enthalten sein.
- Ihr könnt mit farbigen Hervorhebungen, Aufzählungen usw. arbeiten.
- Ein Flyer lässt sich einfach am Computer erstellen. Es gibt aber auch Apps, die dafür genutzt werden können.

Al Idrisi Der Gelehrte lebte im 12. Jahrhundert. Er wurde vermutlich auf Sizilien geboren. Seine Familie kam aus Malaga (Spanien) und war dort sehr einflussreich. Al Idrisis Familie lebte wahrscheinlich auf Sizilien, weil sie vor der unsicheren Situation in Spanien geflohen war. Al Idrisi war Biologe und Geograf. Es ist nicht bekannt, ob er selbst viel gereist ist. Er könnte seine Karten auch mithilfe des Wissens anderer Menschen gezeichnet haben.

anthropogene Treibhauseffekt, der Der Begriff bezieht sich auf den Einfluss der menschlichen Aktivitäten auf den natürlichen Treibhauseffekt der Erde. Besonders das Verbrennen fossiler Brennstoffe wie Kohle, Öl und Gas zur Energieerzeugung und für Industrie und Verkehr erhöhen die Menge an Treibhausgasen in der Atmosphäre.

Antisemitismus, der seit Ende des 19. Jahrhunderts Begriff für „Judenhass" oder „Judenfeindlichkeit". Mithilfe einer scheinwissenschaftlichen „Rassenlehre" wurde versucht, Vorurteile gegenüber Juden zu schüren, sie als „Gegner der Gesellschaft" abzuwerten und auszugrenzen.

Aufklärung, die Diese Denkrichtung entstand gegen Ende des 17. Jh. in Europa. In der Aufklärung sind die Vernunft und die Würde des Menschen das Wichtigste. Das bedeutet: Ein Mensch, der ein sicheres Leben hat und gebildet ist, kann richtige Entscheidungen treffen.

Ausbeutung, die Bezeichnung für das Ausnutzen von Menschen oder Ländern ohne ausreichende Entschädigung, z. B. Lohn für Arbeiterinnen und Arbeiter oder Zahlungen an den Staat

autoritäre Staat, der In einem autoritären Staat dürfen die Bevölkerung und die Parteien nicht demokratisch mitbestimmen. Kritische Meinungen werden unterdrückt. Die Medien werden von der Regierung kontrolliert.

Benachteiligung, die Wenn jemand aufgrund der Herkunft oder sozialer Verhältnisse nicht die gleichen Chancen hat, so ist er/sie benachteiligt.

Bolschewiki, die Bezeichnung für eine radikale Gruppe um Lenin (1870–1924) innerhalb der russischen Arbeiterpartei. Sie verfolgten als Ziel eine kommunistische Gesellschaftsordnung.

Bundestag, der das Parlament der Bundesrepublik Deutschland

Bundesverfassungsgericht, das Es ist das höchste Gericht in Deutschland. Eine seiner Aufgaben ist es, bei Beschwerden Gesetze zu überprüfen, ob sie der Verfassung entsprechen. Das Bundesverfassungsgericht ist unabhängig. Das heißt, dass ihm niemand vorschreiben kann, wie es entscheiden soll.

Bürgerkrieg, der bezeichnet einen bewaffneten Konflikt zwischen verschiedenen Bevölkerungsgruppen eines Staates um die Macht

Bürgerrecht, das Das sind Rechte, die nur für Staatsbürgerinnen und Staatsbürger eines Landes gelten. Laut Grundgesetz sind das: Versammlungsfreiheit, Vereinigungsfreiheit, Freizügigkeit, Berufsfreiheit und das Wahlrecht. Für Menschen ohne einen deutschen Pass gelten diese Rechte nicht.

Chancengleichheit, die Chancengleichheit liegt vor, wenn alle die gleichen Möglichkeiten haben, sich zu bilden und ein erfolgreiches Leben zu haben. Es ist egal, wo sie herkommen und aus welchen sozialen Verhältnissen sie stammen.

Demokratie, die Diese Staatsform beruht auf der Mitbestimmung aller Menschen, indem sie z. B. die Regierung wählen können. Jeder Mensch hat gleiche Rechte. Die Mächtigen werden kontrolliert. Keiner hat allein die ganze Macht. Die Macht ist in drei Gewalten geteilt. Die drei Gewalten heißen: ausführende Gewalt (Regierung), gesetzgebende Gewalt (Parlament) und richterliche Gewalt (Justiz).

direkte Demokratie, die Hier werden die politischen Entscheidungen direkt vom Volk, also den stimmberechtigten Bürgerinnen und Bürgern, getroffen. Es gibt keine Volksvertreter (Politikerinnen und Politiker).

Diskriminierung, die Wenn andere Menschen benachteiligt werden, weil sie bestimmte Merkmale haben (Alter, Geschlecht, Sexualität, Herkunft usw.), dann werden sie diskriminiert.

eingetragene Verein, der (e. V.) Ein eingetragener Verein steht im Vereinsregister. Damit haben sie bestimmte Rechte, müssen aber auch Regeln beachten, um ihre Arbeit machen zu können.

Epoche, die ein griechisches Wort, das einen längeren Zeitabschnitt in der Weltgeschichte meint

Erste Weltkrieg 1914–1918, der Bezeichnung für eine kriegerische Auseinandersetzung zwischen Deutschland und Österreich-Ungarn auf der einen Seite und Frankreich, Großbritannien, Russland und den USA (ab 1917) auf der anderen Seite. Ca. 10 Millionen Soldaten kamen ums Leben. Es war der bis dahin größte und blutigste Krieg der Geschichte.

EU-Parlament, das Das EU-Parlament mit seinem Sitz in Straßburg und in Brüssel ist das Parlament der Europäischen Union. Seit dem Jahr 1979 wird es von den Bürgern der EU gewählt.

Europäische Union (EU), die Ein Zusammenschluss europäischer Staaten, die gemeinsam politische Entscheidungen treffen und einen gemeinsamen Wirtschaftsraum bilden. Aktuell hat die EU 27 Mitgliedsstaaten.

Europawahl, die findet alle fünf Jahre statt. Es werden die Abgeordneten des EU-Parlaments gewählt.

„Euthanasie", die Herbeiführung des Todes von unheilbar Kranken durch das Ende lebensverlängernder Maßnahmen. Im Nationalsozialismus sollte der Begriff die Ermordung von Menschen mit Beeinträchtigungen verschleiern.

Ewigkeitsklausel, die Das bedeutet, dass einige Regelungen im Grundgesetz niemals aufgehoben werden können.

Exekutive, die bezeichnet die ausführende der drei Staatsgewalten. In einer Demokratie sind dies die vom Volk frei gewählte Regierung und ihre zahlreichen Ausführungsorgane wie die Polizei und die verschiedenen Ämter.

extreme Parteie, die linke oder rechte Parteien, die die Demokratie ablehnen und ihre politischen Ziele auch mit Gewalt durchsetzen wollen

Extremismus, der Ablehnung des demokratischen Staates und der demokratischen Verfassung. Das bestehende politische System soll (mit Gewalt) gestürzt werden.

Extremwetterereignis, das bezeichnet Wetterereignisse, die ungewöhnlich stark auftreten. Diese Ereignisse können für Menschen und Natur gefährlich sein. Beispiele sind: Hitze- oder Kältewellen, starker Regenfall, starke Stürme, Überschwemmungen.

Fake News, die Fake News sind falsche Informationen, die verbreitet werden, um Menschen zu täuschen oder zu manipulieren. Diese Nachrichten können erfunden sein oder verzerrte Fakten enthalten, um eine bestimmte Meinung zu unterstützen.

Flüchtlingskrise, die Seit 2015 flüchten sehr viele Menschen aus dem Nahen Osten und aus Afrika vor Krieg und Armut nach Europa.

Fraktion, die Ein Zusammenschluss einer Gruppe von Abgeordneten, die alle in derselben Partei sind und sich für gemeinsame Anliegen starkmachen oder gemeinsam eine Aufgabe wahrnehmen.

Freihandelszone, die Die Länder, die zu dieser Zone gehören, sowie deren Firmen und Bewohner haben wirtschaftliche Vorteile, wenn sie miteinander handeln. So müssen sie z. B. oft keine Steuern zahlen.

Ghetto, das Bezeichnung für abgetrennte Wohngebiete für die jüdische Bevölkerung eines Ortes. Ghettos entstanden in Europa im späten Mittelalter und verbreiteten sich im 17. und 18. Jahrhundert. Mit der rechtlichen Gleichstellung der Juden im 19. Jahrhundert lösten sie sich auf.

Glasnost (Offenheit), die ab 1985 ein Schlüsselbegriff der Reformen unter Gorbatschow in der UdSSR. Es sollten öffentliche Diskussionen über staatliche Maßnahmen ermöglicht werden, auch in den Medien. Zuvor war die Pressefreiheit beschränkt und Kritik an staatlichem Handeln nicht möglich.

Globalisierung, die Der Begriff bezeichnet den Prozess einer weltweiten Vernetzung („globales Dorf") von Staaten in den Bereichen Wirtschaft, Politik, Kultur und Umwelt. Kleidung wird z. B. im Ausland hergestellt, aber in Deutschland verkauft. Oder durch Internet oder Telefon gelingt der Informationsaustausch in Sekunden rund um die Welt.

gregorianische Kalender, der im 16. Jahrhundert von Papst Gregor XIII. entwickelter Kalender. Ein Jahr hat 365,2422 Tage. Damit ist dieser Kalender genauer als der julianische. Auch der gregorianische Kalender hat Schaltjahre.

Grundgesetz, das Verfassung von Deutschland: das wichtigste Gesetz in Deutschland und Grundlage von Staat und Gesellschaft

Grundrecht, das Die Grundrechte stehen in Artikel 1 bis 19 des Grundgesetzes. Der Staat darf diese Rechte nicht grundsätzlich einschränken.

gruppenbezogene Menschenfeindlichkeit (GMF), die Das ist ein wissenschaftlicher Begriff, um unterschiedliche Formen von Diskriminierung zu beschreiben. Es geht nicht um Diskriminierung von einzelnen Personen, sondern um Gruppen, die gemeinsame Merkmale (z. B. Geschlecht, Sexualität) haben.

Hatespeech, die Der Begriff bedeutet auf Deutsch „Hassrede". Gemeint sind diskriminierende Äußerungen, die oft im Internet gemacht werden, um Menschen einzuschüchtern.

Herodot ein griechischer Geschichtsschreiber, der im 5. Jahrhundert vor Christus lebte. Er schrieb das Werk „Historien". In diesen neun Büchern beschreibt er die Welt und Menschen aus den Regionen, die er vermutlich selbst bereist hat.

Hochkultur, die Bezeichnung für eine hoch entwickelte Kultur. Ein Beispiel ist Ägypten (Nordafrika): Dort gab es bereits 2700 v. Chr. einen Staat mit einem Herrscher (Pharao), die Menschen lebten in Städten, trieben Handel und Landwirtschaft. Sie hatten eine Schrift und leisteten Besonderes in Kunst und Wissenschaft. Die Pyramiden zeigen bis heute ihre Baukunst.

Holocaust, der Bezeichnung für den systematischen Massenmord an Juden durch die Nationalsozialisten. Der Begriff kommt aus dem Griechischen und bedeutet Brandopfer.

Humanismus, der Diese Bewegung des 14. bis 16. Jh. ist auf dem Bildungsideal der Antike gegründet. Sie ging von Italien aus und setzt die Würde des Menschen in das Zentrum. Humanisten glauben, dass Menschen grundsätzlich gut sind und sich bessern können. Dafür müssen Menschen frei denken und handeln und frei ihre Meinung äußern können, ohne dafür bestraft zu werden. Um sich frei entfalten zu können, müssen Menschen gebildet sein. Bildung spielt daher im Humanismus eine wichtige Rolle.

Identitäre Bewegung, die Bezeichnung für eine rechtsextreme Gruppierung, die in mehreren Ländern Europas existiert. Sie vertritt islamfeindliche, demokratiefeindliche und rassistische Meinungen. Diese verbreitet sie vor allem über die Sozialen Medien.

Ideologie (Weltanschauung), die Darunter versteht man bestimmte Vorstellungen, die den Menschen, die Politik und die Gesellschaft betreffen. Sie gibt vor, die richtigen Lösungen für alle gesellschaftlichen und politischen Probleme zu haben.

illiberale Demokratie, die ein politisches System, das äußerlich eine Demokratie ist, in dem die Bevölkerung aber nicht alle demokratischen Freiheiten besitzt. Die Regierung wird oft gewählt, übt dann aber immer mehr Macht aus und schränkt Freiheiten (z. B. Meinungsfreiheit, Pressefreiheit) ein.

indirekte Demokratie, die Hier wählen die stimmberechtigten Bürger eine Vertretung. Diese Volksvertreter treffen dann im Parlament die politischen Entscheidungen.

Jerusalem Für Juden, Christen und Muslime ist Jerusalem eine heilige Stadt. Auf engstem Raum stehen hier die jüdische Klagemauer, die christliche Grabeskirche und der muslimische Felsendom nebeneinander. 1950 erklärte Israel West-Jerusalem zu seiner Hauptstadt, 1980 die ganze Stadt. Doch nur wenige Staaten erkennen Jerusalem als Hauptstadt an. Daher befinden sich die meisten Botschaften in Tel Aviv.

Judikative, die bezeichnet die rechtsprechende der drei Staatsgewalten. In einer Demokratie sind dies die Gerichte.

julianische Kalender, der von Julius Cäsar eingeführter Sonnenkalender mit Schaltjahren. Er hat eine Jahreslänge von 365,25 Tagen.

Kalte Krieg, der Bezeichnung für die Zeit zwischen 1947 und 1990/91, in der sich zwei politische Lager gegenüberstanden: auf der einen Seite die westlichen Demokratien, angeführt von den USA, auf der anderen Seite die kommunistischen Staaten, angeführt von der UdSSR.

Klimakrise, die Der Begriff „Klimakrise" bedeutet, dass der Klimawandel ein weltweites Problem ist, das schlimme Auswirkungen auf das Leben von Menschen, Tieren und die gesamte Natur hat.

Koalition, die ein Zusammenschluss von mehreren Parteien, um zu regieren

Kolonialherr, der bezeichnet den Vertreter der in einer Kolonie herrschenden ausländischen Staatsmacht

Kommunismus, der Bezeichnung für eine Idee der klassenlosen Gesellschaft, eine politische Richtung, Bewegung, die sich gegen den Kapitalismus wendet. Das in verschiedenen Staaten eingeführte sozialistische/kommunistische System führte meist in eine Diktatur.

Kongo-Konferenz, die Elf europäische Staaten sowie Russland, die USA und das Osmanische Reich trafen sich von November 1884 bis Februar 1885 in Berlin, um über das künftige Vorgehen in Afrika zu beraten. Dabei legten sie auch Regeln fest, um afrikanische Gebiete in Besitz nehmen zu können, ohne dabei gegenseitig Krieg führen zu müssen. Afrikanische Repräsentanten waren zu dieser Versammlung nicht eingeladen.

konstitutionelle Monarchie, die eine Staatsform, die einen Herrscher als Oberhaupt hat, z. B. einen König oder Kaiser. Dieser ist aber an die Gesetze einer Verfassung gebunden.

Konzentrationslager, das Bezeichnung für ein Netz von Haftstätten in Deutschland und nach Kriegsbeginn 1939 in Osteuropa. In den Konzentrationslagern wurden die Häftlinge misshandelt und viele ermordet.

Legislative, die bezeichnet die gesetzgebende Staatsgewalt. In einer repräsentativen Demokratie ist dies das frei vom Volk gewählte Parlament.

Lehen, das Ländereien oder Ämter, die ein Lehnsherr seinem Lehensmann lebenslang „leiht". Dafür verspricht der Lehnsmann, in Kriegs- und Friedenszeiten zu dienen.

Leibeigenschaft, die Die persönliche und wirtschaftliche Abhängigkeit eines Bauern von einem Grundherrn. Leibeigene waren unfrei und mussten ihrem Herrn Abgaben bezahlen und für ihn arbeiten. Sie durften z. B. ohne Erlaubnis des Grundherrn nicht heiraten oder wegziehen.

Mehrgenerationenhaushalt, der Hier leben mehrere Generationen einer Familie zusammen.

Menschenrechte, die Bezeichnung für individuelle Freiheitsrechte, die jedem Menschen zustehen

Nachhaltigkeit, die Die Menschen sollen nicht mehr Rohstoffe aus der Natur verbrauchen, als nachwachsen können, damit auch zukünftige Generationen in einer gesunden Umwelt leben können.

Nationalstaat, der ein Staat, dem nur Menschen einer Nation angehören. Die meisten europäischen Staaten sind Nationalstaaten. Das Gegenteil wäre ein Vielvölkerstaat, wo verschiedene Völker in einem Staat leben, wie z. B. in Russland.

Nationalversammlung, die Vertretung aller Bürger. Sie berät über die Grundfragen einer Nation (Staatsvolk) und kann z. B. eine Verfassung beschließen.

NSDAP, die Nationalsozialistische Deutsche Arbeiterpartei, gegründet 1920. Hitler war ihr Vorsitzender. Ihre Ideologie basierte u. a. auf radikalem Antisemitismus, Rassismus und Nationalismus.

Olympiade, die Im antiken Griechenland waren das sportliche Wettkämpfe, aber auch ein Zeitmaß von vier Jahren, Feste zu Ehren der Götter und Toten, soziale Veranstaltungen und Zeiten, in denen Frieden gehalten werden musste.

parlamentarische Demokratie, die eine Demokratie, in der das Parlament die wichtigsten politischen Entscheidungen trifft. Das Parlament wird vom Volk gewählt.

Partei, die ein Zusammenschluss von Menschen, die danach streben, politische Ziele zu verwirklichen

Parteiverbot, das Wenn eine Partei gegen das Grundgesetz verstößt und die Demokratie bedroht, kann sie verboten werden. Nur das Bundesverfassungsgericht darf das entscheiden.

Patchworkfamilie, die Eltern bringen Kinder aus vergangenen Beziehungen mit in eine neue Beziehung. In dieser neuen Familie leben Kinder aus früheren Partnerschaften und manchmal auch gemeinsame neue Kinder in einem Haushalt zusammen.

Perestroika (Umbau), die Bezeichnung für die demokratische Umgestaltung von Gesellschaft, Politik und Wirtschaft. Die Bevölkerung sollte dabei mehr Mitspracherechte bekommen.

Planwirtschaft, die Wirtschaftsordnung, in der der Staat die Produktion und Verteilung von Gütern und Dienstleistungen plant und Löhne und Preise vorschreibt

Pluralismus, der Pluralismus bedeutet die Anerkennung und Akzeptanz von Vielfalt in einer Gesellschaft, einschließlich verschiedener Meinungen, Interessen und Lebensweisen.

Pogrom, der/das Bezeichnung für gewalttätige und zerstörerische Ausschreitungen gegen Mitglieder einer Minderheit

Populismus, der Das ist eine politische Strategie, bei der jemand vorgibt, die Meinung des Volkes zu vertreten, um möglichst viele Menschen zu überzeugen. Populisten stellen Menschen, die ihre Meinung nicht vertreten, oft als Feinde der Gesellschaft dar.

Presse, die Das Wort „Presse" kommt von der Druckerpresse, einem Gerät, mit dem man Text auf Papier druckt. Ursprünglich bezeichnete man alle gedruckten Medien als Presse. Heute sind damit vor allem Zeitungen und Zeitschriften, auch online, gemeint.

Propaganda, die starke Beeinflussung der Bevölkerung durch die Verbreitung von bestimmten politischen Ideen. Dabei werden einseitige Informationen und falsche Behauptungen verbreitet, um die Bevölkerung zu manipulieren, d. h. ihre Meinung zu steuern.

Quelle, die ein Text oder Gegenstand, durch den man etwas über die Vergangenheit erfahren kann

Radikalisierung, die Radikalisierung ist ein Prozess, in dem Menschen immer extremere Ansichten entwickeln. Durch den Kontakt zu anderen radikal denkenden Menschen, aber auch durch populistische Aussagen wird der Prozess vorangetrieben.

Rassenlehre, die Die Nationalsozialisten sahen die Deutschen als anderen Menschen überlegen. Das begründeten sie, indem sie die Menschheit in „Rassen" einteilten und diesen aufgrund von äußeren Merkmalen bestimmte Eigenschaften zuschrieben. Die „Arier", zu denen angeblich die Deutschen gehörten, waren aus Sicht der Nationalsozialisten dazu bestimmt, über alle anderen Menschen zu herrschen. Die wissenschaftlich falsche „Rassenlehre" war Anfang des 20. Jh. weitverbreitet.

Rassismus, der die Vorstellung, dass Menschen bzw. Bevölkerungsgruppen mit bestimmten äußerlichen oder kulturellen Merkmalen anderen von Natur aus über- bzw. unterlegen sind

rechte/linke Partei, die Die Einteilung in „linke" und „rechte" Parteien geht zurück auf die Sitzordnung in der französischen Nationalversammlung 1814: Links saßen Parteien, die die politischen Verhältnisse verändern wollten, rechts saßen Parteien, die sie erhalten wollten.

Rechtsstaat, der Das ist ein Staat, in dem alle Entscheidungen des Staates nach den Regeln der geltenden Gesetze erfolgen müssen. In Deutschland achten Gerichte darauf, dass der Staat sich an die Gesetze hält und seine Bürger schützt.

Regenbogenfamilie, die Eltern gleichen Geschlechts, die gemeinsam Kinder haben oder adoptieren

Renaissance, die Französisch für Wiedergeburt, gemeint ist die Wiedergeburt der Gedanken der Antike. Die Renaissance bedeutet den Übergang vom Mittelalter in die Neuzeit.

Republik, die bedeutet „öffentliche Sache". Die Republik ist eine Staatsform, in der das Volk die Herrschaft ausübt. Es gibt keinen König oder Kaiser an der Spitze. Das Staatsoberhaupt wird gewählt und ist eine Person aus dem Volk.

Revolution, die eine schnelle und gewaltsame Veränderung der bestehenden politischen Verhältnisse. Das Ziel einer Revolution ist es, Probleme mit einem radikalen politischen Neuanfang zu lösen.

SA (Sturmabteilung), die Die SA entstand aus einer Sportgruppe der NSDAP. Die Mitglieder waren Männer mit militärischer Erfahrung. Die SA wurde zur Sicherung von Veranstaltungen der NSDAP gegründet. Sie wurde zu einer paramilitärischen Organisation umgeformt und übte Gewalt gegen politische Gegner und Juden aus. Bei der Machtübernahme übernahm die SA Teile der Polizei und verfolgte die Gegner der Nationalsozialisten.

Schauprozess, der eine Gerichtsverhandlung, bei der das Urteil schon vorher feststeht. Oft sind die Vorwürfe gegen die Angeklagten frei erfunden.

Schwarz-Rot-Gold Die Revolutionäre wählten diese Farben als ihr Erkennungszeichen. Ihr Ursprung ist nicht eindeutig geklärt. Möglicherweise gehen sie zurück auf die Farben der Uniform des Lützowschen Freikorps, einer Einheit des Preußischen Heeres.

Sinti und Roma, die Bezeichnung für eine Minderheitengruppe, die ursprünglich aus Indien stammt und ab dem Mittelalter nach Europa eingewandert ist.

Sittenpolizei, die im Iran eine Unterabteilung der Polizei. Sie soll Personen festnehmen, die sich nicht an die geltende Kleiderordnung halten. Hauptsächlich werden Mädchen und Frauen kontrolliert. Ab dem 7. Lebensjahr ist es Mädchen bzw. Frauen im Iran nicht erlaubt, eine Jeans oder Make-up zu tragen. Dagegen besteht die Pflicht, ein Kopftuch zu tragen.

Sowjetrepublik, die Teilstaat der Sowjetunion mit eigener Verfassung und eigener Hauptstadt. Die Sowjetunion bestand aus 15 Teilstaaten, der wichtigste war Russland.

Sowjetunion (UdSSR), die Der 1922 bis 1991 bestehende Staat war eine sozialistische Diktatur. Der Nachfolgestaat nach dem Ende der UdSSR ist Russland.

soziale Marktwirtschaft, die Wirtschaftsordnung, in der private Unternehmer Güter und Dienstleistungen produzieren, um Gewinn zu erzielen. Angebot und Nachfrage bestimmen den freien Wettbewerb. Der Staat sorgt mit Gesetzen für die soziale Absicherung, z. B. bei Krankheit, Arbeitslosigkeit oder Armut.

soziales Medium, das meistens in der Mehrzahl, die sozialen Medien, genannt. Plattformen oder Netzwerke im Internet, in denen Menschen miteinander in Kontakt treten und sich austauschen können

Sozialismus, der Idee einer Gesellschaftsordnung, in der alle Menschen gleich sind. Es gibt keine Arme und Reiche, der Staat übernimmt das Privateigentum, das allen gehört.

SS (Schutzstaffel), die Die SS hatte im Nationalsozialismus ähnliche Aufgaben wie die SA. Viele Mitglieder kamen aus der SA. Die SS übernahm die Aufgaben der Polizei und war für die Verwaltung der Konzentrationslager zuständig.

Stalinismus, der Bezeichnung für Stalins Herrschaft von 1924 bis 1953. Diese Zeit war geprägt von Brutalität und Terror gegen alle Bevölkerungsgruppen in der Sowjetunion und ihren Satellitenstaaten. Allein in der Sowjetunion fielen diesem Terror Millionen Menschen zum Opfer.

Ständegesellschaft, die ordnet die Menschen in eine feste Rangfolge ein. Diese habe angeblich Gott mit der Geburt vorherbestimmt. Ein Wechsel war nicht erlaubt bzw. wurde hart bestraft.

Tradition, die Die „Tradition" ist eine Quelle, die bewusst weitergegeben wird, um etwas über die Vergangenheit zu erzählen, z. B. ein Schriftstück.

Treibhauseffekt, der Der Treibhauseffekt beschreibt die Wirkung von Treibhausgasen in der Atmosphäre. Er sorgt für höhere Temperaturen auf der Erde. Man unterscheidet zwischen natürlichem und anthropogenem Treibhauseffekt.

Überrest, der Bezeichnung für eine Quelle, die zufällig übrig geblieben ist, z. B. die Scherbe einer Vase

UNO, die ist nach dem Zweiten Weltkrieg entstanden. Deswegen sind die ständigen Mitglieder des Sicherheitsrats die ehemaligen Siegermächte des Zweiten Weltkriegs sowie China. Alle ständigen Mitglieder können mit dem Vetorecht einen Beschluss verhindern oder blockieren. Da die Mitglieder oft sehr unterschiedliche Auffassungen haben, passiert das häufig.

UNO-Resolution, die ein Beschluss der UNO. Darin werden bestimmte Forderungen und Bewertungen schriftlich festgelegt. Diese beziehen sich meist auf die Ziele der UN-Charta.

Verein, der Organisation, in der sich Menschen mit bestimmten gemeinsamen Interessen, Zielen zu gemeinsamem Tun zusammenschließen. Vereine können von allen volljährigen Personen in Deutschland gegründet werden. Minderjährige dürfen mit der Erlaubnis ihrer Eltern Vereine gründen.

Verfassung, die Gesamtheit der Grundsätze und Regeln eines Staates. Darin sind die Rechte und Pflichten der Bürger und Bürgerinnen festgelegt.

Verfassungsschutz, der eine Behörde, die extreme Gruppierungen in Deutschland beobachtet

Verfassungsschutzbericht, der ein jährlicher Bericht über die wichtigsten Formen von Extremismus und Straftaten, die von Extremisten verübt wurden

Verhältniswahlrecht, das Bei der Verhältniswahl wird die Zahl der Abgeordneten im Parlament nach der Prozentzahl der Stimmanteile pro Partei vergeben. Wenn Partei A z. B. 20 Prozent der Wählerstimmen erhält, dann bekommt sie 20 Prozent der Sitze.

Vernichtungslager, das von den Nationalsozialisten in Polen errichtete Lager, um Menschen fabrikmäßig mit Gas zu ermorden. Diese Lager waren: Chelmno, Belzec, Sobibor, Treblinka, Majdanek und Auschwitz. Bei der Planung und Durchführung des Holocausts spielte die SS eine zentrale Rolle.

Verschwörungserzählung, die Bei einer Verschwörungserzählung wird behauptet, dass eine Gruppe von Menschen im Geheimen handelt, um Einfluss auf die Bevölkerung zu nehmen oder politische Entscheidungen zu lenken.

Verteidigungsbündnis, das In einem Verteidigungsbündnis helfen sich Länder gegenseitig, wenn sie von anderen Staaten angegriffen werden.

Vetorecht, das Veto ist Lateinisch und heißt übersetzt „ich verbiete": Die UNO ist nach dem Zweiten Weltkrieg entstanden. Deswegen sind die ständigen Mitglieder des Sicherheitsrats die ehemaligen Siegermächte des Zweiten Weltkriegs sowie China. Alle ständigen Mitglieder können mit dem Vetorecht einen Beschluss verhindern oder blockieren. Da die Mitglieder oft sehr unterschiedliche Auffassungen haben, passiert das häufig.

Volksbegehren, das eine Möglichkeit, direkte Demokratie auszuüben. Bei einem Volksbegehren macht die Bevölkerung selbst Gesetzesvorschläge bei der Regierung ihres Bundeslandes. Damit es erfolgreich ist, muss ein großer Teil der Bevölkerung dem Gesetz zustimmen.

Volksentscheid, der Per Volksentscheid können die Bürger über eine bestimmte politische Frage abstimmen.

Volksversammlung, die Im antiken Griechenland trafen sich alle Bürger Athens. Es wurden Gesetze beschlossen, über Krieg und Frieden entschieden und Staatsbedienstete gewählt.

Wahlgrundsätze, die gleich: jede Stimme zählt gleich viel; geheim: der Stimmzettel kann unbeobachtet angekreuzt werden; frei: niemand wird bei der Wahlentscheidung beeinflusst oder unter Druck gesetzt; keine Wahlpflicht; allgemein: alle Bürgerinnen und Bürger besitzen ein Stimmrecht; unmittelbar: die Abgeordneten werden direkt (unmittelbar) gewählt

Wahlrecht (aktiv und passiv), das aktiv: man darf bei einer Wahl seine Stimme abgeben; passiv: man darf sich in ein Amt wählen lassen

Weltklimakonferenz, die Bei der Weltklimakonferenz der Vereinten Nationen (UNO) beraten Fachleute sowie Politiker aus fast 200 Ländern darüber, wie man die Erwärmung der Erde verlangsamen kann. Diese Konferenz findet jedes Jahr in einem anderen Land statt.

Weltreich, das ein Reich, das besonders groß und besonders mächtig ist

Weltreligion, die   Eine Weltreligion ist in weiten Teilen der Welt verbreitet. Es gibt fünf Weltreligionen: Christentum, Islam, Judentum, Hinduismus, Buddhismus.

Wirtschaftssanktion, die   „Sanktion" = „Bestrafung". Mit Wirtschaftssanktionen bestrafen Staaten einen anderen Staat, sie liefern ihm z. B. keine Waren mehr oder kaufen dort keine Rohstoffe mehr ein. Dies kann passieren, wenn ein Staat gegen internationale Regeln und Gesetze (Völkerrecht) verstoßen hat. Die Sanktionen sollen den Staat dazu bringen, seine Politik zu ändern und das Völkerrecht einzuhalten.

Zarenherrschaft, die   Die Zaren herrschten von 1547 bis 1917 über Russland. In dieser Zeit dehnten sie durch Eroberungen das Land weit nach Osten und Südosten aus. Im Westen grenzte es an das Deutsche Reich. Das Russische Reich umfasste viele Völker mit eigenen Sprachen und Kulturen.

Zivilcourage, die   werteorientiertes Handeln, das öffentlich stattfindet. Andere Personen sind anwesend und erfahren davon. Es ist ein Handeln unter Risiko und erfordert deshalb Mut.

zivile Ungehorsam, der   das bewusste Übertreten von als ungerecht empfundenen Gesetzen und Verordnungen, um auf einen staatlich verantworteten Missstand aufmerksam zu machen. Man nimmt in Kauf, für seine Handlungen bestraft zu werden.

Zweite Weltkrieg, der   Bezeichnung für militärische Auseinandersetzungen zwischen Deutschland, Japan, Italien auf der einen Seite und Großbritannien, der UdSSR, USA und Frankreich auf der anderen Seite. Deutschland begann 1939 den Krieg, um Europa zu beherrschen und im Osten, hauptsächlich in Polen und der UdSSR, neuen „Lebensraum" zu gewinnen. Der Krieg endete am 8. Mai 1945 mit der bedingungslosen Kapitulation Deutschlands. In diesem bisher größten Krieg der Geschichte kamen insgesamt ca. 65 Millionen Menschen ums Leben.

Auswahl von Gedenktagen in Deutschland, Europa und weltweit

Deutschland

27. Januar	Tag des Gedenkens an die Opfer des Nationalsozialismus (1945 Befreiung der Gefangenen des KZ Auschwitz durch die Rote Armee; seit 2005 internationaler Gedenktag)
1. Mai	Tag der Arbeit (1919 erstmals gesetzlicher Feiertag; im NS-Staat propagandistisch vereinnahmt; nach 1945 in vielen Ländern internationaler Feiertag)
23. Mai	Tag des Grundgesetzes
17. Juni	Gedenktag an den Arbeiteraufstand in der DDR (1953), bis 1990 Tag der Deutschen Einheit
20. Juli	Gedenktag zum Attentat auf Hitler 1944
13. August	Jahrestag des Mauerbaus (1961)
3. Oktober	Tag der Deutschen Einheit (seit 1990)
9. November	Gedenken an die Reichspogromnacht (1938)
9. November	Gedenken an den Mauerfall in Berlin (1989)

Europa und weltweit

8. März	Internationaler Frauentag (seit 1914 bzw. 1975)
26. April	Jahrestag der Katastrophe von Tschernobyl (1986)
8./9. Mai	Tag der Befreiung vom Nationalsozialismus (1945)
9. Mai	Europatag
14. Mai	Israelischer Nationalfeiertag (seit 1948)
12. Juni	Russischer Nationalfeiertag (seit 1994)
28. Juni	Christopher Street Day – Fest-, Gedenk- und Demonstrationstag von Lesben, Schwulen, Bisexuellen und Transgender-Personen (seit 1969)
4. Juli	Nationalfeiertag der USA (Independence Day, 1776)
14. Juli	Französischer Nationalfeiertag (Sturm auf die Bastille, 1789)
6. August	Gedenktag an den Atombombenabwurf auf Hiroshima (1945)
11. September	Jahrestag des Terrorangriffs auf das World Trade Center in New York (2001)
24. Oktober	Tag der Vereinten Nationen (Inkrafttreten der UN-Charta 1945)
28. Oktober	Tag der türkischen Republik (seit 1923)
11. November	Polnischer Unabhängigkeitstag (seit 1918)
10. Dezember	Tag der Menschenrechte, Verkündung der UN-Menschenrechtscharta (1948)

Operatoren

Operatoren sind handlungsleitende Verben. Je höher der Anforderungsbereich, desto komplexer die Aufgabenstellung.

Operator	Erläuterung
Anforderungsbereich I (Reproduktion)	
aufzählen, nennen	Kenntnisse (Fachbegriffe, Daten, Fakten, Modelle) und Aussagen in komprimierter Form unkommentiert darstellen
aufzeigen	historische Sachverhalte unter Beibehaltung des Sinnes auf Wesentliches reduzieren
benennen, bezeichnen	Sachverhalte, Strukturen und Prozesse begrifflich präzise aufführen
beschreiben	wesentliche Aspekte eines Sachverhaltes im logischen Zusammenhang unter Verwendung der Fachsprache wiedergeben bzw. unter Beibehaltung des Sinnes auf Wesentliches reduzieren
darlegen, darstellen	wesentliche Aspekte eines Sachverhaltes im logischen Zusammenhang unter Verwendung der Fachsprache wiedergeben
schildern	Sachverhalte, Probleme oder Aussagen erkennen und zutreffend formulieren
wiedergeben, zusammenfassen	Kenntnisse (Fachbegriffe, Daten, Fakten, Modelle) und Aussagen in komprimierter Form unkommentiert darstellen
Anforderungsbereich II (Reorganisation und Transfer)	
analysieren	Materialien oder Sachverhalte kriterienorientiert oder aspektgeleitet erschließen, in systematische Zusammenhänge einordnen und Hintergründe und Beziehungen herausarbeiten
auswerten	Daten oder Einzelergebnisse zu einer abschließenden Gesamtaussage zusammenführen
begründen	Aussagen (z. B. Urteil, These, Wertung) durch Argumente stützen, die auf Beispielen und anderen Belegen gründen
charakterisieren	Sachverhalte in ihren Eigenarten beschreiben und diese dann unter einem bestimmten Gesichtspunkt zusammenfassen
einordnen	eine Position zuordnen oder einen Sachverhalt in einen Zusammenhang stellen
erklären	Sachverhalte durch Wissen und Einsichten in einen Zusammenhang (Theorie, Modell, Regel, Gesetz, Funktionszusammenhang) einordnen und deuten
erläutern	Sachverhalte durch Wissen und Einsichten in einen Zusammenhang (Theorie, Modell, Regel, Gesetz, Funktionszusammenhang) einordnen und begründen und durch zusätzliche Informationen und Beispiele verdeutlichen
ermitteln, erschließen	aus Materialien bestimmte Sachverhalte herausfinden, auch wenn sie nicht explizit genannt werden, und Zusammenhänge zwischen ihnen herstellen
gegenüberstellen	wie skizzieren, aber zusätzlich argumentierend gewichten
herausarbeiten	aus Materialien bestimmte Sachverhalte herausfinden, die nicht explizit genannt werden, und Zusammenhänge zwischen ihnen herstellen
interpretieren	Sinnzusammenhänge aus Materialien erschließen

Operatoren

Operator	Erläuterung
nachweisen	Aussagen (z. B. Urteil, These, Wertung) durch Argumente stützen, die auf Beispielen und anderen Belegen gründen
skizzieren	Sachverhalte, Probleme oder Aussagen erkennen und zutreffend formulieren
untersuchen	Materialien oder Sachverhalte kriterienorientiert bzw. aspektgeleitet erschließen
widerlegen	Argumente anführen, dass Daten, eine Behauptung, ein Konzept oder eine Position nicht haltbar sind
Anforderungsbereich III (Reflexion und Problemlösung)	
beurteilen	den Stellenwert von Sachverhalten in einem Zusammenhang bestimmen, um ohne persönlichen Wertebezug zu einem begründeten Sachurteil zu gelangen
bewerten	wie beurteilen, aber zusätzlich mit Reflexion individueller Wertmaßstäbe, die Pluralität gewährleisten und zu einem begründeten eigenen Werturteil auf der Basis der Wertvorstellungen des Grundgesetzes führen
diskutieren	zu einem Sachverhalt, zu einem Konzept, zu einer Problemstellung oder zu einer These etc. eine Argumentation entwickeln, die zu einer begründeten Bewertung führt
entwerfen	ein Konzept in seinen wesentlichen Zügen erstellen
entwickeln	zu einem Sachverhalt oder zu einer Problemstellung ein konkretes Lösungsmodell, eine Gegenposition, ein Lösungskonzept oder einen Regelungsentwurf begründend skizzieren
erörtern	zu einer vorgegebenen Problemstellung eine reflektierte, kontroverse Auseinandersetzung führen und zu einer abschließenden, begründeten Bewertung gelangen
gestalten	produktorientierte Bearbeitung von Aufgabenstellungen. Dazu zählen unter anderem das Entwerfen von eigenen Reden, Strategien, Beratungsskizzen, Karikaturen, Szenarien, Spots und anderer medialer Produkte sowie das Entwickeln eigener Handlungsvorschläge und Modelle
problematisieren	Widersprüche herausarbeiten, Positionen oder Theorien begründend hinterfragen
prüfen	Inhalte, Sachverhalte, Vermutungen oder Hypothesen auf der Grundlage eigener Kenntnisse oder mithilfe zusätzlicher Materialien auf ihre sachliche Richtigkeit bzw. auf ihre innere Logik hin untersuchen
sich auseinandersetzen	zu einem Sachverhalt, zu einem Konzept, zu einer Problemstellung oder zu einer These etc. eine Argumentation entwickeln, die zu einer begründeten Bewertung führt
Stellung nehmen	wie Operator „beurteilen", aber zusätzlich mit Offenlegen und Begründen eigener Wertmaßstäbe, die Pluralität einschließen und zu einem Werturteil führen, das auf den Wertvorstellungen des Grundgesetzes basiert
überprüfen	Inhalte, Sachverhalte, Vermutungen oder Hypothesen auf der Grundlage eigener Kenntnisse oder mithilfe zusätzlicher Materialien auf ihre sachliche Richtigkeit bzw. auf ihre innere Logik hin untersuchen
vergleichen	Sachverhalte gegenüberstellen, um Gemeinsamkeiten, Ähnlichkeiten und Unterschiede herauszufinden

95 Thesen (Luther)   28

A

AfD (Alternative für Deutschland, Partei)   51, 126, 127
Afrika   164–173, 191
Afrikanische Union   172
Akzeptanz   36
Al Idrisi   12
Amini, Jina Mahsa   84, 85
anthropogener Treibhauseffekt   188
Antike   18
 – griechische   20, 22
 – römische   24
Antisemitismus   93
Arafat, Yassir   155
Archivarbeit   89, 115
Artenvielfalt   190
Atatürk, Mustafa Kemal   146, 147
Athen   20
Aufklärung   31
Ausbeutung   166
autoritärer Staat   139

B

Balla, Lime   115
baltischen Staaten, Baltikum   162
Bastille   64, 65
Benachteiligung   41
Beratungsstellen   42
Berliner Mauer   78, 80, 81
Binnenmigration   175
Bodenschätze   170
Bolschewiki   157
Bücherverbrennung   99
Bund deutscher Mädel (BDM)   102, 103
Bundesheer   70
Bundesminister   173
Bundesrat   44
Bundestag   44, 51
Bundestagswahlen   51
Bundesverfassungsgericht   131
Bürgerkrieg   170
Bürgerrecht   31, 45
Bürgerrechtsbewegung   78

C

CDU (Christlich Demokratische Union Deutschlands, Partei)   51, 81
Chancengleichheit   41
China   175, 194
Christen   16, 152
Christentum   16, 18, 24, 134, 144
Clinton, Bill   155
Cyber-Abwehr   196

D

Davidstern   135
DDP (Deutsche Demokratische Partei)   75
DDR (Deutsche Demokratische Republik)   78
Dekolonialisierung   168
Demokratie   21
 – direkte D.   49
 – illiberale D.   139
 – indirekte D.   49
deutsche Einheit   80
Deutsches Reich   74
Diktator   17
Diktatur   78
direkte Demokratie   49
Diskriminierung   133
DNVP (Deutschnationale Volkspartei)   74, 75
Dreieckshandel   164, 165
dritter Stand   64
Duma   156
DVP (Deutsche Volkspartei)   75

E

Ebadi, Dr. Shirin   83
Ebert, Friedrich   74, 75
eingetragener Verein (e. V.)   38
Elsner, Georg   115
Engagement   48
Entwicklungshilfe   173
Epoche   19
Erdogan, Recep Tayyip   148, 150
Ermächtigungsgesetz   97
Erster Weltkrieg   75, 146
EU-Parlament   56
Europäische Union (EU)   56
Europawahl   56

„Euthanasie" 109
Ewigkeitsklausel 131
Exekutive 46, 96
Exil 83
Experten, Befragung von 119, 141
Extremismus 125
Extremwetterereignis 190

F

Fake News 121
Familie 36
FDP (Freie Demokratische Partei) 51
Flüchtlingskrise 148
Flyer, Gestaltung 183, 199
Fotos analysieren 150
Fraktion 51
Frankreich 64–67, 75, 80, 194, 197
Französische Revolution 64–67
Freihandelszone 173
Friedenstruppe 172
friedliche Revolution 78–81
frühe Neuzeit 18

G

Gandhi, Mahatma 136
Gemeinderat 54
Gemeinderatssitzung, Besuch einer 35, 61
Germanen 25
gesellschaftliche Teilhabe 40
Gewaltenteilung 46, 47
Ghetto 112
Glasnost (Offenheit) 161
Gleichberechtigung 164
gleichgeschlechtlich 36
Gleichschaltung 98, 99
Globalisierung 36, 184
Goebbels, Joseph 105
„Goldene Zwanziger" 90, 91
Gorbatschow, Michail 160, 161
gregorianischer Kalender 16
Großbritannien 75, 80, 111, 152, 168, 194, 197
Grundgesetz 31, 130
Grundrecht 45, 69
Die Grünen (Partei) 51
gruppenbezogene Menschenfeindlichkeit (GMF) 133

Gulag 158
Gutenberg, Johannes 28, 29

H

Hamas 152
Hatespeech 133
Herodot 12
historische Lieder analysieren 70, 71
historischer Kontext 10
Hitler, Adolf 90, 91, 96–98
Hitlerjugend 102, 103
Hochkultur 164
Holocaust 111
Homophobie 132
Humanismus 29

I

Identitäre Bewegung 128
Ideologie 101
illiberale Demokratie 139
Indien 109, 136
indirekte Demokratie 49
Individuum 28
Industrieland 192
Infografiken
  – analysieren 186
  – Armutsgefährdung in Deutschland 41
  – Bundestagswahlen seit 1990 51
  – Ergebnisse der Reichstagswahlen 1928 bis 1930 93
  – Europawahl: jung vs. alt 57
  – Extremistische Straftaten in Deutschland 129
  – Formen des Widerstands 115
  – Formen von GMF 133
  – Globaler Friedensindex 185
  – Globaler Temperaturanstieg 189
  – Häufige Themen bei der Online-Beratung 43
  – Im eigenen Land vertrieben 186
  – Jüdisches Leben in Deutschland 135
  – Klimasünder 189
  – Lebensformen in Deutschland 37
  – Lebensweg der Jugendlichen in der NS-Diktatur 103
  – Online-Studie von ARD und ZDF 59
  – Rangliste Pressefreiheit 139

- Verteidigungsausgaben der UdSSR und der USA   161
- Sitzverteilung im Weimarer Parlament   77
- Treibhauseffekt   189
- Wie zufrieden sind die Deutschen mit der Demokratie?   81
- Zusammensetzung des Bundestags   51

Institution   124, 166
Integration   176
Intifada   154
Iran   82, 83
Islam   82
islamisches Rechtssystem   82
Isokrates   23
Israel   152–155
Istanbul   148

J

Jan, Julius von   115
Jerusalem   152
Jom-Kippur-Feiertag   153
Juden   92, 98, 100, 104, 106–113, 134, 144, 152, 175
Judenverfolgung   106–113
Judentum   16, 134, 144
Judikative   46
Jugendamt   42
julianischer Kalender   16

K

Kalender
- gregorianischer   16
- julianischer   16

Kalter Krieg   196
Kant, Immanuel   30, 31
Karikaturen
- analysieren   52
- „Are we there yet?"   173
- „Blockade eingebaut"   195
- „Der deutsche Wald im Klima-Change"   191
- „Feind der Pressefreiheit"   139
- „Für soziale Gerechtigkeit"   52
- „Kein Problem, wir sägen ihn um!"   131
- „Klimakonferenz"   193
- „Sie tragen die Buchstaben der Firma – wer aber trägt den Geist?"   91

- „Zum Volksentscheid"   49
- „Wer ist das Volk?"   127
- „Wirtschaftsflüchtlinge"   185
- ohne Titel, von Mani Neyestani   85

Karten analysieren   14
Kartographie   12
Klimakonferenz   192
Klimakrise   190
Klimaschutz-Aktivismus   47
Klimawandel   184, 188
Koalition   51, 76
Koalitionsregierung   96
Kolchose   158
Kolonialherr   166
Kolonialisierung   166
Kommunismus   79
Kongo   164–173
Kongo-Konferenz   166
konservativ   50
Konstantinopel   144
konstitutionelle Monarchie   67
Konzentrationslager (KZ)   98
KPD (Kommunistische Partei Deutschlands)   74, 75
Künstliche Intelligenz (KI)   122

L

Landtagswahl   54
Lapbook gestalten   63, 87
Latif, Mojib   193
Legislative   46
Lehen   27
Leibeigenschaft   67
Lenin, Wladimir Iljitsch   157
„Letzte Generation"   47
Die Linke (Partei)   51
Ludwig XIV   64, 66, 67
Lumumba, Patrice   168, 169
Luther, Martin   28

M

Makkabi   135
Märzrevolution   68–73
Massenmedium   104
Matrosenaufstand   74
Mauerfall   80, 81

Medien 58
Mediennutzung 59
Mehrgenerationenhaushalt 37
Menschenrechte 31
Menschenrechtserklärung 172
Menschenwürde 45
Michel, deutscher 73
Migration 175
Mitbestimmung 48
Mittelalter 18, 26
Monarchie 66
Montagsdemonstrationen 78, 79
Muslim 144

N
Nachhaltigkeit 195
Naher Osten 148
Nahostkonflikt 152 bis 155
National Responce Force (NRF) 196
Nationalstaat 146
Nationalversammlung
- Französische Revolution 64, 66
- Märzrevolution 68, 72
- Weimarer Republik 76
NATO (North Atlantic Treaty Organization, Nordatlantische Vertragsorganisation) 194, 196
neue Bundesländer 80
Neuzeit 18
Nordatlantikrat 196
Novemberpogrom 106
Novemberrevolution 1918 74–77
NSDAP (Nationalsozialistische deutsche Arbeiterpartei) 93, 96

O
öffentlicher Dienst 106
Ökosystem 192
Oktoberrevolution 156
Olympia (Stadt) 23
Olympiade 22
Olympische Spiele 22
Orbán, Victor 139
Osmanen 144
Osmanisches Reich 144–147

P
Palästina 152–155
Palästinenser 152
Parlament 76
parlamentarische Demokratie 91
Partei 51
- Gesetz zur Neubildung von Parteien 97
- Parteiverbot 131
- Parteien im Bundestag 51
Patchworkfamilie 37
Paulskirche 68
Perestroika (Umbau) 161
Pest 134
Planwirtschaft 79
PLO (Palestine Liberation Organization, Palästinensische Befreiungsorganisation) 154
Pluralismus 127
Pogrom 106
Politikverdrossenheit 121
Populismus 125
Presse 59
Privileg 26, 64
Propaganda 104, 105
Prophet (Mohammed) 16, 144
Putin, Wladimir 162
Putsch 90, 148

Q
Quelle 10

R
Rabbiner 107
Rabin, Yitzhak 155
Radikalisierung 125
„Rassenlehre" 98
Rassismus 93
Rechtsextremismus 128
Rechtspopulismus 126
Rechtsstaat 46, 138
Rechtssystem 24, 82
Reformation 18
Regenbogenfamilie 37
Regierungsbezirke in Baden-Württemberg 54
Regierungssystem 82
Reichspräsident 76

Reichstagsbrandverordnung 97
Renaissance 29
Republik 24, 67
Ressourcen 184
Revolution 64
revolutionärer Aufstand im Iran 82–85
Römisches Reich 24
Russland 75, 79, 146, 156–163, 166, 184, 194, 196

S

SA (Sturmabteilung) 96
Scharia 82
Schauprozess 159
Scheidemann, Philip 75
Scholl, Sophie und Hans 115
Schwarz-Rot-Gold 69
SED (Sozialistische Einheitspartei Deutschlands) 78
SED-Funktionär 79
Seelsorge 42
Seko, Mobutu Sese 168, 169
Selbstbestimmung 168
Sexismus 132
Siegermächte des Zweiten Weltkriegs 78
Sinti und Roma 109
Sittenpolizei 84
Sklave/Sklavin 164
Sowjetrepublik 157
Sowjetunion (UdSSR) 79
soziale Marktwirtschaft 80
soziale Medien 59
Sozialismus 79
Sozialsystem 40
SPD (Sozialdemokratische Partei Deutschlands) 51, 74, 75
SS (Schutzstaffel) 96
Staatsgebiet 144
Staatsreligion 144
Staatssicherheit (Stasi) 78
Stadtstaat 20
Stalin, Josef 158
Stalinismus 159
Ständegesellschaft 27
Stauffenberg, Claus Schenk Graf von 115
Steinmeier, Frank-Walter 185

Stereotyp 176
Süleyman I. 144, 145
Sultanat 147
Symbol 22
Synagoge 135

T

Teilhabe 176
Toleranz 30
Tradition 10
Treibhauseffekt 188
Trump, Donald 121
Tugend 38
Türkei 144–149

U

Überrest 10
UdSSR (Union der Sozialistischen Sowjetrepubliken, Sowjetunion) 79
Ukraine 158, 160, 162, 184, 194, 196
Ukrainekrieg 162, 163
Universalgelehrter 28
Unmündigkeit 31
UNO (United Nations Organization, Vereinte Nationen) 194
UNO-Resolution 195
USA (Vereinigte Staaten von Amerika) 30, 75, 80, 92, 111, 154, 158–165, 168, 194, 196

V

Verein 38
Verfassung 65
 – griechische Antike 21
 – Bundesrepublik Deutschland 47
 – Iran 83
 – Weimarer Republik 76
Verfassungsschutz 128
Verfassungsschutzbericht 128
Verhältniswahlrecht 77
Vernichtungslager 111
Verschwörungserzählung 120, 121
Vetorecht 195
vierte Gewalt 58
Volksbegehren 49, 77
Volksentscheid 77

„Volksgemeinschaft" 100
Volkskammer 80
Volkspartei 92
Volksversammlung 21

W

Wahlen 51, 54, 56
— zum Landtag in Baden-Württemberg 54
— zum Europäischen Parlament 56
Wahlgrundsätze 55
Wahlplakate untersuchen 94, 95
Wahlrecht 55
Warschauer Pakt 158, 159
wehrhafte Demokratie 130
Wehrmacht 110
Weimarer Republik 76, 90–97
Weiße Rose 114
Weltbild 127
Weltklimakonferenz 193
Weltklimarat 193
Weltreligion 144
Weltwirtschaftskrise 92, 93
Wiedervereinigung Deutschlands 80
Wirtschaftssanktion 163
World Café 143, 181

Z

Zarenherrschaft 157
Zeitstrahl 9, 33
Zensur 68
Zentrum (Partei) 75
Zivilcourage 137
ziviler Ungehorsam 84, 137
Zweiter Weltkrieg 111

Verzeichnis der zitierten Literatur

Die mit einem (*) gekennzeichneten Texte wurden aus didaktischen Gründen leicht verändert.

Aristoteles: *Staat der Athener 8.* Zit. nach: Fragen an die Geschichte, Bd. 1, Heinz Dieter Schmid (Hrsg.), Frankfurt/Main (Hirschgraben) 1987 (*)

Avnery, Uri: *Der Krieg ist Terror – beendet ihn!* In: neues deutschland (26.07.2014). Zit. nach: http://www.ag-friedensforschung.de/regionen/Israel1/avnery.html (01.03.2024)

Babila, Susanne; Ströbel, Michael: *Was Menschen mit Migrationsgeschichte über Pläne zur „Remigration" sagen* (15.01.2024), https://www.swr.de/swraktuell/baden-wuerttemberg/menschen-mit-migrationsgeschichte-ueber-plaene-von-afd-und-rechtsextremen-zur-remigration-100.html (02.04.2024)

Bastian, Nicole: *Putin macht aus Russland eine lupenreine Diktatur* (20.04.2023), https://www.handelsblatt.com/meinung/kommentare/kommentar-putin-macht-aus-russland-eine-lupenreinediktatur/29105454.html (22.08.2024)

Bundeszentrale für politische Bildung (Hrsg.): *Zivilcourage* (Themenblätter im Unterricht Nr. 108), Bonn 2017

der Gartenaere, Wernher: *Meier Helmbrecht.* Zit. nach: Friedrich Panzer (Hrsg.): Altdeutsche Textbibliothek, Nr. 11, Halle, 1911 (*)

Goebbels, Joseph: *Zwei Reden über die Aufgaben des Reichsministeriums für Volksaufklärung und Propaganda (15. / 25.03.1933).* Zit. nach: https://ghdi.ghi-dc.org/docpage.cfm?docpage_id=2430&language=german (01.03.2024)

Hajipour, Shervin: *Baraye.* Eigene Übersetzung nach: https://www.youtube.com/watch?v=z8xXiqyfBg0 (01.03.2024)

Hitler, Adolf: *Tagebucheintrag vom 09.11.1923.* Zit. nach Joachim Fest: Das Gesicht des Dritten Reiches, München 1963, S. 54

Hochgürtel, Tim; Sommer, Bettina: *Lebensformen in der Bevölkerung und Kinder.* In: Statistisches Bundesamt (Hrsg.): Familie, Lebensformen und Kinder. Auszug aus dem Datenreport 2021, S. 52

Isokrates: *Panegyrikos.* Zit. Nach: Ludwig Drees, Olympia – Götter, Künstler und Athleten, Stuttgart 1967, S. 68 (*)

Jens, Paul; Sokollu, Senada: *„Wir fühlen uns nicht mehr sicher"* (15.11.2023), https://www.tagesschau.de/inland/gesellschaft/makkabi-sportler-antisemitismus-100.html (02.04.2024)

Kant, Immanuel: *Beantwortung der Frage: Was ist Aufklärung?* In: Berlinische Monatsschrift, Dezember 1784, 481–494, Zit. nach: Imanuel Kant, Was ist Aufklärung? Ausgewählte kleine Schriften, hrsg. von Horst D. Brandt. Hamburg 1999, S. 20–22 (*)

Kästner, Ingrid: *Johannes Gutenberg*, o. O. 1984

Kellerhoff, Sven-Felix: *Die wahren Ursachen für den Untergang der Sowjetunion* (16.05.2016), https://www.welt.de/geschichte/article155333355/Die-wahren-Ursachen-fuer-den-Untergang-der-Sowjetunion.html (03.09.2024)

Kershaw, Ian: *Höllensturz. Europa 1914–1949*, München (DVA) 2016

Koopmann; Christoph: *Ein Fünftel der Deutschen denkt rechtspopulistisch*, https://www.sueddeutsche.de/politik/rechtspopulismus-umfrage-afd-deutschland-1.6174640 (02.04.2024)

Landeszentrale für politische Bildung Baden-Württemberg (Hrsg.): *Jugendgemeinde-WAS? Leitfaden für Jungendgemeinderäte in Baden-Württemberg*, 3. überarbeitet Auflage, Stuttgart 2017

Landeszentrale für politische Bildung Baden-Württemberg (Hrsg.): *Wehrhafte Demokratie (Politik und Unterricht Nr. 4/2021)*, Villingen-Schwenningen (Neckar-Verlag) 2021

Landeszentrale für politische Bildung Baden-Württemberg (Hrsg.): *„Wir als Juden können diese Zeit nie vergessen". Die Juden von Buttenhausen – Vom Leben und Untergang einer Landgemeinde in Württemberg*, 2013

Landeszentrale für politische Bildung Mecklenburg-Vorpommern (Hrsg.): *Hate Speech und Fake News. 20 Fragen und Antworten (Broschüre)*, 2019

Langhammer; Birgit: *„Ein Weckruf an alle"* (08.10.2018), https://www.tagesschau.de/wissen/klima/klima-ipcc-latif-101.html (01.03.2024)

Leclerq, Louis: *Tagebuch von 1895.* Zit. nach: Holger Kreitling: Grauen in Belgisch-Kongo (13.12.2021), https://www.welt.de/geschichte/article206137417/Belgisch-Kongo-Frauen-vergewaltigt-die-Haende-abgehackt.html (03.09.2024)

Lengenfelder; Mirjam: *Wegen Nahostkonflikt: Sorge um Sicherheitslage in Deutschland (16.10.2023),* https://www.br.de/nachrichten/deutschland-welt/wegen-nahostkonflikt-sorge-um-sicherheitslage-in-deutschland,TspdyfD(01.03.2024)

Lenin, Wladimir I.: *Werke,* Bd. 24, Berlin (Dietz Verlag)

Lossan, Alex: *Spitzenplatz: Wie aus Russland der weltweit führende Getreideexporteur wurde (10.11.2020),* https://de.rbth.com/wirtschaft/84202-russland-weltweit-fuehrender-getreideexporteur (01.03.2024)

Lumumba, Patrice: *Rede auf der Unabhängigkeitsfeier am 30. Juni 1960.* Eigene Übersetzung nach: La Republica, L'Encyclopédie congolaise: Discours d'Emery Patrice Lumumba lors de l'indépendance de la République Démocratique du Congo,* https://larepublica.cd/kongopaedia/8486/ (03.09.2024)

Manetti, Ghianozzo: *Über die Würde und Erhabenheit des Menschen.* Zit. nach: John R. Hale, Fürsten, Künstler, Humanisten. Rowohlt Life 35, Hamburg 1973, S. 26 (*)

Maschmann, Melita: *Fazit – kein Rechtfertigungsversuch,* Stuttgart (DVA) 1963

Meyer, Gert: *Mut und Zivilcourage. Grundlagen und gesellschaftliche Praxis,* Opladen, Berlin & Toronto (Verlag Barbara Budrich) 2014

della Mirandola, Pico: *Über die Würde des Menschen,* Hamburg (Felix Meiner Verlag) 1990 (*)

Müller, Gerd: *„Mit der Agenda 2063 hat die Afrikanische Union ihren eigenen Weg definiert" (24.02.2021).* Zit. nach: https://www.cducsu.de/themen/dr-gerd-mueller-mit-der-agenda-2063-hat-die-afrikanische-union-ihren-eigenenweg-definiert (01.03.2024)

Nowak, Dana: *„Für den Frieden fehlt die Bildung" (03.07.2017),* https://www.israelnetz.com/fuer-den-frieden-fehlt-die-bildung (01.03.2024)

Pfau, Ludwig: *Badisches Wiegenlied.* In: Eulenspiegel (Stuttgart), 8. Dezember 1849, S. 200 (*)

Pophanken, Mathias: *Der Unabhängigkeitskrieg Israels und das Schicksal der Palästinenser,* in: Geschichte lernen 83/2001

Pseudo-Xenophon: *Vom Staat der Athener I, 1-10,* S.a.S. 76 NQ 4 (*)

Sartor, Andreas: *Wirtschaftliche Narben. Die Sklaverei wirkt auch hunderte Jahre später nach (12.07.2020),* https://www.derstandard.de/story/2000118561549/wirtschaftliche-narben-die-sklaverei-wirkt-auch-hunderte-jahre-spaeternach(01.03.2024)

Scheidemann, Philipp: *Ausrufung der Republik.* Zit. nach einer 1924 nachgesprochenen Tonaufnahme. Deutsches Rundfunkarchiv, KONF 661606

Siebold; Heinz: *Die Richtstatt der Revolutionäre (30.08.2003),* https://www.badische-zeitung.de/die-richtstatt-der-revolutionaere--166498484.html (01.03.2024)

Sokollu, Senada: *Wahlrecht ab 16: Teenager entscheiden künftig mit (07.04.2022),* https://www.swr.de/swraktuell/baden-wuerttemberg/reform-des-wahlrechts-100.html (02.04.2024)

Steinmeier, Frank-Walter: *Ansprache zum Festakt „1700 Jahre jüdisches Leben in Deutschland" (21.02.2021).* Zit. nach: https://www.bundespraesident.de/SharedDocs/Reden/DE/Frank-Walter-Steinmeier/Reden/2021/02/210221-1700-Jahre-juedisches-Leben.html (02.04.2024)

Steinmeier, Frank-Walter: *Weihnachtsansprache 2022 (25.12.2022).* Zit. nach: https://www.bundesregierung.de/breg-de/service/bulletin/weihnachtsansprache-2022-2155762 (29.02.2024)

Süleyman I.: *Brief an König Franz I. von Frankreich (1526).* Eigene Übersetzung nach: R. B. Merriman, Suleiman the Magnificent 1520–1566, Harvard Univ. Press, 1944, Reprint 2007 (*)

Süß, Sonja: *Türkei-Wahl (14.05.2023),* https://www.hessenschau.de/politik/tuerkei-wahlen-so-begruenden-drei-hessinnen-ihre-wahlentscheidung-v1,tuerkei-wahl-hessen100.html(01.03.2024)

Vaziri-Elahi, Ruth: *Bericht (1988).* Stadtarchiv Karlsruhe, 8/StS 17/171–4

Veser, Reinhard: *Idealisiert im Westen, verdammt im Osten (31.08.2022),* https://www.faz.net/aktuell/politik/ausland/gorbatschow-idealisiert-im-westen-verdammt-in-russland-18282749.html (01.03.2024)

Wengel, Andrea: *Ursprung des Menschen (2019),* https://www.planet-wissen.de/geschichte/urzeit/afrika_wiege_der_menschheit/index.html (01.03.2024)

Wölbern, Jan P.: *1989*, https://www.kas.de/de/web/geschichteder-cdu/kalender/kalender-detail/-/content/groesste-der-bisdahin-abgehaltenen-leipziger-montagsdemonstrationen (18.12.2023)

Zakrzewski, Tanja: *Wehrhafte Demokratie (2013)*, https://www.politische-bildung-brandenburg.de/themen/demokratie-und-extremismus/wehrhafte-demokratie(02.04.2024)

Zick, Andreas; Küpper, Beate; Berghan, Wilhelm (Hrsg.): *Verlorene Mitte – Feindselige Zustände: Rechtsextreme Einstellungen in Deutschland 2018/19*, Bonn (Dietz) 2019

Unbekannte und ungenannte Verfassende

Afrikanische Charta der Menschenrechte und Rechte der Völker (Banjul-Charta). Zit. nach: https://www.bmz.de/de/service/lexikon/afrikanischecharta-der-menschenrechte-banjul-60240 (01.03.2024)

Aktivisten beschmieren Grundgesetz-Denkmal, https://www.zdf.de/nachrichten/politik/letzte-generation-grundgesetz-denkmal-berlin-100.html(02.04.2024)

„Aktivitäten für Frauenrechte sind im Iran noch nie einfach gewesen" (18.03.2011), https://www.igfm.de/interview-mit-dr-shirin-ebadizu-frauenrechten/(01.03.2024)

Eine Aufgabe im Mathematikunterricht. Zit. nach: Kurt-Ingo Flessau, Schule der Diktatur, Lehrpläne und Schulbücher des Nationalsozialismus, Frankfurt/M. (Fischer Verlag) 1984, S. 201

Berichte aus dem Warschauer Ghetto. Zit. nach: S. D. Kassow: Ringelblums Vermächtnis. Das geheime Archiv des Warschauer Ghettos, Reinbek (Rowohlt) 2010, S. 226

DR Kongo: Stimmen aus Nord-Kivu (07.06.2023), https://www.msf.ch/de/neueste-beitraege/artikel/dr-kongo-stimmen-ausnord-kivu (2.10.2023)

Erklärung der Menschen- und Bürgerrechte vom 26. August 1789. Zit. nach: Wolfgang Lautemann u. a. (Hrsg.): Geschichte in Quellen, Bd. 4, München (bsv) 1981, S. 199 ff. (*)

Europa und die Welt: „Woher stammen Kaffee und Croissants", https://www.kinderzeitmaschine.de/neuzeit/absolutismus/lucyswissensbox/europa-und-die-welt/woher-stammen-kaffee-und-croissants/ (01.03.2024)

Die Gedanken sind frei. Zit. nach: http://digital.ub.uni-duesseldorf.de/ihd/content/pageview/2065595 (11.12.2023) (*)

Geschichte der Juden in Baden, https://irg-baden.de/de/geschichte-der-juden (01.03.2024)

Geschichte Grafenecks in den Jahren 1939–1941, https://www.gedenkstaetten-bw.de/geschichte-grafeneck#c39012 (01.03.2024)

Grundgesetz für die Bundesrepublik Deutschland, Art 116. Zit. nach: https://www.gesetze-im-internet.de/gg/art_116.html (01.03.2024)

Die Grundrechte des deutschen Volkes in der Verfassung vom 28. März 1849. Zit. nach: E. R. Huber (Hrsg.): Dokumente zur deutschen Verfassungsgeschichte, Bd. 1, Stuttgart 1961, S. 317–323 (*)

Human Rights Council, Forty-first session, 24 June-12 July 2019, Agenda item 3, A/HRC/RES/41/21 (übers. und bearb. vom Autor) (*)

Hybride Bedrohungen, https://www.bmvg.de/de/themen/sicherheitspolitik/hybride-bedrohungen (01.03.2024)

„Identitäre Bewegung": Ermittlungen gegen „Reconquista 21" (26.01.2024), https://www.swr.de/swraktuell/baden-wuerttemberg/ermittlungen-gegen-reconquista-100.html?mediaId=e3ff199adec2-314b-8625-2b6306ffa6da& (02.04.2024)

Kobalt: Damit dem Smartphone nicht der Strom ausgeht, https://www.misereor.de/informieren/rohstoffe/kobalt (01.03.2024)

Kongo, Republik (2023), https://www.kinderweltreise.de/kontinente/afrika/kongo-republik/daten-fakten/geschichte-politik/ (01.03.2024)

Der Nordatlantikvertrag (04.04.1949). Zit. nach: https://www.nato.int/cps/en/natohq/official_texts_17120.htm?selectedLocale=de (01.03.2024)

Ein NSDAP-Leiter schrieb im Juli 1943. Zit. nach: Falk Wiesemann: Nationalsozialistische Staatsjugend in Düsseldorf. In: Unerwünschte Jugend im Nationalsozialismus, Essen (Klartext-Verlag) 2005, S. 48

Rettet die Bienen – Fragen und Antworten (2019), https://www.swr.de/swraktuell/baden-wuerttemberg/rettet-die-bienen-fragen-antworten-100.html (01.10.2020)

„Der Tag" vom 22.09.1932, Scherl Verlag

Thüringer AfD-Vize: „Remigration" ist unser Ziel (15.02.2024), https://www.n-tv.de/politik/Thueringer-AfD-Vize-Remigrationist-unser-Ziel-article24736973.html (02.04.2024)

UN-Charta und Erklärung der Menschenrechte (1948). Zit. nach: https://www.un.org/depts/german/gruendungsres/grunddok/ar217a3.html (29.02.2024)

Unabhängigkeitserklärung Israels, Zit. nach: https://www.hagalil.com/israel/independence/azmauth.htm (01.03.2024)

Die Würde des Menschen ist unantastbar, https://www.bpb.de/themen/politisches-system/politik-einfach-fuer-alle/236724/die-wuerde-des-menschen-ist-unantastbar/(01.03.2024)

Bildquellenverzeichnis

Cover: Cornelsen/VDL/mauritius images/EyeEm; **Innenumschlag:** Cornelsen/Carlos Borrell Eiköter, Berlin
S. 8: akg-images; **S. 11/M1:** Cornelsen/Ute Wiedenhoff;
S. 11/M2: Cornelsen/Ute Wiedenhoff; **S. 11/M3:** Bridgeman Images/SZ Photo/Alfred Strobel; **S. 11/M4:** mauritius images/Cavan Images; **S. 13/M1:** Cornelsen/Peter Kast;
S. 13/M2: mauritius images/World Book Inc.; **S. 13/M3:** bpk/DeA Picture Library; **S. 14:** akg-images/akg-images/De Agostini Picture Lib.; **S. 17/M1:** stock.adobe.com/Bruno Mader; **S. 17/M2:** interfoto e. k./Sammlung Rauch; **S. 17/M3:** Bridgeman Images; **S. 19/M1:** akg-images / Nimatallah; **S. 19/M2:** bpk; **S. 19/M3:** stock.adobe.com/Fineart Panorama; **S. 19/M4:** Stadtverwaltung Aalen/Stadtarchiv; **S. 23/M2:** Cornelsen/Michael Teßmer; **S. 23/M3:** mauritius images/SOPA Images Limited/Alamy/Alamy Stock Photos; **S. 25/M1:** stock.adobe.com/1996 Adobe Systems Incorporated All Rights Reserved/(C) 1987; **S. 25/M1:** stock.adobe.com/Data; **S. 25/M1:** stock.adobe.com/New Africa/Olga Yastremska, New Africa, Africa Studio; **S. 25/M1:** stock.adobe.com/pilipphoto; **S. 27/M1:** stock.adobe.com/Juulijs; **S. 29/M1 l.:** mauritius images/alamy stock photo/Sunny Celeste; **S. 29/M1 r.:** Cornelsen Inhouse/KI-generiert mit Bing Image Creator (Dall-e 3) **S. 31/M2:** akg-images;
S. 32: Depositphotos/Inna Mazaeva, **S. 33/o.:** stock.adobe.com/mainherzblut; **S. 33/u.:** mauritius images/Piero Cruciatti/Alamy; **S. 34:** dpa Picture-Alliance/dpa/dpa-Zentralbild; **S. 37/m.:** mauritius images/Maskot; **S. 37/m.l.:** mauritius images/Cavan Images; **S. 37/m.r.:** mauritius images/Westend61; **S. 37/o.l.:** mauritius images/Caia Image; **S. 37/o.r.:** mauritius images/Johnér; **S. 39/m.l.:** Shutterstock.com/Kzenon; **S. 39/m.r.:** stock.adobe.com/JackF; **S. 39/o.l.:** Shutterstock.com/Monkey Business Images; **S. 41/m.r.:** mauritius images/Cavan Images;
S. 41/o.l.: mauritius images/Wavebreakmedia; **S. 41/M2:** Cornelsen, Datenquelle: Statistisches Bundesamt, Statista (2022); **S. 43/M2:** NUMMER GEGEN KUMMER E. V., April 2023; **S. 43/M3:** Beratungsstelle Frauen-Notruf Münster e. V., www.luisa-ist-hier.de. Die Beratungsstelle Frauen-Notruf Münster e. V. ist Urheberin der Kampagne und besitzt die Markenrechte. Die Kampagne kann nach vorheriger Lizenzierung, unter Einhaltung der Ziele und Grundsätze der Kampagne, in weiteren Städten übernommen werden.
S. 45/M1: © Bundeszentrale für politische Bildung/bpb;
S. 45/M3: dpa Picture-Alliance/Bildagentur-online/Schoening;
S. 47/M1: Cornelsen/Elisabeth Galas; **S. 47/M2:** dpa Picture-Alliance/dpa; **S. 49/M2:** proBiene – Freies Institut für ökologische Bienenhaltung (gemeinnützige) GmbH;
S. 49/M3: Pfohlmann/toonpool.com; **S. 51/M2:** dpa Picture-Alliance/dpa-infografik GmbH; **S. 51/M3:** Cornelsen, Datenquelle: https://www.bundestag.de/parlament/plenum/sitzverteilung_20wp; **S. 52:** Schwarwel;
S. 57/M2: mauritius images/Catharina Lux; **S. 57/o.l.:** Shutterstock.com/carballo; **S. 57/o.m.:** Shutterstock.com/Corinna Haselmayer; **S. 57/o.r.:** Shutterstock.com/Vladyslav Starozhylov; **S. 57/M3:** Cornelsen, Datenquelle: Special Eurobarometer 101.1 (2024); **S. 59/m.l.:** mauritius images/Cavan Images; **S. 59/m.r.:** mauritius images/BSIP;
S. 59/M2: ARD-ZDF- Onlinestudie 2023 (https://www.ard-zdf-onlinestudie.de/ardzdf-onlinestudie/infografik/);
S. 59/o.l.: mauritius images/Maskot; **S. 59/o.r.:** mauritius images/Loop Images; **S. 61/m.r.:** stock.adobe.com/aerogondo; **S. 61/u.r.:** stock.adobe.com/nonohana; **S. 62:** dpa Picture-Alliance/picture-alliance/dpa; **S. 65/M1:** akg-images; **S. 65/M2:** bpk; **S. 67:** Bridgeman Images/Archives Charmet; **S. 69/M1:** Cornelsen/Carlos Borrell Eiköter;
S. 69/M3: akg-images; **S. 73/M1:** akg-images; **S. 73/M2:** mauritius images/The History Collection/Alamy/Alamy Stock Photos; **S. 75/m.r.:** dpa Picture-Alliance/picture-alliance/dpa; **S. 75/o.r.:** bpk/CR; **S. 77/M1:** Cornelsen/Elisabeth Galas; **S. 77/M2:** bpk/Dietmar Katz; **S. 77/M3:** Cornelsen/Elisabeth Galas; **S. 79/M1:** akg-images;
S. 79/M3: dpa Picture-Alliance/picture-alliance/dpa;
S. 81/M1: dpa Picture-Alliance/zb; **S. 81/M2:** Infratest dimap Gesellschaft für Trend- und Wahlforschung; **S. 83/M1:** dpa Picture-Alliance/dpa Grafik/dpa-infografik GmbH; **S. 83/M2:** mauritius images/Brian Wilson/Alamy/Alamy Stock Photos; **S. 85/M1:** dpa Picture-Alliance/Geisler-Fotopress; **S. 85/M3:** dpa Picture-Alliance/abaca;
S. 85/M4: Mana Neyestani; **S. 87:** Cornelsen/Heike Bömicke; **S. 88:** Stadtarchiv Freiburg, Signatur M 75–1 K. 11a, Maifeier Münsterplatz 1939; **S. 91/M1:** interfoto e. k.; **S. 91/M3:** bpk/Thomas Theodor Heine; **S. 93/M1:** Walter-Ballhause-Archiv; **S. 93/M3:** Cornelsen; **S. 94/M1:** MARCHIVUM, Plakatsammlung, PK00318; **S. 94/M2:** bpk/Deutsches Historisches Museum/Arne Psille; **S. 94/M3:** Bridgeman Images/J. T. Vintage; **S. 94/M4:** bpk;

Bildquellenverzeichnis

S. 97/M1: akg-images; S. 97/M4: akg-images; S. 99/M1: Bridgeman Images/Photo © Fine Art Images; S. 99/M3: Cornelsen/Peter Kast; S. 99/M4: akg-images/akg-images/WHA/World History Archive; S. 101/M1: bpk/Deutsches Historisches Museum/Indra Desnica; S. 101/M3: Bridgeman Images/SZ Photo/Scherl; S. 103/M1: Cornelsen/Elisabeth Galas; S. 103/M2 l.: akg-images; S. 103/M2 r.: bpk/Deutsches Historisches Museum; S. 105/M2: mauritius images/United Archives; S. 105/M3: interfoto e. k.; S. 105/M4: bpk/Boris Spahn; S. 107: akg-images/Bildarchiv Pisarek; S. 109/M1: bpk; S. 109/M3: Stiftung Liebenau 073683; S. 111/M2: picture alliance / Bernd Oertwig/SCHROEWIG; S. 111/M3: mauritius images/Shawshots/Alamy/Alamy Stock Photos; S. 113/M1: bpk; S. 113/M2: akg-images/akg-images/Fototeca Gilardi; S. 113/M3: interfoto e. k.; S. 113/M5: SZ Photo/snapshot-photography; S. 115/o.l.: akg-images; S. 115/o.r. 1: interfoto e. k.; S. 115/o.r. 2: interfoto e. k./Friedrich; S. 115/m.l.: Evangelische Julius-von-Jan-Kirchengemeinde Lenningen; S. 115/u.l.: mauritius images/GL Archive/Alamy/Alamy Stock Photos; S. 117: Shutterstock.com/Imagewell; S. 118: dpa Picture-Alliance/NurPhoto; S. 121: dpa Picture-Alliance/ASSOCIATED PRESS; S. 123: mauritius images/Khizar Hayat/Alamy/Alamy Stock Photos; S. 127/M2: dpa Picture-Alliance/dieKLEINERT; S. 127/M3: dpa Picture-Alliance/NurPhoto; S. 129: Statista GmbH; S. 131/M1: mauritius images/Thorsten Gutschalk; S. 131/M4: Horst Haitzinger; S. 133/M2: imago sport/Sports Press Photo; S. 135/M1: Cornelsen, Datenquelle: Civey, Statista (2021); S. 135/m.l.: Makkabi Deutschland; S. 135/m.r.: Imago Stock & People GmbH/imago/epd; S. 137/m.l.: Shutterstock.com/Rawpixel.com; S. 137/o.l.: mauritius images/BSIP; S. 137/o.r.: Polizeiliche Kriminalprävention der Länder und des Bundes; S. 139/M1: Statista GmbH; S. 139/M2: ERL/toonpool.com; S. 140: stock.adobe.com/Thomas; S. 141/m.r.: stock.adobe.com/bernardbodo; S. 141/o.r.: mauritius images/Caia Image; S. 142: Shutterstock.com/Rawpixel.com; S. 145/M1: Cornelsen/Peter Kast; S. 145/M2: dpa Picture-Alliance/Heritage Images; S. 147/M1: Cornelsen/Peter Kast; S. 147/M2: mauritius images/Roy Conchie/Alamy/Alamy Stock Photos; S. 147/M3: mauritius images/Old Visuals; S. 149: Imago Stock & People GmbH/imago images/Le Pictorium; S. 150: dpa Picture-Alliance/AA; S. 153: dpa Picture-Alliance/Adobe Systemsdpa-infografik GmbH; S. 155/M3: dpa Picture-Alliance/ASSOCIATED PRESS; S. 155/M4: mauritius images/Hartmut Pöstges/imageBROKER; S. 155/M5: mauritius images/SOPA Images Limited/Alamy/Alamy Stock Photos; S. 157/M2: akg-images/akg-images/WHA/World History Archive; S. 157/M3: Cornelsen/Peter Kast; S. 159/M1: © dpa-infografik GmbH; S. 159/M2: Bridgeman Images/Mondadori Portfolio/Electa; S. 159/M3: Bridgeman Images; S. 161/M2: Statista GmbH; S. 161/M3: dpa Picture-Alliance/zb; S. 161/M4: dpa Picture-Alliance/Mary Evans/Allstar/Richard Maw; S. 163/M1: Cornelsen/Peter Kast; S. 163/M2: dpa Picture-Alliance/ASSOCIATED PRESS; S. 163/M3: mauritius images/ZUMA Press, Inc./Alamy/Alamy Stock Photos; S. 165/M2: Cornelsen/Peter Kast; S. 165/M3: stock.adobe.com/Archivist; S. 167/M1: Cornelsen/Peter Kast; S. 167/M2: dpa Picture-Alliance/Mary Evans Picture Library; S. 169/M1: Cornelsen/Klaus Kühner.hüttenwerke, Hamburg; S. 169/M3: Bridgeman Images; S. 171/M1: Shutterstock.com/Issa Kashala; S. 171/M2: dpa Picture-Alliance/blickwinkel/C. Kaiser; S. 171/M3: mauritius images/Erberto Zani/Alamy/Alamy Stock Photos; S. 173/M1: Shutterstock.com/Viktorija Reuta;

S. 173/M3: © Dr Jack & Curtis; S. 175/m.l.: dpa Picture-Alliance; S. 175/m.r.: dpa Picture-Alliance/AP; S. 175/u.l.: Imago Stock & People GmbH/imago images/Jannis Große; S. 175/u.r.: dpa Picture-Alliance/SZ Photo; S. 177/m.l.: mauritius images/MI News & Sport/Alamy/Alamy Stock Photos; S. 177/m.r.: mauritius images/Werner Otto; S. 177/o.l.: mauritius images/STOCK4B; S. 177/o.r.: stock.adobe.com/alfa27; S. 181: mauritius images/Maskot; S. 182: mauritius images/Wolfgang Diederich/Alamy/Alamy Stock Photos; S. 185/M3: Gerhard Mester; S. 186/M1: dpa Picture-Alliance/dpa/dpa-infografik GmbH; S. 189/M1: Shutterstock/VectorMine, Cornelsen; S. 189/M2: dpa Picture-Alliance/picture-alliance/dpa-infografik; S. 189/M3: dpa Picture-Alliance/dpa/dpa Grafik; S. 191/M2: mauritius images/Peter Kyle/Alamy/Alamy Stock Photos; S. 191/M3: Burkhard Fritsche; S. 193/M2: Til Mette; S. 193/M3: Imago Stock & People GmbH/Jannis Große/imago images;

S. 195/M2: Die Bundesregierung; S. 195/M3: Heiko Sakurai; S. 197/M1: stock.adobe.com/Dimitrios; S. 199: stock.adobe.com/Dm.

Unterrichtsmethoden

Zum Einstieg in den Unterricht	
Hot Topic	Sammelt aktuelle Themen der letzten Woche und stimmt euch über das Diskussionsthema ab. Ein/e Moderator/in wird gewählt. Anschließend führt ihr eine zehnminütige Diskussionsrunde. Redebeiträge werden durch Handzeichen signalisiert und nacheinander vorgetragen. Die Lehrkraft hört vor allem zu, darf sich aber auch beteiligen.
Ampelmethode	Nutzt die drei Ampelfarben Rot, Gelb, Grün (z. B. in Form von Kärtchen), um Zustimmung zu einer Meinung/These auszudrücken.
Positionslinie	Ihr sollt zu einer kontroversen Frage Stellung beziehen. Dafür positioniert ihr euch an einer imaginären oder tatsächlichen Linie im Klassenraum. Ein Ende markiert die volle Zustimmung, das andere die volle Ablehnung, dazwischen sind Abstufungen möglich. Anschließend begründet ihr kurz eure Position.
Streitlinie	Ihr sollt einer kontroversen These oder Frage zustimmen oder sie ablehnen. Eine imaginäre oder tatsächliche Linie im Klassenraum trennt Pro und Kontra. Ihr positioniert euch auf einer der beiden Seiten, es ist keine Enthaltung möglich. Tauscht dann eure jeweiligen Pro- und Kontra-Argumente im Zick-Zack-Verfahren aus.
Vier-Ecken-Methode	Zu einer Frage gibt es vier Antwortmöglichkeiten – je eine Ecke des Klassenraumes repräsentiert eine Antwort. Ihr stellt euch in die Ecke der Antwort, der ihr jeweils zustimmt. Tauscht euch zuerst in euren Ecken aus, dann mit dem Rest der Klasse.

Zur Erarbeitung von Inhalten	
Metaplankarten	Metaplankarten sind bunte Zettel in verschiedenen Formen (Quadrate, Kreise, Rechtecke). Schreibt jeweils eine Idee / einen Gedanken zu einem Thema auf eine Metaplankarte. Ihr könnt eure Karten dann an der Tafel sortieren.
ABC-Liste	Schreibt das Alphabet untereinander auf ein Blatt. Findet zu jedem Buchstaben einen Begriff, der mit dem gewählten Oberthema zu tun hat.
Mindmap	Schreibt das Hauptthema auf ein Blatt und umkreist es. Nun könnt ihr nach und nach Ideen und Gedanken, die euch zu dem Thema kommen, hinzufügen. Diese verbindet ihr durch Striche mit dem Hauptthema. Alle Stichworte auf der Mindmap können durch Striche miteinander verbunden werden.
Kopfstandmethode	Formuliert eine These oder eine Aufgabe so um, dass sie das Gegenteil besagt. Findet nun eine Lösung für diese gegenteilige These. Als nächstes formuliert ihr die Lösung so um, das erneut das Gegenteil entsteht. Versucht, mit diesem Ergebnis die Lösung für eure ursprüngliche Aufgabe zu finden.
Placemat/Platzdeckchen	Ihr erarbeitet in Vierergruppen ein Thema. Dazu sammelt ihr Argumente auf einem großen Blatt Papier, eingeteilt in vier Felder und ein mittiges Feld für das Fazit (s. Abb.). Alle füllen gleichzeitig und in Stillarbeit ihr Feld aus, danach wertet ihr eure Notizen aus. Schreibt das Gruppenfazit in die Mitte des Blattes.
Schreibgespräch	Ihr führt zu zweit zu einem vorgegebenen Thema ein stummes Gespräch. Schreibt eure Argumente abwechselnd auf eine Flipchart, sodass die Klasse mitlesen kann. Auch Kommentare dürfen nur schriftlich gemacht werden. Das Ergebnis eures Austauschs wird im Plenum diskutiert.

Zur Erarbeitung von Inhalten	
Partnerpuzzle	Ihr erarbeitet ein Thema zu zweit. Es gibt zwei verschiedene Aufgabenblätter, die farbig markiert sind (z. B. rot und blau). Zunächst löst ihr die Aufgaben in Einzelarbeit. Dann vergleicht ihr euer Ergebnis mit einer Mitschülerin / einem Mitschüler mit derselben Farbe (rot). Anschließend informiert ihr eure/n Partner/in (blau) über die Ergebnisse.
Gruppenpuzzle	Ihr erarbeitet ein Thema in Vierergruppen. Es gibt Stamm- und Expertengruppen. Ihr beginnt in der Stammgruppe, um euch einen groben Überblick über das Thema zu verschaffen. Dann trefft ihr euch mit Mitgliedern anderer Gruppen und bildet Expertengruppen, um je einen Aspekt des Themas zu vertiefen. Anschließend kehrt ihr in eure Stammgruppe zurück und informiert euch gegenseitig über die erarbeiteten Informationen.

Zur Auswertung von Projekten	
Gallery-Walk/ Marktplatz	Bei vielen Projekten werdet ihr gestalterisch tätig. Um die Ergebnisse vorzustellen, könnt ihr euren Klassenraum als Galerie umfunktionieren. Ihr wandert durch den Raum und betrachten die jeweiligen Plakate, Collagen, digitalen Produkte etc. Dabei bewertet ihr euch gegenseitig nach vorgegebenen Kriterien. Das Gesamtergebnis wird im Plenum diskutiert.
Sketchnotes	Mit Sketchnotes („Skizzen-Notizen") werden Informationen nicht schriftlich, sondern mithilfe von Zeichnungen festgehalten. Arbeitet dabei mit Pfeilen, Symbolen, geometrischen Formen, verschiedenen Farben usw. Die Sketchnotes können dann präsentiert werden.
Pro-Kontra-Debatte	Ihr führt eine Debatte zu einem Thema und nehmt dabei zwei unterschiedliche Standpunkte ein. Sammelt Pro- und Kontra-Argumente. Bestimmt gemeinsam Teilnehmende für beide Seiten sowie eine Moderation. Führt die Debatte vor dem Plenum und fällt abschließend gemeinsam ein Sachurteil.
Podiumsdiskussion/ Talkshow	Anders als in einer Pro-Kontra-Debatte sind in der Podiumsdiskussion mehrere unterschiedliche Standpunkte zu einem Thema erlaubt. Ihr nehmt die Rollen verschiedener Akteure ein und bereitet entsprechende Argumente vor. Bestimmt eine Moderation und je ein/e Vertreter/in pro Standpunkt. Die Diskussion findet vor dem Plenum statt. Anschließend werden die vorgetragenen Positionen bewertet und beurteilt.
Fishbowl-Diskussion	Bildet einen äußeren Kreis (Beobachter) und einen inneren Kreis („Fische"). Im inneren Kreis sitzen die Moderation und vier Diskussionsteilnehmende. Ein Stuhl bleibt frei für alle, die sich spontan von außen mit einem kurzen Beitrag einbringen möchten. Danach wird der Stuhl wieder frei für andere. Dieses Diskussionsformat eignet sich insbesondere für Themen, bei denen es um subjektive Erfahrungen und persönliche Werturteile geht.